BUDO-BIBLIOTHEK

AI
(Liebe, Harmonie)

KI
(universale geistige Kraft)

DO
(Weg, Methode,
philosophisches Prinzip)

Rolf Brand

Aikido

Lehren und Techniken des harmonischen Weges

FALKEN VERLAG

Brand, Rolf:
Aikido: Lehren und Techniken d. harmon. Weges/
Rolf Brand. – Niedernhausen/Ts.: Falken-Verlag, 1980.
(Die Falken-Bücherei) (Budo-Bibliothek)
ISBN 3 8068 0537 7

ISBN 3 8068 0537 7

Fotos: Reinhard Bartz, Roland Nemitz, Ulrich Schümann,
        ferner André Nocquet (1, 3, 6), Uwe Peter (2)
Herstellung: Neuwieder Verlagsgesellschaft mbH, Neuwied

817 2635 4453 62

Inhalt

Aikido ist nicht die Angelegenheit einer Nation, denn die Liebe kennt keine Grenzen!

André Nocquet

Geleitwort von André Nocquet
(Europäische Aikido-Union)

Unser treuer Generalsekretär der Europäischen Aikido-Union hat mich eben informiert, daß er beabsichtigt, ein Buch über Aikido zu veröffentlichen.
Ich hege keinen Zweifel an der Qualtität des Werkes und des Textes und wünsche von ganzem Herzen, daß diesem Lehrbuch der größte Erfolg beschieden ist.
Nach meiner Rückkehr aus Japan habe ich im Verlaufe der letzten zwanzig Jahre viel »Aikido gesät« und behaupte, daß es mir ohne die ergebene Hilfe meines Freundes Rolf Brand schwierig gewesen wäre, die Friedensbotschaft des verehrten Meisters Morihei Uyeshiba in Westeuropa zu verbreiten.
Seine Unterstützung war mir unendlich kostbar, und das Buch, das er herausbringt, hat mir neuen Mut in dem Bestreben gegeben, den Weg der Gewaltlosigkeit weiter zu unterrichten.
Ich wünsche von ganzem Herzen, daß dieses Buch zum Aufschwung des Aikido und zum perfekten Begreifen des wertvollen Weges beiträgt.

Paris, im Januar 1980

gez.: *André Nocquet*
Direkter Schüler von Meister Morihei
Uyeshiba, Gründer des Aikido
Präsident und Technischer Direktor der
Europäischen Aikido-Union

Nur das beharrliche Fortschreiten auf dem Weg bringt uns dem Ziel näher. Für Umwege ist keine Zeit!
Vertraue deinem Lehrer und übe ohne Vorbehalte die aufgezeigten Formen.

Erhard Altenbrandt

Geleitwort von Erhard Altenbrandt (Deutscher Aikido-Bund e.V.)

Bei Einführung des Aikido in Deutschland im Jahre 1965 stand Meister Rolf Brand an der Spitze einer Gruppe von Idealisten, die sich vorgenommen hatten, diese ausgezeichnete Methode einer modernen Selbstverteidigung vielen Menschen in unserem Lande zugänglich zu machen. Die Verbreitung der Idee des Aikido-Begründers, O-Sensei Morihei Uyeshiba, war ein Unterfangen, das nur von Persönlichkeiten erfolgbringend in Angriff genommen werden konnte, die ihre ganze Kraft unter Zurückstellung persönlicher Interessen diesem verhältnismäßig neuen Weg widmeten.

Nach dem Studium verschiedener Budo-Künste hatte das Aikido den Verfasser des vorliegenden Buches im Jahre 1965 derart fasziniert, daß er sich mit aller Energie für seine Verbreitung einsetzte.

Neben den umfangreichen administrativen Aufgaben sowie der gekonnten und erfolgreichen Verbandsführung wuchs Rolf Brand zu einem Aikido-Meister heran, der im technischen Bereich aufgrund intensiven Studiums eine führende Position erwarb. In der langen Zeit seiner Tätigkeit für Aikido hat er sich zum profiliertesten Aikido-Meister mit sehr reichen Erfahrungen in Deutschland etabliert.

Im Jahre 1977 wurde ihm aufgrund seines unermüdlichen Einsatzes für die Verbreitung der Budo-Sportarten in unserem Lande vom Bundespräsidenten das Verdienstkreuz am Bande des Verdienstordens der Bundesrepublik Deutschland verliehen.

Rolf Brand hat nicht nur alle administrativen Aufgaben zur großen Zufriedenheit bewältigt, sondern in seiner Eigenschaft als Bundestrainer auch die technische Entwicklung des Aikido in unserem Lande sowie über die Grenzen hinaus maßgeblich beeinflußt. Nicht zuletzt hat er es meisterlich verstanden, die Prinzipien des Aikido in Worte zu fassen und seine Erfahrungen in dem vorliegenden Buch zu fixieren.

Dieses Buch gibt in ausgezeichneter Systematik und anschaulicher Weise einen Überblick über die geistigen und technischen Inhalte des Aikido.

Alle Aikidoka und die Freunde dieses schönen Weges sind sicher sehr froh, nun endlich ein langersehntes Aikido-Buch in den Händen zu haben, das zum Studium

anregt und für den Neuling ebenso interessant ist wie für den Fortgeschrittenen, für den dieses Buch ein wertvolles Nachschlagewerk sein dürfte.
Gleichzeitig ist dieses Werk ein großer Beitrag zur Erhaltung des klassischen Aikido und ein Spiegel der dem Aikido zugrundeliegenden Elemente auf dem Wege des Friedens und der Liebe.
Der Deutsche Aikido-Bund e.V. und alle Angehörigen bedanken sich an dieser Stelle sehr herzlich bei Meister Rolf Brand für diesen weiteren »Meilenstein«, den er für die Entwicklung des Aikido gesetzt hat. Profitieren werden davon nicht nur die deutschen Aikidoka, sondern sämtliche Anhänger dieses Weges in ganz Europa. Dem Präsidenten und Bundestrainer des Deutschen Aikido-Bundes e.V., zugleich Generalsekretär und Mitglied der Technischen Kommision der Union Européenne d'Aikido, wünsche ich persönlich auch weiterhin ein gutes Gelingen bei all seinen Aufgaben zum Wohle des Aikido.

Heidenheim, im März 1980

> gez.: *Erhard Altenbrandt*
> Vizepräsident des Deutschen Aikido-Bundes e.V.

1 Vorwort des Verfassers

Meine Freunde haben mich gebeten, ein Buch über Aikido zu schreiben; einige Kritiker forderten mich auf, dies zu unterlassen. Sicher haben alle ihre guten Gründe. Mir ist bekannt, daß die vielfältigen technischen Inhalte und unendlichen geistigen Dimensionen des Aikido in einem Menschenleben nicht erfaßt werden können. Diese Tatsache darf jedoch nicht zur Resignation führen, denn jeder kleine Schritt bringt uns näher an das Ziel – Frieden durch Harmonie.

Die Feststellung der Meister, daß »kein Platz für Worte« ist, gilt in besonderem Maße. Aikido kann man wie alle Künste des DO (Weges) nicht theoretisch studieren oder vom Intellekt her erfassen. Es muß zusammen mit mindestens einem Partner im wahrsten Sinne des Wortes »begriffen« werden. Die dabei gesammelten Erfahrungen sind eine Funktion der Dauer und Intensität des körperlichen Trainings.

Leider konnte ich mit der Erforschung des Aikido erst 1965 beginnen, nachdem es in unserem Lande bekannt wurde. Folglich stehe ich noch am Anfang des langen Weges. Die in diesem Buch dargelegten Erfahrungen sollen und können daher keinen absoluten Anspruch erheben.

Aikido wird von Menschen praktiziert und nach einiger Zeit zum wesentlichen Bestandteil ihrer Persönlichkeit. Es ist daher eine lebendige Kunst, die in allen Bereichen menschlicher Aktivitäten wirkt und in vielfältiger Weise interpretiert werden kann.

Wer sich aufrichtig um die Erforschung des Aikido bemüht, wird sich jedoch immer in Richtung auf die Wahrheit bewegen. Insofern kann auch ein junger Meister keine grundsätzlich falschen Aussagen machen, sondern nur Fragen offen lassen.

Es ist auch daran zu denken, daß die begrenzte Seitenzahl nur eine allgemeine Vorstellung des Aikido zuließ.

Wenn das Buch trotz der aufgezeigten Bedenken geschrieben wurde, so hat dies zwei wesentliche Gründe:

Erstens ist es Ausdruck des aufrichtigen Dankes

– an meine Frau Helga, die selbst eine exzellente Aikido-Meisterin ist, immer Verständnis für meine »zweite Liebe« aufbrachte und mir für die Bearbeitung des

Abschnittes 6.1.1 (Ukemi) ihre Zulassungsarbeit zum 3. Dan-Aikido zur Verfügung stellte;

- an meine Lehrer André Nocquet und Gerd Wischnewski, die mich durch ihre idealistische Arbeit und stets vorbildliche Haltung in besonderem Maße prägten;
- an meinen Weggefährten Erhard Altenbrandt, der mir seine freundschaftliche Hilfe nie versagte und mich immer wieder ermunterte;
- an meine Schüler Roland Nemitz und Ulrich Schümann, die mir bei der Herstellung der Bilder für dieses Buch geholfen haben;
- an alle selbstlosen Mitarbeiter und aufrichtigen Kritiker, die mich unterstützten und förderten sowie
- an die vielen Menschen, mit denen ich als Lehrer oder Partner Aikido praktizieren durfte.

Zweitens hoffe ich, daß viele Leser durch dieses Buch zum Aikido finden und so eine Chance erhalten, die für sie selbst und andere Menschen von großer Bedeutung sein kann.

Es ist mein Wunsch, daß die vom Begründer des Aikido, *O-Sensei Morihei Uyeshiba*, entwickelten Prinzipien der Harmonie und Nächstenliebe von vielen guten Meistern in ihrer Bedeutung erkannt und unverfälscht an die folgenden Generationen weitergegeben werden – im Interesse des Friedens und zum Wohle vieler Menschen.

Bad Bramstedt, im März 1980 *Rolf Brand*

2 Historische Entwicklung und geistige Grundlagen des Aikido

Um die höchste Wahrheit zu finden, mußt du dich unaufhörlich und mit ganzem Herzen um Aufrichtigkeit bemühen!

O-Sensei Morihei Uyeshiba,
Begründer des Aikido

2.1 O-Sensei Morihei Uyeshiba und sein Aikido

In vielen Ländern werden Lehre und Technik des Aikido gegenwärtig noch durch Meister verbreitet, die unmittelbar vom Begründer ausgebildet wurden. Aber auch ihre Schüler und ebenso deren Schüler wirken bereits als Lehrer. Es ist eine Kette menschlicher Solidarität entstanden, deren Glieder durch die im Aikido wirkenden Kräfte miteinander verbunden sind. Über das Leben des einzelnen hinaus beständig wurde sie zu einer sich weiter potenzierenden Kraft.

Der Ursprung dieses wertvollen Weges liegt allein in der Person und dem Wirken des Morihei Uyeshiba begründet. Er gilt für die Vergangenheit, Gegenwart und Zukunft als Lehrer aller Aikidoka und wird von ihnen respektvoll »O-Sensei« (= Großer Lehrer) genannt. Die geistigen Dimensionen und moralischen Qualitäten dieses herausragenden Menschen sowie die philosophische Tiefe und praktische Bedeutung seines Weges der Liebe und des Friedens wurden durch seinen dankbaren Schüler André Nocquet in dem Buch »Der Weg des Aikido — Gegenwart und Botschaft von O-Sensei Morihei Uyeshiba« eindrucksvoll aufgezeigt. Das reich bebilderte Werk ist ein authentisches Dokument von großem Wert und sollte von allen Aikidoka aufmerksam studiert werden.

O-Sensei Morihei Uyeshiba wurde am 14. Dezember 1883 in Tanabe, Präfektur Wakayama, Japan, geboren. Er entstammt einer angesehenen Samurai-familie, deren Geschichte sich bis in das 17. Jahrhundert zurückverfolgen läßt. Traditionsgemäß erfolgte seine Erziehung von Kindheit an im Geiste des Buddhismus und nach den Regeln des Bushido (Weg des Kriegers). Dieser Ehrenkodex der japanischen Ritter (Samurai) bestand aus einer von berühmten Kriegern aufgestellten und ständig ergänzten Sammlung von Moralgesetzen und Lebensregeln. Ihre Vermittlung war unlösbar verbunden mit dem Erlernen einer Kampfkunst (Bu-Jitsu) und der dabei begründeten Schüler-Lehrer-Beziehung, denn auch die Tugenden des Ritters — Ehre, Treue, Vaterlandsliebe, Mut, Güte, Rechtschaffenheit, Selbstbeherrschung, Bedürfnislosigkeit — sollten vielmehr intuitiv begriffen und praktiziert als rational verstanden werden.

Die oft handgreiflichen Aktionen der politischen Gegner seines Vaters weckten und verstärkten beim heranwachsenden Morihei Uyeshiba den Willen, ein Meister der Kampfkünste zu werden. Neben der Kaufmannslehre unterzog er sich im Alter von 10 Jahren einem strengen körperlichen Training und realisierte seine Absicht auch in den folgenden Jahren trotz schwieriger Lebensumstände sowie krankheits- und kriegsbedingter Unterbrechungen zielstrebig. Unter Anleitung berühmter Lehrer studierte er verschiedene Stilrichtungen des Jiu-Jitsu und der Schwertkunst.

Einem Aufruf der Regierung folgend

begab sich Morihei Uyeshiba im Jahre 1910 zur Landerschließung nach Hokkaido. Durch seine vorbildliche Haltung und überragenden Leistungen für die Gemeinschaft nahm er schon bald eine führende Stellung ein und wurde von den Siedlern »König von Shirataki« – einer Provinz auf Hokkaido – genannt.

Im Jahre 1911 fand eine für die spätere technische Entwicklung des Aikido bedeutsame Begegnung mit Meister Sokaku Takeda statt. Er war der maßgebliche Lehrer der seit dem 11. Jahrhundert in geheimen Schulen praktizierten Daito-Methode (Daito-Ryu), aus der sich später das Aiki-Jitsu entwickelte.

Diese Variation des Jiu-Jitsu war den anderen Stilrichtungen überlegen, da der gesamte Körper als Waffe ausgebildet und im Rahmen von Wurf-, Schlag- (Stoß-) und Hebeltechniken eingesetzt wurde. Das Aiki-Jitsu enthielt schon damals viele Elemente aus der Schwertkunst (Ken-Jitsu) sowie wirksame Verfahren zur Gleichgewichtsbrechung (Kuzushi) und Ausschaltung des Gegners (Atemi). Besonderer Wert wurde auf die Koordination (Ai) der körperlichen und geistigen Kräfte (Ki) gelegt.

Die Vermittlung des Aiki-Jitsu erfolgte nur an wenige, besonders ausgewählte Schüler. Morihei Uyeshiba wurde von Meister Takeda wegen seiner Begabung und erkennbaren Leistungsbereitschaft aufgenommen und unterwarf sich dem harten Training sowie den Forderungen des strengen Lehrers bedingungslos. Das Studium schloß er 1916 mit einem Diplom seines Meisters ab. Eine durch die schwere Krankheit seines Vaters bedingte Reise führte Mori-

hei Uyeshiba im Frühjahr 1918 mit dem Begründer der neuen Omotokyo-Religion, Reverend Wanisaburo Deguchi, zusammen.

Dessen Botschaft – Frieden und Harmonie auf Erden könnten nur über die Liebe, Toleranz und Güte der Menschen verwirklicht werden – faszinierte den bis dahin auf die technische Perfektionierung der Kampfkünste fixierten und ständig nach neuen Einsichten forschenden Morihei Uyeshiba so nachhaltig, daß er im Jahre 1919 nach Ayabe, dem Zentrum der Omotokyo-Sekte, umzog.

Das harte körperliche Training wurde von diesem Zeitpunkt an in verstärktem Maße durch Meditationsübungen in den Bergen ergänzt.

Eine im Frühjahr 1924 angetretene Reise in die Mongolei endete 1925 für Reverend Deguchi und seine Begleiter nach vielen Gefahren in einer mehrmonatigen Gefangenschaft. In den Grenzsituationen bewies Morihei Uyeshiba wiederholt seine innere Stärke und Furchtlosigkeit. Durch vorbildliche Haltung bewahrte er die Gruppe vor dem Untergang und ermöglichte so ihre Rückkehr.

Noch im gleichen Jahre kam ihm bei einer Auseinandersetzung plötzlich die Erleuchtung (Satori), daß jede Kampfkunst nur dann wertvoll und unbesiegbar sein kann, wenn sie vom göttlichen Geist der schützenden Liebe und Verantwortung gegenüber allen Lebewesen durchdrungen ist. Das Aikido war entstanden!

Von diesem Zeitpunkt an konzentrierte sich O-Sensei Morihei Uyeshiba mit ganzer Kraft auf die Entwicklung der

Technik des Aikido, um sie der geistigen Lehre anzupassen. Schon bald kamen viele bedeutende Meister anderer Budo-Disziplinen in sein neues Dojo (Übungshalle), um unter seiner Anleitung zu lernen. Durch die Förderung bedeutender Persönlichkeiten und die Unterstützung offizieller Stellen entstanden in Japan schnell weitere Aikido-Zentren.

Nach dem zweiten Weltkrieg entsendete O-Sensei Morihei Uyeshiba gute Meister in andere Länder. Die Menschen vieler Nationalitäten, Rassen und Religionen studieren nun Aikido und erkennen seinen Wert für das Individuum und die Menschheit.

Die geistige Kraft (Ki) des am 26. April 1969 in Tokio verstorbenen Großen Meisters wirkt, solange es Menschen gibt, die das von ihm geschaffene Aikido betreiben und verbreiten.

2.2 Was ist Aikido?

Nur wer Aikido praktiziert, kann
seine ganze Bedeutung erfahren!

Die Frage wird in den folgenden Kapiteln aus verschiedener Sicht sowie im Zusammenhang mit den bedeutenden Komponenten (Ai, Ki und Do) beantwortet, so daß an dieser Stelle eine Zusammenfassung unter Berücksichtigung aktueller Aspekte möglich ist.

Aikido ist die Synthese der traditionellen japanischen Künste des Budo (Weg des Ritters) und gilt als geschlossenes sowie wirksames System der Selbstverteidigung gegen unbewaffnete und bewaffnete Angreifer. Er ist aber auch ein in »kodierter Körpersprache« verfaßtes Lehrbuch moralischer, philosophischer und erzieherischer Grundsätze sowie eine dynamische Form der Meditation zur Entwicklung oder Regeneration der körperlichen und geistig-seelischen Kräfte des Ausübenden.

Im Unterricht muß der Verteidiger immer auf Aktionen seines Partners reagieren. Alle Angriffe werden durch körpergerechte Techniken und die Anwendung natürlicher Prinzipien zwingend unter Wahrung der Verhältnismäßigkeit abgewehrt. Durch das langjährige und intensive Studium sowie die damit verbundene geistige Schulung gewinnt der Aikidoka tiefe Einsichten in die Bedeutung des Lebens, seiner Gesetzmäßigkeiten und Wirkungen. Die wertvollen Erfahrungen dringen in sein Unterbewußtsein ein, prägen die innere Haltung und werden fortan intuitiv auf alle Bereiche angewendet. Dabei ist das vordergründige, ego-orientierte und somit hemmende Bewußtsein ausgeschaltet.

Der Aikidoka hat »seine Mitte« gefunden und kann den eigenen Standort bestimmen. Die gesicherte und stabile Ausgangsposition ermöglicht ihm den effektiven Einsatz aller geistigen und körperlichen Kräfte zur Bewältigung der mit dem Leben verbundenen Aufgaben und Probleme. Sie gibt ihm aber auch die Freiheit, sein Verhältnis zu anderen Menschen und zur Natur im Sinne einer harmonischen sowie für beide Seiten förderlichen Partnerschaft zu regeln.

Im Aikido findet man einen Weg (Do) zur Entwicklung der in allen Dingen und Lebewesen wirkenden geistigen Urkraft (Ki), die im festen Willen des Menschen und in seiner starken Persönlichkeit ebenso zum Ausdruck kommt wie im zielstrebigen Handeln.

Der Gewinn an »innerer Substanz« ist höher zu bewerten als die oft angestrebte Optimierung von Angriffs- oder Verteidigungstechniken, denn wer geübt ist und eine starke geistige Kraft (Ki) besitzt, erkennt Konfliktsituationen im Ansatz und kann den Angreifer oder unbeherrschten Partner schon vor der körperlichen oder geistigen Auseinandersetzung lenken. Dies ist ein wesentliches Geheimnis erfolgreicher Lebensführung!

Bei allen Kampfsportarten wird eine künstliche Polarität zwischen zwei oder mehreren Menschen hergestellt und aufrechterhalten, die meist im Widerspruch zu den Empfindungen der Betroffenen steht. Man geht davon aus, daß der Angriff die beste Verteidigung sei, und strebt die möglichst frühzeitige Aktionsunfähigkeit des Gegners an. Sie ist – manchmal nur symbolisch – mit seiner physischen und psychischen Ausschaltung verbunden. Dieses Verfahren fördert gefährliche Aggressionen, die auch Unbeteiligte in ihren Sog ziehen, und führt nicht selten zur Eskalation der Gewalt.

Es ist eigentlich ein Widerspruch in sich, daß die unzähligen »Trainingsformen« des Kampfes von vielen Menschen befürwortet werden, während sie den negativen Auswirkungen entweder fassungslos gegenüberstehen oder mit Abscheu begegnen.

Bei kritischer Betrachtung der Menschheitgeschichte zwingt sich der Eindruck auf, daß der »Homo sapiens« seine geistigen Fähigkeiten immer dann besonders zielstrebig einsetzt, wenn es um die Vernichtung der eigenen Art geht. So ersinnt und schafft er seit Jahrtausenden Waffen, mit denen bei ständig steigender Distanz eine immer verheerendere Wirkung im Ziel erreicht werden kann. Die Entwicklung führte zum »Gleichgewicht des Schreckens« und »Overkill«. Die Mächtigen der Erde können ihre Gegner nicht mehr besiegen, ohne sich selbst zu vernichten. Diese Entwicklung kann nicht human und vernünftig sein!

Das Aikido ist vom Wesen her eine Methode des »Führens durch Ergänzung«. Alle Techniken sind rein defensiv, von praktizierter Menschlichkeit durchdrungen und basieren auf den Gesetzen der natürlichen Harmonie, was die doppelte Bedeutung der japanischen Silbe »Ai« ist.

Folgerichtig wird im Aikido daher jede Form des Kampfes als Mittel zur Prüfung oder Leistungsbewertung kategorisch abgelehnt. Die im unausweichlichen Verteidigungsfall gegensätzlichen Kräfte werden umgelenkt und vereinigt. Das aktive (Irimi) und passive (Tenkan) Handeln zielt immer auf die geistige Kraft (Ki) des Partners und ist so angelegt, daß seine körperliche und geistig-seelische Integrität gewahrt bleibt. So findet sich in der förderlichen Gemeinsamkeit vollendet, was im Gegensatz begann.

Das Verfahren ist Ausdruck einer humanen und von der Verantwortung für den Nächsten getragenen Einstellung. Es fördert die Entwicklung des einzelnen und die friedliche Koexistenz der Menschen.

Diesem und dem folgenden Aspekt kommt gegenwärtig eine besondere Bedeutung zu!

Der Mensch wollte sich im Vertrauen auf seine Stärke auch die Erde unterwerfen. In vielen Bereichen ist das ökologische Gleichgewicht nun empfindlich gestört, Rohstoffe und Energieträger werden knapp, durch die Umweltbelastungen sind schwere und zum Teil irreversible Schäden entstanden. Erschrocken sieht sich der Mensch nun den verhängnisvollen Rückwirkungen ausgesetzt.

Das Aikido bietet auch hier Möglichkeiten zur Problemlösung durch Umerziehung, denn der Ausübende muß sich auf seinem Weg (Do) immer in Harmonie (Ai) mit der Natur und ihren Gesetzen befinden. Er erkennt ihre Bedeutung und Nützlichkeit, ändert seine innere Einstellung und handelt verantwortungsbewußter.

Letztlich ist Aikido auch eine interessante und vielseitige Methode zur körperlichen Ertüchtigung, die alle Forderungen nach Beidseitigkeit und Ganzkörperarbeit erfüllt.

2.3 Lehrer und Schüler

Wenn du einen guten Lehrer willst,
dann wähle keinen bequemen!

Alle Ausübenden des Aikido befinden sich, unabhängig von ihrem Grad, auf dem gleichen Weg (Do). Je nach Veranlagung sowie Dauer und Intensität ihrer Ausbildung sind sie jedoch unterschiedlich weit vorangeschritten. Es entsteht somit eine natürliche Hierarchie, in der die Stellung des einzelnen allein aus seinen Erfahrungen und der Kraft seiner Persönlichkeit erwächst.

Die Menschen in den westlichen Ländern neigen dazu, allein auf die Stärke und Unfehlbarkeit ihrer Ratio zu vertrauen. Sie sind diskutier- und kritikfreudig, häufig auch im Konsumdenken verhaftet. Die Forderung nach widerspruchsloser Nachahmung der vom Lehrer vorgeführten Techniken, die bei der Erforschung des Einfachen über lange Zeit geforderte Ausdauer und das geduldige Warten auf die intuitive Erfahrung verwirren sie. Sie fühlen sich dadurch ihrer lebenslang »bewährten« Mittel beraubt und in der Entwicklung behindert. Die Bindung an einen Lehrer wird als Aufgabe oder zumindest Einschränkung der persönlichen Freiheit empfunden und daher abgelehnt.

So versuchen viele Ausübende zunächst, den Weg des Aiki ohne innere Bindung an einen Lehrer zu gehen. Ist das Interesse auch nach dem Scheitern dieser Bemühungen noch vorhanden, machen sie häufig einen zweiten Fehler. Sie nehmen von jedem verfügbaren Lehrer, was ihnen nützlich erscheint, und fühlen sich keinem verpflichtet. Aikido wird so einfach konsumiert.

Die enge Bindung des Schülers an einen Lehrer ist jedoch aus moralischen, aber auch praktischen Gründen notwendig:

● Wie bereits festgestellt, ist der Lehrer seinem Schüler auf dem Wege voraus, hat also Erfahrungen sammeln können, die diesem noch verborgen sind. Er kann dem Schüler daher wichtige Orientierungshilfen geben, die ihm zeitraubende und kräftezehrende Irrwege ersparen. Dadurch wird der Schüler in seiner Entwicklung gefördert.

● Die technischen und geistigen Inhalte des Aikido können nicht verbal vermittelt und rational verstanden werden. Die Unterrichtung erfolgt vielmehr in der »Körpersprache«, wobei der Lehrer als »Bewegungsvorbild« fungiert, das die Übungen in einer perfekten Form darstellt. Der Schüler kann die Inhalte nur stufenweise erfassen und nachvollziehen. Die gleichen Techniken müssen deshalb oft über viele Jahre wiederholt, kontrolliert und verbessert werden.

● Jeder Lehrer ist den Weg des Aiki selbst gegangen und hat dabei individuelle Erfahrungen gesammelt, die seine Persönlichkeit und Technik

geprägt haben. Dies ist für die Entwicklung des Aikido als einer lebendigen Kunst zwar förderlich, für den bindungslosen Schüler jedoch schädlich. Er wird in oft extrem unterschiedlichen »Körpersprachen« unterrichtet, kann einen Soll-Ist-Vergleich nicht mehr vornehmen und verliert die Orientierung. Sicher ist verständlich, daß er sein Ziel überhaupt nicht oder nur mit erheblichen Verzögerungen erreichen kann. Deshalb ist es auch wichtig, daß die in einem Verband tätigen Lehrer nach einheitlichen Kriterien unterrichten und lehren.

● In der harmonischen Wechselbeziehung zwischen Lehrer und Schüler manifestiert sich auf der einen Seite die Bereitschaft zur selbstlosen Hingabe, auf der anderen die freiwillige Bindung an eine übergeordnete Autorität.

● Ein guter Lehrer ist auch ein verständnisvoller Freund, der seinen Schülern die Freiheit zur persönlichen Entfaltung und Entwicklung ihres individuellen Stiles läßt. Er wirkt durch sein gutes Beispiel, fördert ihre äußere und innere Stabilität, stimmt die Fortschritte im technischen und geistig-seelischen Bereich aufeinander ab und gibt – bei entsprechender Erfahrung und Reife – wertvolle Lebenshilfen. Die notwendigen Dialoge werden »vom Herz zum Herzen« geführt, so daß auch Bildungs- und Sprachbarrieren bedeutungslos sind.

● Die freiwillig übernommene und pflichtbewußt ausgeführte Aufgabe fördert auch den Lehrer, denn er muß die bereits ins Unterbewußtsein eingegangenen Techniken analysieren und aufbereiten, bevor sie in verbesserter Form wieder automatisiert werden. Dies setzt jedoch voraus, daß der Lehrer – nach Möglichkeit unter Anleitung – selbst regelmäßig trainiert.

Der gute Schüler stattet den schuldigen Dank durch Vertrauen, Respekt und Lerneifer ab. Er fühlt sich verpflichtet, das ihm übergebene wertvolle Geschenk zu pflegen und an seine eigenen Schüler weiterzugeben, wenn die Zeit gekommen ist. So bleibt das Aikido eine über das Leben des einzelnen hinaus wirkende und sich ständig erneuernde Kraft.

Mit steigendem Grad mögen sich die aufgezeigten Wechselbeziehungen zwar ändern, abreißen dürfen sie jedoch niemals. Der Lehrer hat nicht selten über seinen Tod hinaus einen Platz im Herzen seiner guten Schüler; er lebt und wirkt gleichsam durch diese.

Wer seinen Lehrer nur als Vermittler handwerklicher Techniken ansieht und dessen Persönlichkeit negiert oder gar bekämpft, führt das wichtige Prinzip der Einheit zwischen Geist, Seele und Körper ad absurdum, kann die wahre Meisterschaft nie erreichen und folglich selbst kein bedeutender Lehrer werden.

Viele hochgraduierte Aikidoka mußten ihren hoffnungsvollen Weg beenden, weil sie gegen die aufgezeigten Grundsätze verstießen oder nicht in der Lage waren, gleichzeitig dankbar nehmender Schüler und selbstlos gebender Lehrer zu sein.

Wachsendes Können muß sich in der anspruchsvollen Pflichterfüllung sowie einer stärkeren Selbstkontrolle äußern und darf niemals zur Ablehnung übergeordneter Autorität führen. Wer sich selbst zum Maß aller Dinge macht, wird zum Narzißten ohne geistige Ausstrahlung und kann seine objektive »Mitte« nicht finden. Bindungslosigkeit ist daher kein Kriterium der persönlichen Freiheit, sondern der Anfang vom Ende.

Foto Seite 23 oben:
André Nocquet, 8. Dan-Aikido, Präsident und Technischer Direktor der Europäischen Aikido-Union sowie Ehrenpräsident des Deutschen Aikido-Bundes e.V. war von 1955 bis 1957 direkter Schüler des Aikido-Begründers, O-Sensei Morihei Uyeshiba. Er ist seit 1971 verehrter Lehrer des Verfassers und hat sich um die Verbreitung des Aikido in Europa sehr verdient gemacht. Meister André Nocquet gilt als einer der besten Interpreten des klassischen Aikido und lebt die geistigen sowie moralischen Inhalte überzeugend vor. Er ist daher ein Vorbild für alle Aikidoka.

Foto Seite 23 unten:
Gerd Wischnewski, 3. Dan-Aikido, 2. Dan-Kendo, 2. Dan-Judo und 1. Dan-Karate, wurde in Japan der »Samurai mit den blauen Augen« genannt. Er war 1963 bis 1965 direkter Schüler des Aikido-Begründers, O-Sensei Morihei Uyeshiba.
Meister Gerd Wischnewski hat sich um die Einführung des Aikido und Kendo in unserem Lande sehr verdient gemacht und war von 1966 bis 1971 geachteter Lehrer des Verfassers, bevor er sich aus gesundheitlichen Gründen vom aktiven Sport zurückziehen mußte.

2.4 Der Weg des Aiki

*Halte ein auf dem beschwerlichen
Weg und blicke um dich.
Wer immer auf den Boden schaut,
kann nicht die Sterne sehen!*

Aikido zwingt zur Kooperation, denn das Erlernen der Elemente, Techniken und Prinzipien ist nur möglich, wenn mindestens zwei Menschen bereit sind, die ihnen wechselseitig zugeteilten Rollen des *Nehmenden (Uke)* und *Gebenden (Nage)* zum gemeinsamen Nutzen zu übernehmen. Diese Tatsache hat besondere Bedeutung und sollte daher immer betont werden.

Die beim ernsthaften Training und in allen Selbstverteidigungssituationen angestrebte Harmonie und Nächstenliebe fördern das gegenseitige Verständnis. Sie führen zum Abbau hemmender Schranken und neutralisieren zerstörerische Energien. Alle technischen Inhalte des Aikido und die Methoden ihrer Vermittlung dienen der Erreichung dieses Zieles.

In der *ersten Stufe* seiner Ausbildung setzt sich der junge Aikidoka schwerpunktmäßig und intensiv mit dem Studium der Elemente (Stand, Stellung, Position, Distanz, Schwerthand, Bewegung usw.) sowie dem Erforschen des statischen und dynamischen Gleichgewichtes auseinander. Er lernt die kontrollierte Nutzung bzw. Neutralisation jener Kräfte, die von seinem Körper ausgehen oder von außen auf ihn einwirken.

Diese Stufe ist von großer Bedeutung und erfordert die ungeteilte Aufmerksamkeit der besten Lehrer. Da die Elemente als grundlegende Bestandteile aller Techniken immer wiederkehren, potenziert sich der Grad ihrer Ausprägung. Sie sind somit ein (miß-)erfolgsbestimmender Faktor auf dem Weg zur Meisterschaft.

Gleichzeitig wird der ganze Körper des Ausübenden unter Beachtung des Grundsatzes der Beidseitigkeit auf die künftigen Anforderungen vorbereitet. Es ist wichtig, ungeduldige Schüler und oberflächliche Lehrer immer wieder auf die Bedeutung der Elemente für den Fortschritt hinzuweisen, damit sie auch in der Folgezeit alle Anstrengungen auf sich nehmen, die zu deren Erhaltung und Verbesserung förderlich sind.

Die *zweite Stufe* beginnt mit dem handwerklichen Erlernen der Aikido-Grundtechniken im Stand und am Boden. Ausgangspunkt ist die von einem unbewaffneten Angreifer initiierte, zunächst noch vorherbestimmte und auf Nage wirkende Kraft.

Da die Angriffe zunehmend rasanter und die Verteidigungstechniken immer diffiziler werden, steigen die Anforderungen an den Ausübenden mit zunehmender Reife auf natürliche Weise. Der gute Lehrer führt seine Schüler hier auch behutsam in jene besonderen Übungsformen ein, die eher dem Vermögen der Meister angemessen wären. So können die Aikidoka ab 3. Kyu (grüner Gürtel) bereits Teile der 1. Kata im Stand praktizieren und als Vorstufe des Randori festgelegte Angriffe mit den ihnen bekannten Techniken frei abwehren.

Aikido wird mit dem eigenen Körper sowie in Gemeinschaft mit einem Lehrer und vielen Partnern auf der Matte studiert und erfahren. Diese fundamentale Tatsache sollte jenen Lernenden immer wieder vor Augen geführt werden, die Erbauung und Fortschritt vorwiegend in den geistigen Bereichen suchen. Sie verstehen die Prinzipien und Inhalte vielleicht rational, werden sie aber niemals intuitiv und im rechten Augenblick anwenden können. Glauben sie gar, aus ihrem theoretischen Wissen einen aikidospezifischen Lehr- oder Führungsauftrag ableiten zu müssen, ist ihnen der Mißerfolg ebenso sicher, wie der – vielleicht nachsichtig verborgene – Spott aller praktizierenden Aikidoka.

Wenn der Ausübende bei gutem Gleichgewicht verzögerungsfrei und in der situationsbedingt zweckmäßigen – ergänzenden – Weise (Irimi oder Tenkan) auf alle Angriffe reagiert und das Unterbewußtsein zur Aufnahme der wertvollen Inhalte des Aikido bereit ist, kann die *dritte Stufe* der Entwicklung beginnen. Hier müssen die Elemente und Techniken des Aikido ständig gepflegt und verbessert werden. Gleichzeitig wird sich der Meister aber auch anderen Formen zuwenden, die seinem Können angemessen sind und ihn neu fordern. Dazu zählen z.B. die gegen bewaffnete Angreifer angewandten Grundtechniken (Veränderung der Distanz und Konzentration beziehungs-weise Verstärkung der wirkenden Kraft durch die Waffe), reaktions- und konditionsfördernde Übungen mit mehreren Partnern oder die Abwehr von Angriffen aus dem für Europäer ungewohnten Kniesitz (Hanmi-hantachi, Suwari-Waza). Aber auch das weiterführende Studium der anderen beiden Säulen des Aikido darf nicht vernachlässigt werden: das Randori gegen einen oder mehrere – auch bewaffnete – Angreifer als Form der Spontaneität und Ausdruck der Freiheit sowie die Kata als Form der Rückbesinnung und Bindung an das von O-Sensei Morihei Uyeshiba geschaffene klassische Aikido.

Nur die ständige und gelöste Wiederholung aller Formen des Aikido garantiert den Fortschritt des Ausübenden. Dieser geht schon bald im absichtslosen Tun auf und vergißt die Anforderungen sowie Zwänge der leistungsorientierten und kampfbejahenden Umwelt; er wird wieder zum selbstlosen Teil eines universalen harmonischen Systems, das ihn fördert und schützt.

Das Aikido hat nun meditativen Charakter, und aus dem Handwerk entwickelt sich ein Weg (Do).

Durch die über viele Jahre betriebene körperliche Übung wurden die im Aikido verborgenen positiven Kräfte frei. Sie sind tief in das Unterbewußtsein des Ausübenden eingedrungen und wirken in ihm und durch ihn auf alle Bereiche seines Lebens.

Der Ausübende hat aber auch zu sich selbst gefunden und vermag seinen eigenen Standort zu bestimmen. Er besitzt in jeder Situation die Freiheit der Entscheidung und des Handelns. Dies führt nicht nur zur inneren Stabilität und

Ausgeglichenheit, sondern ermöglicht auch die friedliche Bewältigung aller Konflikte, die in den durch menschliche Aktivitäten und Schwächen erzeugten Spannungsfeldern immer wieder auftreten.

Das anfänglich vielleicht oberflächlich als Kunst der Selbstverteidigung betriebene Aikido entwickelt sich zu einer vollkommenen Lebensform und spezifischen Geisteshaltung, die das Bewußtsein des Ausübenden vertieft und ihm neue Dimensionen des Seins erschließt.

Ein guter Meister weiß, daß man dem aufgezeigten Ziel unermüdlich zustreben muß, obwohl es nie ganz erreicht werden kann. Die Niederlagen auf seinem Weg dürfen ihn ebensowenig hemmen wie Enttäuschungen, Mißgunst und Undankbarkeit. Auch nach einem Fall darf er nicht aufgeben, sondern muß sich wieder erheben und seinen Weg fortsetzen.

Wer Aikido auf dieser höchsten Stufe betreibt, befindet sich in Harmonie mit dem Universum als Heimat des Lebens, Quelle nie versiegender Kraft und Symbol der ständigen Erneuerung. Er bejaht seine Natürlichkeit, wirkt aus einer starken – da gesicherten – Mitte und lebt in Frieden mit allen Menschen. In seinen guten Schülern potenziert sich die wertvolle Idee des Aikido und wird über den eigenen Weg hinaus erhalten – zum Nutzen kommender Generationen.

2.5 Die »rechte Mitte«

Wer andere Menschen führen will,
muß erst seine Mitte gefunden haben!

An vielen Stellen dieses Buches wird im Zusammenhang mit den geistigen und technischen Inhalten des Aikido auf die »rechte Mitte« hingewiesen, so daß eine Erklärung dieses auch für andere Lebensbereiche wichtigen Zustandes geboten erscheint.

Alle Überlegungen basieren auf dem Glauben an eine kosmische Harmonie, die Ausdruck der ordnenden geistigen Kraft (Ki) des absoluten und universell gültigen Prinzips oder des Schöpferwillens ist. Sie manifestiert sich in der Dynamik, den zyklischen Strukturen und dem dauernden Wechsel.

Ferner besteht Übereinstimmung in der Auffassung, daß der Mensch als Teil der Natur ihren Gesetzen ohne Einschränkung unterworfen ist. Er kann folglich nur glücklich sein, wenn er in allen Bereichen der natürlichen Ordnung folgt, dem intuitiven Wissen vertraut und spontan handelt.

Unter dem Begriff »rechte Mitte« versteht man im objektiven Sinne einen Gleichgewichtszustand zwischen Himmel und Erde, Geist und Körper, Ruhe und Bewegung, Stärke und Schwäche, Spannung und Entspannung, Fülle und Leere.

Im subjektiven Sinne ist es die Position – körperlicher Standort oder geistiger Standpunkt –, die der einzelne im Verhältnis zu anderen Menschen oder seiner Umwelt einnehmen soll, um die natürliche Harmonie zu erhalten und zu fördern.

O-Sensei Morihei Uyeshiba, Begründer des Aikido, und sein Schüler André Nocquet.

Bezogen auf das Aikidotraining sind unter dem Begriff »rechte Mitte« immer ein im stabilen Gleichgewicht befindliches Körperzentrum (Hara) sowie die harmonische Distanz (Ma-ai) zum Angreifer zu verstehen, die den Einsatz der Atemkraft (Kokyu) überhaupt erst möglich machen (vergleiche Kapitel 4 – Elemente des Aikido).

Beim Verlust der körperlichen »rechten Mitte« stürzt der Aikidoka entweder, oder seine Technik bleibt unwirksam. Erfahrung und Einsicht werden ihn sich folglich ständig um die Schulung und den sinnvollen Gebrauch seines Zentrums (Hara) bemühen lassen.

Ausdruck des »gestörten Gleichgewichtes« in allen Lebensbereichen des modernen Menschen sind ziellose Hetze, innere Unruhe und die ständige Furcht, eine unbestimmte Chance zu versäumen. Die damit verbundene Lebenseinstellung verursacht geistig-seelische Verspannungen sowie körperliche Schutz- und Abwehrhaltungen. Die Betroffenen selbst machen meist »äußere Kräfte« für ihr »unabänderliches Schicksal« verantwortlich und wollen diese dann durch den Einsatz aller verfügbaren Mittel nach ihren Vorstellungen verändern. Dabei übersehen sie, daß die »rechte Mitte« durch eine oft geringfügige Veränderung der eigenen Position/Einstellung leicht wieder eingenommen werden könnte.

Dieser einfache Akt der Selbstbefreiung befähigt den Menschen dann auch, starke, aus unterschiedlicher Richtung wirkende »äußere Kräfte« sicher aufzunehmen oder zu kanalisieren. Er wird selbst nicht durch sie bewegt und bleibt beweglich.

Fortgeschrittene Aikidoka trainieren auch unter erschwerten Bedingungen. Sie gewinnen dadurch vorzüglich Sicherheit im Umgang mit der »belasteten und bewegten Mitte«, erfahren die Möglichkeiten und Grenzen ihres spontanen Einsatzes im günstigen Augenblick, verlieren die Angst vor dem Fall – einem Symbol der Niederlage oder des Versagens – und stellen dadurch auch die geistigen oder körperlichen Kräfte frei, die bisher auf das Ego konzentriert waren. Der Aikidoka gewinnt ein hohes Maß an Lebensfreude!

Die Wahrung der »rechten Mitte« setzt ein ständiges Reagieren auf die wechselnden inneren und äußeren Kräfte voraus. Der bedeutsame Punkt ist jedoch nicht markiert, weswegen theoretische Überlegungen und rationale Bemühungen lediglich das Ziel aufzeigen. Die zur intuitiven Umsetzung der Erkenntnisse notwendigen Erfahrungen können nur durch den ausdauernden handwerklichen Vollzug der Aikidotechniken gesammelt werden.

Der in Abbildung 6 dargestellte Eingangswurf (Irimi-Nage) erweckt deutlich den Eindruck eines Kreuzes als Symbol der inneren (lotrechter Balken) und äußeren (waagerechter Balken) Harmonie. Die Körpermitte (Hara) des Aikido-Begründers und der durch die Balanceberechnung (Kuzushi) verlagerte Schwerpunkt des Angreifers befinden sich im Schnittpunkt des Kreuzes, also in der »rechten Mitte«, was bedeutet:

Die urspünglichen Gegensätze sind aufgehoben; Nage kann den Partner mit seiner Ki körperlich und geistig führen.

3 Das Aikido-Training

Aikido will nicht studiert,
sondern praktiziert werden!

Da das Aikido eine bewegungsreiche Sportart ist, die alle Forderungen nach Beidseitigkeit und Ganzkörperarbeit erfüllt, kommt ihm in unserer hochtechnisierten, Bewegungsarmut fördernden Welt besondere Bedeutung zu. Es erhält aber nicht nur den Körper gesund, sondern strebt auch weit darüber hinausführende Ziele an:

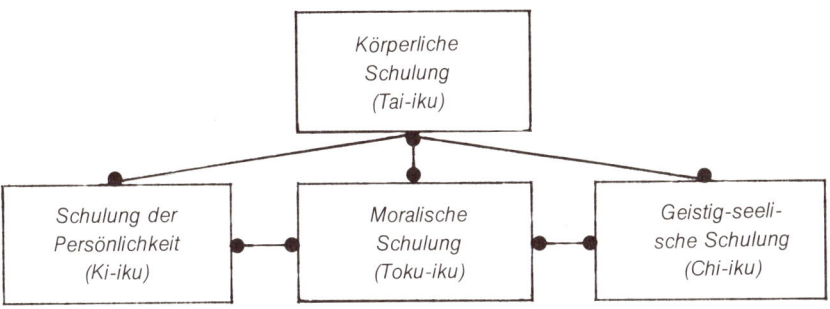

Körperliche
Schulung
(Tai-iku)

Schulung der
Persönlichkeit
(Ki-iku)

Moralische
Schulung
(Toku-iku)

Geistig-seeli-
sche Schulung
(Chi-iku)

Diese Ziele sind gleichwertig, können jedoch nur über die körperliche Übung erreicht werden!

Die Unterrichtsmethode ist einfach und unmittelbar. Der Aikidoka übt die vom Lehrer gezeigten Elemente und Techniken ausdauernd und intensiv, bis sein Körper durch Erfahrung zur intuitiven Aktion fähig ist. Der Fortschritt zeigt sich in einer zunehmenden körperlichen und geistig-seelischen Gelöstheit.
In der Regel trainieren die Schüler mit ihrem – meist ranggleichen – Partner alle Techniken beidseitig. Nach jeweils vier Ausführungen wechselt die Rolle zwischen Uke und Nage. Zur Steigerung der Sicherheit und zur Kontrolle des eigenen Leistungsvermögens werden jedoch auch Partnerwechsel durchgeführt, die keinen Einschränkungen (Alter, Geschlecht, physische Konstitution) unterliegen. Die Ausübenden sind entsprechend dem Wesen des Aikido zur Kooperation und Rücksichtnahme verpflichtet. Daher

und wegen der fehlenden kämpferischen Inhalte sind auch bei dieser nützlichen Form des »körperlichen Dialogs« keine Verletzungen durch Überforderung des schwächeren Partners zu erwarten.

Ein guter Lehrer wendet sich allen Schülern unabhängig von ihrem Grad oder Leistungsvermögen mit der gleichen Intensität zu und lenkt sie behutsam. Er fördert die Entwicklung des individuellen Stiles, soweit dieser mit der Lehre und anerkannten technischen Inhalten des Aikido im Einklang steht.

Im Gegensatz zum traditionell streng hierarchischen Lehrer-Schüler-Verhältnis in der ursprünglichen Form des Aikido hat sich in Europa der kooperative Führungsstil bewährt. Der Lehrer muß durch ein sorgfältig durchdachtes und auf das Leistungsvermögen der Schüler abgestimmtes Programm für Abwechslung sorgen. Am besten kann er jedoch durch Hingabebereitschaft, persönliche Ausstrahlung, fachliches Können und vorbildliches Verhalten motivieren.

Das Aikido-Training soll die Dauer von insgesamt 120 Minuten nicht überschreiten, da bei längerer zeitlicher Ausdehnung die Konzentrationsfähigkeit nachläßt und Verletzungsgefahren entstehen.

Der folgende Zeitplan kann als Richtschnur für das Training in einer gemischten Gruppe dienen:

a) *Konzentration im Za-rei und Begrüßung sowie Gymnastik (Dehnung und Kräftigung)* 15 Minuten
b) *Fallschule (Ukemi)* 10 Minuten
c) *Vorübungen zur Verbesserung der Elemente (ohne und mit Partner)* 15 Minuten
d) *Standtechniken (Nage-Waza)* 25 Minuten
e) *Bodentechniken (Katame-Waza)* 20 Minuten
f) *Kata (Form), besondere Übungsformen oder Abwehr bewaffneter Angreifer* 15 Minuten
g) *Randori (freies Angreifen)* 10 Minuten
h) *Gymnastik (Dehnung und Lockerung) oder Spiel* 7 Minuten
i) *Entspannung im Za-rei und Gruß* 3 Minuten

Bei Lehrgängen oder Übungsstunden mit besonderen Zielsetzungen ist eine stärkere Konzentration auf einzelne Gebiete des Aikido üblich.

Fortgeschrittene Aikidoka sollten im Verlaufe des Trainings mehrmals an ihre Leistungsgrenze geführt werden, um eine positive Verschiebung zu erreichen.

3.1 Dojo (Übungsraum, Matte, Etikette)

Der Aikido-Übungsraum wird als Dojo (= Ort zum Studium des Weges) bezeichnet. Da Sportstätten knapp sind, verfügen nur wenige Vereine über ein ständig eingerichtetes Dojo. Im anderen Fall wird die Halle (der Raum) von den Aikidoka durch Auflegen der elastischen Matten (Tatami) hergerichtet.

Diese Arbeit nimmt nur wenige Minuten in Anspruch.

Die Übungsfläche sollte so groß sein, daß alle Techniken ohne Gefährdung anderer Teilnehmer durchgeführt werden können. Bei bewegungsintensiven Abschnitten teilt der Lehrer die Gruppe. Die wartenden Aikidoka sollen das Geschehen dann im Sitz (Zaho oder Agura) aufmerksam verfolgen und die Techniken mental trainieren.

Jedes Dojo ist ein Ort der menschlichen Begegnung. Es sollte daher alles vermieden werden, was den Übungsablauf beeinträchtigt oder andere Aikidoka stört. Insbesondere sind laute Gespräche oder Gefühlsäußerungen unangebracht.

Der Übergang von der natürlichen Stellung (Shizentai) in den Kniesitz (Za-ho) ist die erste Übung des jungen Aikidoka zur Kontrolle seines Körperzentrums. Sie wird in den Abb. 7–11 vorgestellt. Das Aufstehen geschieht in umgekehrter Reihenfolge.

Aus Sicherheitsgründen dürfen die Ausübenden keine Metallgegenstände (Ringe, Ketten, Haarklammern usw.) tragen. Sie müssen die Fuß- und Fingernägel kurz halten und lange Haare zusammenbinden.

Der in einem Dojo herrschende Geist wird nur durch die innere Einstellung, die Leistungsbereitschaft und das Verhalten der darin übenden Aikidoka bestimmt.

Die Beachtung der folgenden Empfehlungen ist für alle Schüler und Meister nützlich:

− Denke und handle nach den Prinzipien des Aikido, lebe natürlich und harmonisch, bewahre immer deine »Mitte«.

− Jeder muß seinen Weg (Do) selbst gehen. Erwarte nicht, daß andere dich tragen. Nimm regelmäßig am Training teil und sei pünktlich.

− Behandle den Schwächeren rücksichtsvoll und behaupte dich gegenüber dem Stärkeren.

− Eine kleine Tat ist besser als ein großes Wort, also rede nicht, sondern handle.

− Schätze das Geringe und pflege das Einfache, trenne die Prinzipien und beachte die Formen.

− Sei selbstlos, bescheiden und höflich. Übe fleißig und mit innerer Anteilnahme.

− Jeder Partner ist für dich der beste. Behandle ihn fürsorglich, denn niemand kann allein Aikido betreiben.

− Achte auf deine Gesundheit und hüte dich vor Ausschweifungen aller Art. Betreibe regelmäßig Körperpflege und trage saubere Kleidung.

− Unterstütze nach besten Kräften alle Maßnahmen zur Förderung und Verbreitung des Aikido. Schone das Trainingsgerät und halte Ordnung im Dojo.

− Achte deinen Lehrer, vertraue ihm und befolge seine Anweisungen. Bleibe auch als Meister ein dankbarer Schüler!

Zu 3.1

Dojo
(Übungsraum, Etikette, Matte)

3.2 Aikido-Übungskleidung

Die Aikidoka tragen beim Training einen zweckmäßigen Übungsanzug (Keiko-gi), der aus Jacke, Hose und Gürtel besteht. Alle Meister(innen) müssen sich dazu mit dem traditionellen japanischen Hosenrock (Hakama) in schwarzer Farbe bekleiden. Den Schülern (Kyu) ist das Tragen eines weißen Hakama freigestellt. Für die Bewegungen außerhalb der Matte (Tatami) muß aus hygienischen Gründen jeder Aikidoka geeignete Sandalen (Zori) besitzen (Abb. 12). Der Übungsanzug sollte aus einem groben Baumwollgewebe bestehen, das den Schweiß aufsaugt und die Haut massiert. Da das Angebot im Fachhandel bezüglich Qualität und Preis sehr

Zu 3.2

Aikido-Übungskleidung

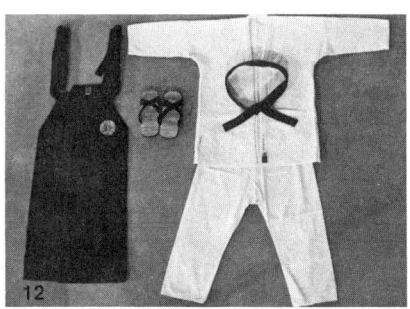

unterschiedlich ist, wird ein Vergleich dringend empfohlen.

Zu 3.3

Aikido-Gruß
(Stand und Kniesitz)

3.3 Aikido-Gruß (Stand und Kniesitz)

Die im Aikido übliche Verneigung (nicht Verbeugung!) vor dem Lehrer und Partner ist förmlicher Ausdruck des Vertrauens und der gegenseitigen Achtung. Sie sollte niemals zur oberflächlichen Floskel entarten.
Befindet sich im Dojo ein Bild des Aikido-Begründers, verneigt sich der ernsthafte Aikidoka im Gedenken an O-Sensei-Morihei Uyeshiba und in Würdigung seines Lebenswerkes auch davor. Er bekundet auf diese Weise seine innere Bindung an den Großen Lehrer und dankt ihm respektvoll.
Die Verneigung kann im Stand (Ritsurei) oder im Kniesitz (Zarei) erfolgen. Die Verneigung im Kniesitz wird bei der Eröffnung und Beendigung des Trainings auf Zuruf des Lehrers (Rei = Gruß) gemeinsam ausgeführt. Ferner ist sie üblich, wenn sich die Aikidoka bei besonderen Übungsformen ohnehin im Kniesitz befinden (Abb. 13, 14, 15–17).

3.4 Vorbereitende Gymnastik

Die gymnastischen Übungen sollen den Körper des Aikidoka aufwärmen, lokkern und stärken, also auf das eigentliche technische Training vorbereiten. Da Anfänger körperlich oft ungeübt sind und bei Ausführung der Aikidotechniken noch mit vielen Schwierigkeiten zu kämpfen haben, ist ein konditionsförderndes Training meist ausgeschlossen. Der Übungsleiter muß daher gerade in den ersten Monaten großen Wert auf eine intensive und abwechslungsreiche Gymnastik legen.
Es ist nicht möglich, die unzähligen Einzel-, Partner- und Gruppenübungen im Stehen, Knien und Liegen zu beschreiben. Der Findigkeit des Lehrers sind keine Grenzen gesetzt. Das Ziel darf jedoch nicht aus den Augen verloren werden. Insbesondere kommt es darauf an, die Beweglichkeit der Wirbelsäule und aller Gelenke zu erhöhen. Ferner muß die Muskulatur im Bereich des Nackens und Rückens sowie der Beine und Arme gestärkt werden. Nach dem Aufwärmen sollen sich Dehnungs-, Kräftigungs- und Lockerungsübungen sinnvoll abwechseln.

4 Elemente des Aikido

Die Elemente sind Bausteine der Techniken;
die Techniken sind Bausteine der Prinzipien;
die Prinzipien sind Bausteine des Aikido;
das Aikido ist ein Baustein zur menschlichen
Vervollkommnung.
Kehre ständig zum Ursprung zurück;
verwechsle nie den Weg und das Ziel!

Jede Technik des Aikido besteht aus kleinen »Bausteinen«, die nachfolgend als »Elemente« bezeichnet werden. Dazu zählen jene unverzichtbaren Bestandteile (Stand, Stellung, Position, Distanz, Schwerthand, Körperzentrum, Bewegung und Atemkraft), die in ihrem harmonischen Zusammenspiel erst das Wesen einer Technik ausmachen und ihre Wirksamkeit bestimmen.

Will ein Aikidoka zum Beispiel den Einsatz seines Körperzentrums (Hara) üben, so ist dies in der Regel nicht ohne Formen der Bewegung (Sabaki) möglich.

Soll die Energie des eigenen bewegten Körperzentrums auf den Partner übertragen werden, muß eine – wenn auch manchmal nur kurzzeitige – Verbindung bestehen. Dies macht den Einsatz der Schwerthand (Tegatana) erforderlich, wenn der Angreifer den Kontakt nicht durch Umklammerung oder Erfassen des Verteidigers von sich aus herstellt.

Im Aikido gibt es eine Reihe von Grund-formen und Vorübungen, bei denen nicht der Niederwurf oder die Neutralisation des Angreifers im Vordergrund stehen, sondern die Verbesserung und Kontrolle der Elemente. Durch die ständige Wiederholung und korrekte Ausführung dieser »einfachen« Formen verbessert sich die Qualität aller Inhalte des Aikido entscheidend.

Die in diesem Buch vorgenommene getrennte Behandlung der Elemente hat nur methodische Gründe.

Auf seiner Suche nach Wahrheit und in dem Streben nach Fortschritt wendet sich der Mensch oft den komplizierten und komplexen Systemen zu. Er vergißt, daß Erkenntnis und wirklicher Fortschritt vor allem im Studium und in der Pflege des Einfachen begründet liegen. Wenn sich ein Aikidoka auf das Training weniger – vielleicht verwickelter – Techniken konzentriert, wird er sie nach einiger Zeit ohne Zweifel beherrschen und mit gesteigerter Fertigkeit ausführen können. Er wird aber auch von diesen Techniken beherrscht, denn er ist unbewußt auf sie fixiert und versucht, sie in jeder Situation anzuwenden. Dadurch ist er nicht mehr fähig, seinen ungebundenen Partner zweckmäßig zu ergänzen. Er hat sich also vom »harmonischen Weg« entfernt.

Wendet der Aikidoka hingegen den Elementen verstärkte Aufmerksamkeit zu, so verbessert er von der Basis her die Qualität aller Inhalte des Aikido, auch wenn sie ihm gegenwärtig noch nicht bekannt sind.

Diese Feststellung mag absurd erscheinen, läßt sich in der Praxis jedoch beweisen. Das verstärkte Training der Grundschule des Aikido steigert bei allen Ausübenden die Aufnahmefähigkeit und erleichtert die Vermittlung neuer Techniken oder Anwendungsformen. Sie werden so in ihrer Entwicklung gefördert.

Die Zusammenhänge sind in den nachfolgenden Diagrammen dargestellt:

Die Länge der Vektoren ist von der Dauer und Intensität des bezeichneten Trainings abhängig. Die Flächengröße des durch sie eingeschlossenen Dreiecks stellt ein Vergleichsmaß für die Summe aller durch das Aikidotraining gesammelten Erfahrungen dar. Das Verhältnis der Seiten zueinander und die Lage des Flächenschwerpunktes (S_1 oder S_2) symbolisieren die Ausgewogenheit und Stabilität des Systems.

Beispiel A:
Befaßt sich der Ausübende nur mit den Techniken, nehmen die Erfahrungen in relativ geringem Umfang zu. Die Harmonie des Systems wird gestört; seine ursprüngliche Stabilität geht zunehmend verloren.

Beispiel B:
Pflegt der Ausübende die Elemente und Techniken hingegen in gleichem Maße, behält das System seine Ausgewogen-

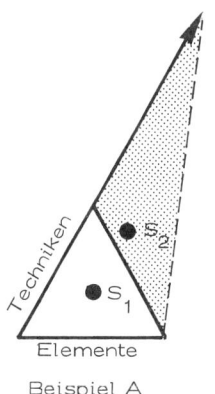

Beispiel A

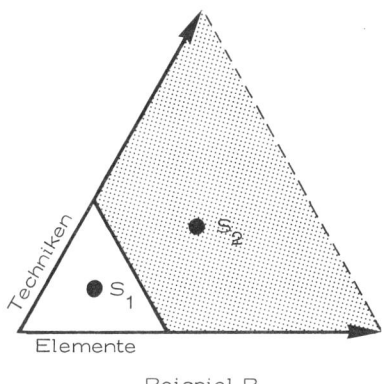

Beispiel B

heit und Stabilität. Die erheblich größere Zunahme an Erfahrungen ist beim Vergleich der Flächen augenfällig.

Alle Lehrer sollten diese Erkenntnisse nutzen und das Training der Meister und Schüler immer wieder durch die Vermittlung der Grundformen bereichern, denn im Aikido gilt ebenso wie in vielen anderen Lebensbereichen der Grundsatz, daß dem geringsten Element oft die größte Bedeutung zukommt. Wenn die guten Meister ständig eine »Rückkehr zu den Quellen« fordern, so verstehen sie im technischen Bereich darunter ein verstärktes Studium der meist vernachlässigten Elemente.

Wird die begründete Ermahnung überhört oder aus Bequemlichkeit oder Ungeduld umgangen, ist die sachgerechte Ausführung höherer Übungsformen des Aikido unmöglich. Der Weg zur meisterlichen Reife bleibt dem Ausübenden trotz aller Anstrengungen versperrt.

Die vorstehenden Ausführungen gelten im übertragenen Sinne auch für die Bereiche der geistigen Aktivitäten.

4.1 Za-ho und Agura (Aikido-Sitz)

Die wahre Einstellung des Menschen offenbart sich in seiner Haltung. Sitze aufrecht!

Im Übungsraum (Dojo) findet man oft Aikidoka, die in den durch Vortrag oder Korrektur zwangsläufig entstehenden und auch notwendigen Trainingspausen förmlich ineinanderfallen oder auseinanderfließen. Gedankenverloren sind sie mit sich selbst beschäftigt. Die Bemühungen des Meisters werden mit leerem Blick oder überhaupt nicht beachtet. Der steht in diesem Stadium vor einer unlösbaren Aufgabe, denn die Schüler entlassen ihr eben noch trainiertes Zentrum (Hara) unbedacht aus der fördernden Pflicht und machen dadurch das Ergebnis aller Bemühungen zunichte. Die zur Fortsetzung des Trainings notwendige neue Sammlung kostet wertvolle Zeit.

Geübte Aikidoka hingegen sind in der Lage, sich in den kurzen Pausen optimal zu erholen und trotzdem körperlich und geistig ständig präsent zu bleiben. Sie kennen das Geheimnis der rechten Haltung und Atmung.

Der im Aikido übliche Konzentrationssitz (Za-ho) kann schon vom äußeren Bild her zwischen dem Stand und dem Liegen eingeordnet werden. Er vereinigt in sich die Vorzüge beider Körperhaltungen — Bewegung und Ruhe. Die eingeschlagenen und an den Knien etwa zwei Fäuste breit geöffneten Beine bilden eine dreieckige Auflagefläche. Das Körperzentrum (Hara) befindet sich in Bodennähe und ruht sicher über dem Mittelpunkt dieser Basis. Der gesamte

Zu 4.1

Za-ho und Agura
(Aikido-Sitz)

Unterbauch wird durch die Atemkraft (Kokyu) leicht angespannt. Darüber baut sich der Oberkörper senkrecht auf. Alle Muskeln befinden sich in einem Gleichgewichtszustand zwischen Spannung und Entspannung. Die Schultern fallen etwas nach unten, und der Kopf ist leicht nach vorn geneigt. Ohr, Schulter und Hüfte bilden von der Seite her gesehen eine Senkrechte. Die Handinnenflächen zeigen bei gegeneinanderliegenden Daumen entweder nach oben oder werden getrennt auf die Oberschenkel gelegt (Abb. 18–20). Die sofortige Kontrolle der Atmung ist besonders nach hohen Belastungen von Bedeutung. Dabei konzentriert sich der Aikidoka auf ein langgezogenes und an Intensität zunehmendes Ausatmen. Das Einatmen erfolgt dann von selbst in kürzerer Zeit. Die Spannung im Zentrum (Hara) darf dabei aber nicht aufgegeben werden.

Infolge der guten Stellung und der korrekten Atmung fließen alle Spannungen nach unten ab. Die körperliche Entkrampfung und Erholung führt auch zum geistig-seelischen Wohlbefinden. Dadurch werden Leistungsfähigkeit und -bereitschaft gefördert.

Bei längeren Trainingspausen oder Vorträgen kann – insbesondere von ungeübten oder älteren Aikidoka – der »Schneidersitz« (Agura) eingenommen werden. Die Ausführungen zur äußeren Haltung und inneren Sammlung gelten jedoch auch hier (Abb. 21, 22).

Auf die Abschnitte 4.7 und 7.1 bis 7.3 wird in diesem Zusammenhang hingewiesen.

4.2 Kamae (Stand, Stellung, Position)

Wer immer vorbereitet sein will, muß in Ruhe und Bewegung eine gute Haltung einnehmen. Sie signalisiert die ganzheitliche Präsenz und beugt Konflikten vor.

Aikido ist ein rein defensives System der Selbstverteidigung ohne Waffen. Das hat vorwiegend ethische, aber auch praktische Gründe.

Nage kann dem defensiven Prinzip entsprechend nur auf die Bewegungen des Angreifers reagieren und muß bei zu großer Distanz (Ma-ai) in guter Stellung verharren, bis der Zeitpunkt des Handelns gekommen ist. Alle weiteren Aktionen enthalten ebenfalls statische und dynamische Phasen, die sich ständig und unvorhersehbar abwechseln.

Das vom Angreifer ausgehende Ki läßt sich dann aufnehmen, umlenken und – manchmal verstärkt – gegen ihn selbst richten, wenn Nage aus und mit dem Zentrum wirkt. Dies ist nur möglich, wenn sich sein Körper in allen Ruhe- und Bewegungsphasen im stabilen Gleichgewicht befindet.

Ort, Art und Zeitpunkt des Angriffes

werden bei den höheren Trainingsformen des Aikido und im Ernstfall durch Uke bestimmt. Nage kann diese Faktoren in der Regel nicht beeinflussen und muß sich daher durch das Einnehmen einer guten Stellung auf die intuitiv erahnte bzw. erkannte Aktion vorbereiten.

Die hierzu von einem geübten Aikidoka gewählte Stellung ist scheinbar statisch, tatsächlich jedoch voll gespeicherter Energie, die jederzeit in alle Richtungen freigesetzt werden kann.

Das in diesem Stadium vorhandene latente Gleichgewicht zwischen Ruhe und Bewegung basiert auf der Einheit von Geist und Körper. Es ist ein Zustand des Nichtbewußtseins, in dem Raum und Zeit an Bedeutung verlieren; die geistige Kraft (Ki) des Verteidigers kann sich ungehindert entfalten.

Der Körper des Menschen ist ein bedeutendes Ausdrucksmittel. Bestimmte Stellungen oder Gebärden können daher die Handlungen des Angreifers beeinflussen, wie nachfolgend erläutert wird.

In allen Aikidostellungen befindet sich der Körperschwerpunkt lotrecht über dem Mittelpunkt der Standfläche, die durch die etwa schulterbreit geöffneten Füße begrenzt wird.

Alle Muskeln und Gelenke der Beine sind entspannt und geben dem Zentrum (Unterbauch) einen festen Halt. Oberkörper und Kopf bauen sich senkrecht darüber auf. Die gesamte Muskulatur ist in natürlicher Weise gelockert.

Der Blick wird frei nach vorn gerichtet und soll Uke immer in seiner Gesamtheit erfassen. Dies ist besonders bei bewaffneten Angreifern von großer Bedeutung.

Die Arme hängen bei der natürlichen Stellung (Shizentai) zwanglos herab. In der Aikido-Grundstellung wird die vordere Schwerthand (Tegatana) je nach Notwendigkeit im oberen (Jodan), mittleren (Chudan) oder unteren (Gedan) Bereich eingesetzt, während die hintere Schwerthand in der Nähe des Zentrums verbleibt.

In der natürlichen Stellung (Shizentai) öffnet sich Nage in Richtung auf Uke (Abb. 23). Er kann ihn so zu einem unvorbereiteten oder nachlässigen Angriff verleiten, zieht ihn also in seinen Wirkraum. Diese bei Angriffen von vorn manchmal zweckmäßige Stellung sollte jedoch nur angewendet werden, wenn der Verteidiger alle Formen der Bewegung (Sabaki) gut beherrscht.

In der Regel nimmt man jedoch die rechte (Migi-Kamae) oder linke (Hidari-Kamae) Aikido-Grundstellung ein (Abb. 24, 25). Dabei zeigt der vordere Fuß in Richtung auf Uke, während der hintere quergestellt wird. Das vom Körperschwerpunkt auf die Matte gefällte Lot soll sich in der Mitte des spitzen Dreiecks befinden, welches durch die Außenkonturen der Füße begrenzt wird (siehe Skizze).

Diese Stellung ist sehr stabil und nach allen Seiten offen. Sie erlaubt schnelle Vor- und Rückwärtsbewegungen auf der Wirkungslinie bzw. schräg nach außen (Ashi-sabaki), ausweichende und eintretende Richtungswechsel nach allen Seiten durch Drehungen auf dem vorderen oder hinteren Fuß (Tenkanashi), extreme Wendungen auf der

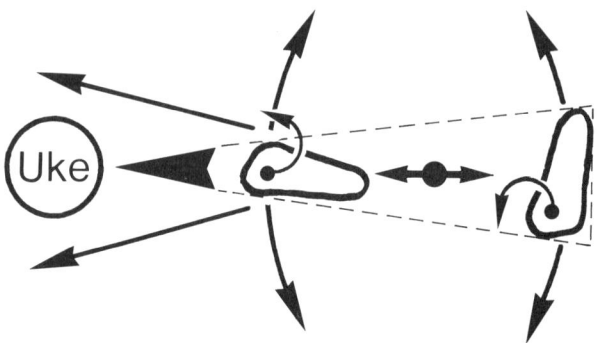

Stelle und Körperbewegungen mit großem Raumgewinn (Tai-sabaki). Diese
Möglichkeiten sind in der Skizze durch
Pfeile dargestellt (siehe hierzu Abschnitt 4.6).

Das bei den positiven Aktionen mit seiner Spitze auf den Angreifer gerichtete
Dreieck verdeutlicht den Fluß des Ki. Es
kann durch die Wendungen sehr
schnell umgekehrt, d.h. wieder von ihm
abgewandt werden. Dies entspricht
dem zur Ergänzung des Partners notwendigen Wechsel der Prinzipien (Irimi
und Tenkan).

Bei der Aikido-Grundstellung wird dem
Angreifer die Körperschmalseite ange-
boten. Sie signalisiert Wachsamkeit
sowie (gefährliche) Entschlossenheit
und hält Uke nicht selten von der Durchführung des geplanten Angriffes ab. Ein
geübter Kämpfer wird durch sie jedoch
zur Vorsicht gemahnt; er wird die weiteren Aktionen konzentrierter ausführen.
Stehen Nage und Uke sich in der Aikido-Grundstellung gegenüber, so sind
folgende Positionen möglich:

Ai-hanmi (Abb. 26)
Beide Partner befinden sich in der gleichen Stellung (Migi- oder Hidari-Ka-

mae). Daraus ergibt sich eine diagonale
Stellung der Schwerthände.

Gyaku-hanmi (Abb. 27)
Beide Partner befinden sich in unglei-
cher (umgekehrter) Stellung (Nage =
Migi-Kamae und Uke = Hidari-Kamae
oder Nage = Hidari-Kamae und Uke =
Migi-Kamae). Daraus ergibt sich eine
gleichseitige Stellung der Schwerthände.

Aus den vorgenannten Positionen re-
sultieren die unterschiedlichen Formen
des Einganges (Ausweichens) zur Einleitung der Aikido-Techniken (siehe
hierzu Abschnitt 6.1).

Alle Stellungen und Positionen sind zunächst schulmäßig einzunehmen und
zu kontrollieren. Sie werden später im
Zusammenhang mit den Formen der
Bewegung (Sabaki) sowie bei Ausführung aller Techniken geübt.

Eine schlechte Stellung ist Ausdruck
der fehlenden geistigen und körperlichen Bereitschaft des Ausübenden. Sie
begründet den Mißerfolg aller Abwehr-
handlungen und sollte daher weder im
Training noch bei Prüfungen geduldet
werden!

Zu 4.2

Kamae
(Stand, Stellung, Position)

4.3 Ma-ai (harmonische Distanz)

*Die natürliche Harmonie ist sehr wesentlich
dadurch begründet, daß jedes Wesen
oder Ding in Raum und Zeit seinen festen
Platz hat.*

Bei jeder Auseinandersetzung werden geistige und physische Kräfte freigesetzt und gegen andere Menschen gerichtet. Diese Kräfte können wegen ihrer Endlichkeit nur über eine bestimmte Entfernung wirken. Wer sie kontrollieren, umlenken oder neutralisieren will, muß die praktische Bedeutung der Distanz erforschen.

Mit Ma-ai bezeichnet man im Aikido den harmonischen Abstand zwischen Uke (U) und Nage (N). In den nachfolgenden Skizzen stellen die Mittelpunkte der Kreise das Körperzentrum der Ausübenden dar. Die Kreise schließen den Wirkraum ein, der durch die Reichweite ihrer Gliedmaßen (Waffen) bestimmt ist. Da der Mensch – geistig und körperlich – in alle Richtungen des Raumes wirken kann, entsteht das Bild zweier Kugeln. Sie können sich im Abstand voneinander bewegen, durchdringen oder an der Oberfläche berühren.

Beispiel 1:

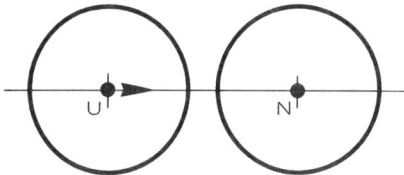

Uke kann wegen der zu großen Distanz keinen Einfluß auf Nage nehmen. Nage ist folglich körperlich noch ungefährdet, sollte jedoch eine gute Stellung beziehen und damit geistige und körperliche Bereitschaft erkennen lassen. Er kann die weitere Entwicklung der Lage dann in entspannter Aufmerksamkeit verfolgen.

Ethik und Prinzipien des Aikido verbieten, daß Nage die Distanz durch eine Angriffsbewegung verkürzt. Sie könnte sich gegen ihn selbst richten!

Beispiel 2:

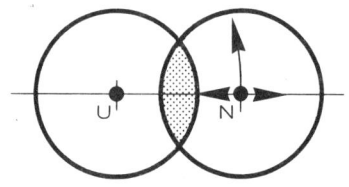

Uke ist bereits in den Frei- bzw. Wirkraum Nages eingetreten; die gegeneinander gerichteten Kräfte durchdringen sich. Nage kann nun entschlossen weiter eintreten (Irimi) oder durch eine geradlinige (Ashi-sabaki) bzw. abrollende (Tai-sabaki, Tenkan-ashi) Ausweichbewegung die korrekte (harmonische) Distanz wieder herstellen. In diesem Falle gewinnt er eine andere – für den Fluß seiner Atemkraft günstigere – Linie. Die beschriebenen Möglichkeiten sind durch Pfeile dargestellt.

Beispiel 3:

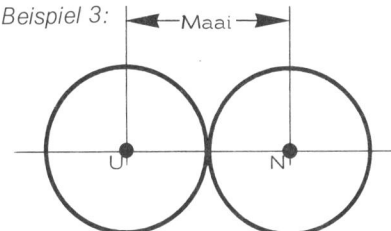

Zu 4.3

Maai
Distanz

Bei der hier dargestellten harmonischen Distanz ist die geistige Kraft (Ki) bzw. die Atemkraft (Kokyu) der Ausübenden – noch ohne Wechselwirkung – miteinander verbunden. Die Entfernung der beiden Mittelpunkte (Körperzentren) schafft eine neutrale (harmonische) Ausgangsposition, denn Uke und Nage sind nach allen Seiten offen, besitzen also noch die Freiheit der Entscheidung und des Handelns. Die zentrische Anordnung der Punkte in den Kreisen symbolisiert die »rechte Mitte« der Ausführenden.
Das Bild macht aber auch den »rechten Augenblick« sichtbar. In einer fließenden Aktion müßte Nage nach dem zweckmäßigen Prinzip (Irimi oder Tenkan) handeln, wenn die dargestellte Distanz (Ma-ai) gegeben ist.

28

29

Bei Ausführung aller Techniken des Aikido ist die harmonische Distanz (Ma-ai) zwischen Nage und Uke besonders wichtig. Kommt es doch immer darauf an, daß sich der Strom der geistig-seelischen Kraft (Ki) beider Partner im rechten Augenblick und am günstigen Ort miteinander verbindet.
Nicht selten hängt die Durchführbarkeit und fast immer die Effektivität der Aikidotechniken vom Vorhandensein einer harmonischen Distanz ab. Sie ist bei unbewaffneten Angreifern in der Regel hergestellt, wenn sich die Schwerthände (Tegatana) bei gleichseitiger Stellung (ai-hanmi) berühren (Abb. 28, 29). Ukes Angriffe können Nage dann noch nicht gefährden (Abb. 30).

30

Die vorstehenden Ausführungen müssen für das praktische Training jedoch weiter differenziert werden, denn die Atemkraft (Kokyu) wird bei den einzelnen Angriffsarten und Techniken an unterschiedlichen Punkten wirksam.

Die jeweils erforderliche Distanz wird von den Ausübenden zunächst bewußt eingenommen. Durch die ständige Übung entwickeln die Aikidoka dann ein natürliches Gefühl für die harmonische Distanz. Sie wird als ein erfolgsbestimmender Faktor fortan nach verzugsfreier Bewegung (Sabaki) unbewußt eingenommen.

Selbstverständlich wird die harmonische Distanz zwischen Uke und Nage durch die unterschiedlichen Körpermaße beeinflußt. Ist Uke bewaffnet, vergrößert sie sich entsprechend der gesteigerten Reichweite. Die in den vorstehenden Bildern dargestellten Kreise hätten dann unterschiedliche Halbmesser.

Abschließend sei festgestellt, daß die ständige Einhaltung einer korrekten Distanz im körperlichen und geistig-seelischen Bereich Ausdruck des Respektes vor dem Partner und seiner Integrität ist. Man dokumentiert dadurch die eigene friedliche Absicht und erzeugt eine wohltuende Atmosphäre, die für die Harmonie zwischen allen Betroffenen von großer Bedeutung ist. Wer den Frieden liebt, sollte in den Freiraum eines anderen Menschen nur eintreten, wenn dieser sein Einverständnis gegeben hat.

Während des Aikidotrainings wechseln die Rollen von Uke und Nage ständig. Der jeweilige Verteidiger duldet, daß der Angreifer in seinen Schutzbereich eintritt. Das schafft eine Basis des Vertrauens und verpflichtet die Ausübenden zur respektvollen Rücksichtnahme. Daher sollten gerade auch solche Menschen miteinander Aikido betreiben, zwischen denen – aus welchen Gründen auch immer – belastende Spannungen bestehen.

4.4 Tegatana (Schwerthand)

Wer seine ausgebildete Schwerthand (Tegatana) nur zur Führung des Angreifers einsetzt, handelt in Übereinstimmung mit den moralischen Prinzipien des Aikido und fördert den Frieden.

Viele Elemente und Techniken des Aikido sind aus der traditionellen japanischen Kunst des Schwertkampfes abgeleitet. Die Verwandtschaft wird in allen Grundstellungen und Bewegungen deutlich, denn Nage setzt seine Arme und Hände in vielfältiger Weise zum Schlagen, Speeren, Schneiden, Stoßen und Führen ein. Diese in der Regel einzige »Waffe« des Aikidoka wird daher bildhaft als Schwerthand (Tegatana) bezeichnet.

Man versteht darunter den (die) leicht bogenförmig vor dem Körper geführten Arm(e) vom Ellenbogen bis zu den Fingerspitzen der gestreckten Hand. In der Praxis wird die Schwerthand jedoch vorzugsweise mit ihrer Kleinfingerseite vom Handgelenk bis zur Spitze des kleinen Fingers eingesetzt. Sie überträgt die aus dem stabilen Körperzentrum fließende Atemkraft (Kokyu) auf den Angreifer, wenn die harmonische Distanz (Ma-ai) hergestellt ist (siehe Abschnitt 4.3).

Aus dem Schultergelenk erfolgt im wesentlichen nur eine vertikale und – in Verbindung mit dem Ellenbogengelenk – eine kreisförmige Bewegung um die Wirkungslinie der Atemkraft (mawashi), die den Einsatz der Schwerthand (Tegatana) im oberen (Jodan), mittleren (Chudan) und unteren (Gedan) Körperbereich des Angreifers möglich macht. Die – vorwiegend – horizontalen Bewegungen des Körperzentrums und die vertikalen Eigenbewegungen der Schwerthand überlagern sich so, daß sie im Raum auf verwickelten Kurvenbahnen geführt wird.

Der bewegte Körper des Verteidigers kann Energie freigeben (Irimi) oder aufnehmen (Tenkan). In jedem Fall muß jedoch eine körperliche Verbindung zum Angreifer bestehen, damit die Übertragung (Leere auffüllen) oder der Entzug

(Fülle entleeren) möglich ist. Die Wirksamkeit der Aikidotechniken wird folglich wesentlich durch das Zusammenspiel von Bewegung (Sabaki) und Schwerthand (Tegatana) bestimmt.

Nage kann seine »Waffe« aber nur dann zweckmäßig einsetzen, wenn er die variablen Faktoren – Stärke, Wirkungslinie, Richtung und Ansatzpunkt der Atemkraft (Kokyu) – so aufeinander abstimmt, daß sie in ihrer Gesamtheit die gewünschte Wirkung beim Angreifer hervorrufen.

Die vorstehenden Erklärungen sollen nur einen Überblick vermitteln und Schwerpunkte aufzeigen. Den wirksamen und intuitiven Gebrauch seiner Schwerthände kann der Aikidoka ohnehin nur im langjährigen praktischen Training erlernen.

Die Empfindlichkeit der Schwerthand (Tegatana) verbietet – insbesondere bei bewaffneten Angreifern – das direkte Abblocken oder Parieren von Schlägen und Stößen sowie eine unkontrollierte Ausführung der Abwehrtechniken. Nage muß den Angreifer daher zunächst in Richtung der wirkenden Kraft begleiten und ergänzen, bevor er die Führung und Umlenkung nach eigenem Willen vornehmen kann. Diese Tatsache verhindert eine mißbräuchliche Benutzung der Schwerthand (Tegatana) zum Angriff und hat die bestechende Eleganz des körperlichen Aikido wesentlich mitgeprägt.

Die nachfolgenden Abschnitte enthalten in den Bild- und Textteilen zahlreiche Hinweise und Beispiele zur Anwendung der Schwerthand (Tegatana).

4.5 Hara (Einsatz des Körperzentrums)

Wer seine Mitte sucht,
sollte nach innen blicken!

Die meisten Menschen sind fest davon überzeugt, daß sie sich in jeder Situation »senkrecht halten« können. Werden sie durch äußere Einflüsse dann jedoch zu schnellen Richtungs- oder Stellungswechseln gezwungen, fallen sie häufig »über die eigenen Füße«. Mangelnde Übung und vorübergehende geistige Ablenkung führten zum »Verlust der Mitte«, was verhängnisvolle Auswirkungen haben kann.

Unter dem Begriff »Bauch« (Hara oder Saika-Tanden) ist im physikalischen Sinne das Zentrum (Massenschwerpunkt) des menschlichen Körpers zu verstehen. Es befindet sich im Unterbauch (Beckenraum), etwa 2 cm unterhalb des Nabels.

Im Fernen Osten hat der Hara nicht nur eine anatomische oder physikalische Bedeutung. Er ist vielmehr auch im religiösen und philosophischen Sinne »die eine Mitte« sowie »der Sitz des Lebens«. Eine Stärkung des Hara fördert nach Auffassung der Japaner daher immer auch die geistige Kraft und die positiven Charaktereigenschaften des Menschen.

Eine wirksame Entfaltung der eigenen Atemkraft (Kokyu) und die schadlose Aufnahme äußerer (fremder) Kräfte sind nur möglich, wenn der Aikidoka über ein stabiles Zentrum verfügt. Dies ist unter den physiologischen Voraussetzungen des menschlichen Körpers der Fall, wenn sich der Schwerpunkt (Hara) in möglichst tiefer Lage lotrecht über dem Mittelpunkt der durch die Füße begrenzten Standfläche befindet. Bei den Drehbewegungen kommt eine stabilisierende Wirkung hinzu.

Diese Überlegungen zeigen zwar das Problem auf, sind für den handelnden Körper jedoch ohne Nutzen. Er muß vielmehr in wechselnden Situationen sowie unter erschwerten äußeren Bedingungen solange trainiert werden, bis die Erfahrungen ins Unterbewußtsein eingegangen sind. Der Aikidoka wird – bei entsprechender Übung – dann immer ein stabiles körperliches sowie geistig-seelisches Gleichgewicht besitzen und situationsgerecht handeln können.

Nachfolgend werden einige Übungen zur Schulung und Stärkung des Körperzentrums (Hara) beschrieben. Bei der Ausführung ist besonders auf die Koordination von Bewegung (Sabaki), Atemkraft (Kokyu) und Zentrum (Hara) zu achten, da sich der Erfolg erst beim harmonischen Zusammenspiel dieser Elemente einstellt. Unter Berücksichtigung der Zielsetzung sowie in Übereinstimmung mit dem folgenden Prinzip (Irimi oder Tenkan) kann der Atemrhythmus bei allen Übungen auch umgepolt werden.

Alle Bewegungen müssen beidseitig, ausdauernd und in Serien durchgeführt werden. Zur Kontrolle stoppt der Aikidoka die Übung auf Zuruf in einem Wendepunkt. Der Lehrer prüft die Standsicherheit dann sowohl in Bewegungsrichtung des Zentrums (der fließenden Atemkraft) als auch entgegengesetzt.

Fortgeschrittene Aikidoka können die Übungen mit den Formen der Bewegung (Sabaki) verbinden.

1. Übung

Der Aikidoka nimmt die Grundstellung (Hidari- oder Migi-Kamae) ein und verteilt das Körpergewicht gleichmäßig auf beide Füße. Er wirft die locker am Körper hängenden und in natürlicher Weise gebogenen Schwerthände (Tegatana) mit gestreckten Fingern in den oberen Bereich (Jodan) und nimmt sie von dort nach kurzer Arretierung zurück an die Hüften.

Im Verlauf der Aufwärtsbewegung wird das Zentrum (Hara) durch Gleitschritt (Tsugi-ashi) auf dem vorderen Fuß etwa 30 cm nach vorn geworfen. Dabei muß sich der Aikidoka vorstellen, daß er seine Atemkraft (Kokyu) aus dem bewegten Zentrum durch die Schwerthände in den Raum schleudert. Dies erfordert ein bewegungssynchrones Ausatmen.

Beim anschließenden Abschwingen der Schwerthände atmet der Aikidoka ein und nimmt sein Zentrum und damit den vorderen Fuß entspannt in die Ausgangsstellung zurück (Abb. 31, 32).

2. Übung

Der Aikidoka nimmt die natürliche Stellung (Shizentai) ein und schwingt beide Schwerthände (Tegatana) aus den Schultergelenken locker nach rechts. Anschließend schiebt er sein Zentrum (Hara) in Richtung auf den rechten Fuß und läßt die Atemkraft (Kokyu) durch beide Schwerthände (Tegatana) in den Raum fließen (Abb. 33).

In der folgenden Phase des Einatmens gleitet das Zentrum in seine natürliche Mittellage zurück und die Schwerthände schwingen entspannt zur linken Seite. Dort wiederholt sich die mit dem Ausatmen verbundene Bewegung des Zentrums (Abb. 34).

3. Übung

Aus der natürlichen Stellung (Shizentai) schwingt der Aikidoka beide Schwerthände (Tegatana) nach oben (Jodan) und kreuzt sie vor dem Gesicht. Im Verlauf dieser bei entspanntem Zentrum ausgeführten Bewegung atmet er ein. Anschließend läßt der Aikidoka beide Schwerthände wieder locker nach unten fallen und stellt sich vor, daß die Atemkraft dabei herausgeschleudert wird (Abb. 35, 36).

4. Übung

Der Aikidoka begibt sich in die natürliche Stellung (Shizentai), dreht beide Handflächen nach oben und atmet dabei ein (Abb. 37).

Anschließend läßt er sein Zentrum bei aufrechtem Oberkörper etwas fallen und führt die Schwerthände mit einer schraubenden Bewegung kreisförmig zusammen. Dabei atmet der Aikidoka aus und stellt sich vor, daß beide Schwerthände durch die ineinander fließende Atemkraft (Kokyu) miteinander verbunden werden (Abb. 38).

Beim Zurückgehen in die vorgenannte Ausgangsstellung wird wieder eingeatmet.

Zu 4.5

Hara
(Einsatz des Körperzentrums)

5. Übung
Aus der Grundstellung (Hidari- oder Migi-Kamae) wirft der Aikidoka sein Zentrum und beide Arme mit extrem abgebeugten Händen koordiniert in den mittleren Bereich (Chudan) nach vorn. Dabei vollzieht er einen begrenzten Gleitschritt (Tsugi-ashi) auf dem vorderen Fuß und atmet kurz ein (Abb. 39, 40).
Anschließend nimmt der Aikidoka sein Zentrum zurück und führt mit den – gestreckten – Armen eine ziehende »Ruderbewegung« schräg nach unten durch. Dabei atmet er aus (Abb. 41).

4.6 Sabaki (Formen der Bewegung)

Gäbe es die Bewegung nicht, würde das Universum in sich zusammenstürzen. Bewegung ist aber nicht nur ein »göttlicher Baustein der Welt«, sondern auch eine wesentliche Ausdrucksform des Lebens und ein Symbol der Freiheit.
Man sollte daher jeden Tag ein Stück auf dem Weg voranschreiten.

4.6.1 Allgemeine Voraussetzungen

Nach allgemeiner Auffassung ist ein Mensch beweglich, wenn er im körperlichen Bereich seinen Standort und im geistigen Sinne seinen Standpunkt aus freiem Willen zu ändern vermag, wenn die jeweilige Situation dies erfordert.
Zwischen dem Angreifer und dem Verteidiger besteht ein polarisiertes Spannungsfeld. Der Wille und die von ihm getragenen Handlungen gehen von einem Menschen aus und sind – in der Angriffssituation – gegen einen anderen Menschen gerichtet. Der Angreifer kann seine Absichten jedoch nur mit körperlichen oder technischen Mitteln realisieren; sie unterliegen den physikalischen Gesetzmäßigkeiten, sind also auch an Raum und Zeit gebunden.

Der zwischen den Menschen bestehende und von ihnen auch angestrebte körperliche (geistige) Abstand läßt einen direkten Angriff in der Regel nicht zu. Ein zur Tat entschlossener Angreifer muß sich daher bewegen und eine zweckmäßige Distanz einnehmen.
Der Verteidiger besitzt in dieser Phase der Auseinandersetzung meistens jedoch noch die Freiheit der Entscheidung. Er kann dem Angriff durch eine entschlossene Aktion begegnen (Irimi) oder durch geschickte Ausweichbewegung eine für ihn günstigere Position einnehmen (Tenkan) oder den schützenden Abstand erneut herstellen. Unabdingbare Voraussetzung zur Durchführung wirksamer Abwehrmaßnahmen ist also in jedem Fall die Bewegung des Körpers.

Unter einer aikidogemäßen Bewegung (Sabaki) versteht man eine Ortsveränderung des Körperzentrums (Hara) relativ zum Boden in horizontaler Richtung. Das vom Körperschwerpunkt auf die Matte gefällte Lot würde sich dabei geradlinig oder auf Kurvenbahnen bewegen.

Der vom bewegten Körper des Verteidigers ausgehende Impuls wird erforderlichenfalls über die aus der Mitte (Hara) geführte Schwerthand (Tegatana) auf den Angreifer übertragen und zur Störung seines Gleichgewichtes oder zur Beeinflussung seiner Bewegung genutzt. Wenn die Stärke und Wirkungsrichtung dieses Impulses intuitiv richtig aufeinander abgestimmt und im günstigen Augenblick am zweckmäßigen Ansatzpunkt zur Geltung gebracht wurden, hat der Verteidiger seine Möglichkeiten optimal genutzt.

Die Bewegungen des Körpers sind aber auch ein Ausdrucksmittel, das bestimmte geistig-seelische Zustände verdeutlichen kann und die körperliche Präsenz erkennen läßt. Dadurch werden zumindest unentschlossene Angreifer von der Realisierung ihrer Absichten abgehalten.

Die Erhaltung des statischen und dynamischen Gleichgewichtes ist in hohem Maße von der korrekten Bewegung abhängig. Nur wenn sich der Verteidiger in jeder Aktions- oder Ruhephase in der »rechten Mitte« befindet, stehen ihm alle inneren Energien und äußeren Kräfte zur Verfügung, die er benötigt, um einen fremden Partner nach eigenem Willen führen zu können. Alle Ausübenden sollten sich daher den

Merksatz »Aikido ist Bewegung!« einprägen.

Schaut man zwei geübten Aikidoka bei ihrem »Spiel mit den Kräften« zu, so entsteht unmittelbar nach dem ersten Kontakt zwischen Angreifer und Verteidiger der Eindruck, als seien die Körper durch eine unsichtbare Kraft so miteinander verbunden, daß sie jede weitere Bewegung gemeinsam ausführen müssen.

In Wirklichkeit hat der Verteidiger jedoch die kraftvollen Attacken des Angreifers, geschmeidig und harmonisch ergänzt, weitergeführt, umgelenkt und schließlich gegen ihn selbst gerichtet oder neutralisiert, indem er seinen Körper als Drehachse im Zentrum der wirkenden Kräfte plaziert oder die bei der Bewegung freiwerdende Energie zweckmäßig eingesetzt hat.

Der Sturz des Angreifers erscheint daher nicht als ein durch äußere Einflüsse gewaltsam herbeigeführtes Ereignis. Man gewinnt vielmehr den Eindruck, als hätten sich die Aggression und die Bösartigkeit wie selbstverständlich gegen ihren Initiator gerichtet, während dem Verteidiger nur die Aufgabe eines Katalysators zukam, der den Prozeß der Neutralisierung der Angriffsenergie allein durch seine Anwesenheit auslöste. Im Training muß man sich zunächst auf die nachfolgend beschriebenen Grundformen beschränken, bei denen das Körperzentrum stets im gleichen Abstand, also parallel zur Mattenoberfläche bewegt wird. Dabei gleiten die Füße gleichsam tastend über den Boden; der Körperschwerpunkt befindet sich immer über der von den Füßen nach außen begrenzten Standfläche.

Diese bei den Gleitschritten (Ashi-sa-baki) und Körperdrehungen (Tai-saba-ki) gleichermaßen zu beachtenden Grundsätze erlauben es dem Ausüben-den, seine Bewegungen zu variieren, in jeder Phase sicher zu verharren, die Bewegungsrichtung oder -geschwin-digkeit zu ändern und das den Partner ergänzende Prinzip anzuwenden.

Bei Ausführung der verschiedenen Stand- und Bodentechniken bewegt der Aikidoka sein Körperzentrum dann auch in vertikaler Richtung. Da sich beide Grundformen überlagern, bewegt es sich in verschiedenen Ebenen auf spi-ralförmigen Kurvenbahnen.

Es sollte niemals vergessen werden, daß der Angreifer im Ernstfall das Ge-setz des Handelns auf seiner Seite hat. Er kann die Aktion geistig planen, psy-chologisch vorbereiten und Ort sowie Zeitpunkt der Ausführung wählen.

Da Angriffstechniken dem Wesen des Aikido widersprechen, kann und darf der Verteidiger nur auf bereits eingelei-tete Aktionen reagieren, was neben In-tuition, Selbstbeherrschung und innerer Stärke auch entsprechende körperliche Voraussetzungen und Fertigkeiten er-fordert. Dazu gehören in erster Linie die von der geistigen und körperlichen Ge-löstheit getragenen, kultivierten und si-tuationsgerechten Bewegungen. Sie ermöglichen es dem Verteidiger, auch überraschenden und entschlossen vor-getragenen Angriffen mit Erfolg zu be-gegnen.

Beim Training der nachfolgend be-schriebenen Grundformen des Sabaki muß sich der Aikidoka zunächst gei-stig-seelisch »entleeren« und zum Ur-sprung zurückkehren wollen. Dies ist

nur möglich, wenn er auf die Anwen-dung seiner bisherigen Erfahrungen verzichtet und gleichsam wieder zum Kind wird, das sich vorbehaltlos öffnet und alle über den Körper erfahrenen neuen Eindrücke aufnimmt. Möchte der Ausübende hingegen seinen »Erfah-rungsschatz« bewahren oder durch Sammeln neuer Erkenntnisse vergrö-ßern, wird er bald verzweifeln.

Absichtsloses und doch ernsthaftes Bemühen des Aikidoka läßt auf eine po-sitive innere Einstellung schließen; die ausgewogene Körperhaltung ist Aus-druck der Harmonie zwischen Geist und Körper. Werden die Übungen ohne in-nere Anteilnahme – nur mechanisch – vollzogen, bleibt der gewünschte Erfolg aus!

4.6.2 Beschreibung der Formen

Ayumi-ashi (Fußgehen)

Diese aikidospezifische Form des Ge-hens wird als geradliniger Eingang bei vielen Stand- und Bodentechniken be-nötigt.

Der Übende nimmt die natürliche Grundstellung (Shizentai) ein (Abb. 42) und schiebt seinen schräg nach außen gestellten Fuß unter ständigem Boden-kontakt bogenförmig in die Bewegungs-richtung (Abb. 43). Nach Erreichen der Endstellung folgt der linke Fuß in glei-cher Weise (Abb. 44–46).

Es ist besonders darauf zu achten, daß die Bewegung gleichförmig ist und mit schiebender Wirkung aus der Körper-mitte erfolgt. Diese muß sich ständig in einer Ebene parallel zum Boden bewe-gen. Der Körper soll bei tiefem Schwer-

Zu 4.6.2

Ayumi-ashi
(Fußgehen)

44

42

45

43

46

Zu 4.6.2

Tsugi-ashi
(Fußgleiten)

punkt aufrecht und gelöst sein; das
Pendeln der Schultern ist zu vermeiden.

Tsugi-ashi (Fußgleiten)

Der Übende begibt sich in die Rechtsstellung (Migi-Kamae) und setzt seine
Schwerthand (Tegatana) im oberen Bereich (Jodan) ein. Er schiebt den vorderen Fuß ohne Aufgabe des Gleichgewichtes unter ständigem Bodenkontakt
in die Bewegungsrichtung (Abb. 47).
Unmittelbar nach dem Erreichen der
Endstellung – knapp doppelte Schulterbreite – wird der quergestellte hintere
Fuß nachgeführt (Abb. 48). Der nächste
Gleitschritt schließt sich wie beschrieben unmittelbar an (Abb. 49–51).
Die Bewegung soll gleichförmig und mit
starkem Einsatz des Zentrums (Hara)
erfolgen. Mit zunehmender Übung kann
die Geschwindigkeit gesteigert werden,
jedoch ist darauf zu achten, daß sich die
Körpermitte in einer Ebene parallel zum
Boden bewegt. Die Atmung soll unabhängig von der Schrittgeschwindigkeit
im normalen Rhythmus erfolgen.
Das Fußgleiten ist von Beginn an beidseitig (Migi- und Hidari-Kamae) sowie
nach vorn und rückwärts zu üben. Die
Schwerthand kann später zur Abwehr
verschiedener Angriffe in wechselnden
Bereichen (Jodan, Chudan und Gedan)
eingesetzt werden.
Fortgeschrittene Aikidoka sollten die
Bewegung paarweise ausführen, indem
sie sich mit gekreuzten Schwerthänden
gegenüber aufstellen und versuchen,
die korrekte Distanz (Ma-ai) auch im
freien Spiel der Bewegungen zu bewahren.

Tenkan-ashi (Schrittdrehung)

Die Schrittdrehung ist für alle äußeren
Ausweichbewegungen, bei manchen
Eingängen und beim freien Angreifen
(Randori) von großer Bedeutung. Der
Ausübende wendet unter Beibehaltung
seiner Stellung (Migi– bzw. Hidari-Kamae) auf dem vorderen Fußballen um
180 Grad und bewegt sein Körperzentrum dabei halbkreisförmig um etwa
eine Schulterbreite rückwärts oder nach
vorn.

Schrittdrehung nach rückwärts
Der Übende nimmt die Rechtsstellung
(Migi-Kamae) ein (Abb. 52) und wendet
die im oberen Bereich (Jodan) gehal-
tene Schwerthand (Tegatana) so, daß
die Fingerspitzen der abgebeugten
Hand auf das Körperzentrum zeigen
(Abb. 53). Sodann schiebt er seine
Mitte in Richtung auf den vorderen
Drehpunkt – lotrechte Achse über dem
vorderen Fußballen – und schwingt die
hintere (linke) Körperseite ohne Unterbrechung um 180 Grad nach rückwärts
(Abb. 54). Dabei wird die Schwerthand
in einer vertikalen Ebene nach unten, an
der Hüfte vorbei und anschließend wieder in die Ausgangsstellung (Jodan)
gebracht. Der linke Fuß hatte ständigen
Kontakt mit dem Boden und beschrieb
einen Halbkreis um den Drehpunkt
(vorderer Fußballen!).
In der Endstellung verlagert der Übende
sein Gewicht wieder gleichmäßig auf
beide Füße und nimmt eine korrekte
Rechtsstellung   (Migi-Kamae)   ein
(Abb. 55, 56).
Das Einatmen muß im Einklang mit der
Bewegung erfolgen, während das Ausatmen nach vollendeter Schrittdrehung

Zu 4.6.2

Tenkan-ashi
(Schrittdrehung nach rückwärts)

Zu 4.6.2

Tenkan-ashi
(Schrittdrehung nach vorn)

langgezogen und hörbar vorgenommen wird. Der Übende muß sich dabei vorstellen, daß seine Atemkraft an der Schwerthandunterseite entlang und gerichtet in den endlosen Raum fließt. Die Schrittdrehung ist in Serien und beidseitig zu üben. Sie wird weitergeführt als Atemkraftübung mit dem Partner (siehe Abschnitt 5.3).

Schrittdrehung nach vorn
Diese Bewegungsform ist in den Abbildungen 57–61 dargestellt. Im Gegensatz zur Schrittdrehung nach rückwärts wird der hintere Fuß hier halbkreisförmig nach vorn um den Drehpunkt geführt. Alle bei der Schrittdrehung nach rückwärts zu beachtenden Grundsätze gelten auch hier.

Tai-sabaki (Körperbewegung/ Doppelschrittdrehung)

Diese Bewegungsübung enthält ständige Richtungswechsel und erbringt einen großen Raumgewinn; sie dient der Ausbildung des statischen und dynamischen Gleichgewichts. Dem Aikidoka wird ein sicheres Gefühl für das eigene – bewegte – Körperzentrum vermittelt. Die Doppelschrittdrehung sollte daher in keiner Übungsstunde der Schüler und Meister fehlen.
Der Übende nimmt die Linksstellung (Hidari-Kamae) ein (Abb. 62), verlagert sein Körperzentrum etwas nach vorn (Abb. 63) und führt den hinteren – rechten – Fuß halbkreisförmig nach vorn (Abb. 64). Unmittelbar nach dem Absetzen schließt sich eine Schrittdrehung nach rückwärts an (Abb. 65), bis die Rechtsstellung (Migi-Kamae) eingenommen ist (Abb. 66). Anschließend wird die gleiche Bewegung zur anderen Seite wiederholt (Abb. 67–72).
Es ist darauf zu achten, daß der gesamte Körper die weiträumige, schwingende Drehung harmonisch und in gutem Gleichgewicht ausführt. Die Arme dürfen zunächst locker am Körper pendeln. Später sollten die Schwerthände jedoch korrekt in verschiedenen Bereichen (Jodan, Chudan und Gedan) eingesetzt werden.
Die Atmung muß mit dem Rhythmus der Bewegung übereinstimmen. Das Einatmen erfolgt also im Verlauf der ersten und das Ausatmen während der zweiten Doppelschrittdrehung. Es ist nach Wiedereinnahme der Ausgangsstellung (Hidari-Kamae) noch hörbar fortzusetzen. Die unter »Schrittdrehung nach rückwärts« gegebenen Hinweise gelten uneingeschränkt.
Bei der Doppelschrittdrehung sind großer Raumgewinn und gute Balance anzustreben. Die Füße werden halbkreisförmig geführt und müssen ständigen Kontakt zum Boden haben. Das Körperzentrum bewegt sich in einer Ebene; geradlinige und hüpfende Schritte sollen vermieden werden.

4.6.3 Zusammenfassung

Bewegung ist ein unverzichtbares und wichtiges Element im Aikido, das die Wirksamkeit aller Techniken wesentlich beeinflußt. Die Formen des Sabaki müssen daher besonders sorgfältig und ausdauernd geübt werden.
Alle Bewegungen und Drehungen sollen ohne »Ankündigung« explosiv aus der Körpermitte erfolgen. Sie werden

Zu 4.6.2

Tai-sabaki
(Körperbewegung/
Doppelschrittdrehung)

64

62

65

63

66

beim Training der Techniken und besonderen Übungsformen miteinander kombiniert, um
- einem starken Angriff auszuweichen,
- die korrekte Distanz (Ma-ai) herzustellen,
- das Zentrum der wirkenden Kräfte zu gewinnen und
- den Partner sicher zu führen.

Es wird nochmals daran erinnert, daß der Angreifer hinsichtlich seiner Bewegungen ungebunden ist, während der Verteidiger ständig bemüht sein muß, eine gute Distanz (Ma-ai) herzustellen. Das hierzu erforderliche Reaktionsvermögen wird durch Bewegungsübungen mit dem Partner und beim Training aller Techniken ausgebildet.

4.7 Ki (geistige Kraft) und Kokyu (Atemkraft)

Alles war, ist und wird wieder Ki!

Beim Vergleich der Schöpfungsgeschichten verschiedener Kulturen findet man am Anfang meist eine geistige Urkraft oder Energie. Sie trägt zwar verschiedene Namen, ist aber immer Ausdruck eines höheren Ordnungsprinzips oder göttlichen Willens. Seit Anbeginn erzeugt und bewahrt sie das Leben, bewegt den Kosmos und manifestiert sich in allen Dingen. Ohne sie gäbe es keine Harmonie oder Evolution.

Diese ordnende und wirkende Kraft wird in Japan »Ki« genannt. Man geht davon aus, daß sie geistigen Ursprungs ist, jedoch in verschiedenen Zuständen und in aktiver oder latenter Form auftreten kann. Ki ist als »Weltseele« überall vorhanden und doch nicht greifbar. Jeder Mensch ist von Ki erfüllt, die zum Beispiel als Lebensenergie und -freude, Willenskraft oder Schaffensdrang in ihm wirkt und sich in seinen geistigen und körperlichen Aktivitäten äußert.

Ziel des Aikido ist es unter anderem, in Harmonie (Ai) mit der geistigen Kraft (Ki) zu gelangen, damit sie entwickelt und sinnvoll genutzt werden kann. Entsprechend dem Wesen des Weges (Do) ist dies nur über die körperliche Übung möglich.

Nach Auffassung der Meister wird Ki beim Atmen aufgenommen und wieder abgegeben. Sie kann aber auch von einem Menschen auf den anderen übertragen werden. Dies ist durch die »Kraft der Persönlichkeit« (geistige Zustandsform) ebenso möglich wie durch die konzentrierte und gelenkte Atemkraft (vorübergehende körperliche Zustandsform).

Im täglichen Leben und in der Verteidigung soll der Mensch seine Ki koordiniert einsetzen. Diese Forderung ist immer erfüllt, wenn Körper und Geist eine harmonische Einheit bilden.

Die durch Atemkraft (Kokyu) konkretisierte geistige Kraft (Ki) wird bei Ausführung aller Aikidotechniken materialisiert. Von ihr hängt der Erfolg bei der Anwendung dieser Techniken ab.

Wendet Nage zur »Entleerung« eines starken Angreifers das Tenkan-Prinzip an, muß er Ukes Ki einatmen. Läßt das vorher geschaffene oder bestehende »Vakuum« hingegen die Anwendung des Irimi-Prinzips zu, füllt Nage den Angreifer beim Ausatmen seinerseits mit seiner Ki. In beiden Fällen fließt sie – wenn auch in verschiedenen Richtungen – über die Schwerthände oder Angriffspunkte zwischen den Partnern, wenn die harmonische Distanz (Ma-ai) vorhanden ist.

Durch die Nutzung der vom stabilen Körperzentrum ausgehenden Atemkraft können auch physisch schwächere oder ältere Aikidoka Wirkungen erzielen, die sich mit Muskelkraft niemals erreichen ließen.

Dem gehetzten modernen Menschen »geht häufig die Luft aus«. Sicher wird die beruhigende, kräftigende und reinigende Wirkung des richtigen Atmens von ihm ebenso anerkannt wie sein Wert für die Gesundheit und das Wohlbefinden. Er nimmt sich jedoch nicht die Zeit, diese Erkenntnisse und Lehren umzusetzen. Im Zusammenhang mit dem Studium des Aikido übt sich jeder Praktikant auch in der Beherrschung dieser lebenswichtigen Kunst. Ein »langer Atem und ruhiges Blut in allen Lebenslagen« sind wertvolle Geschenke für seine Mühe.

Ausbildung und Anwendung der Atemkraft (Kokyu) stehen im engen Zusammenhang mit dem Körperzentrum (Hara). Sie erfolgen sowohl im Rahmen des allgemeinen Trainings als auch durch gezielte Übungen (Kokyu-ho) oder spezielle Techniken (Kokyu-Nage). Unter diesen Begriffen versteht man die Kunst, andere Menschen durch Atemkraft zu führen bzw. zu werfen.

Der in vielen Budo-Sportarten beim Angriff zur Atemsteuerung verwendete Kampfschrei (Kiai) – Ausdruck des aktiven Einsatzes aller geistigen und körperlichen Energien zur endgültigen Ausschaltung des Angreifers – wird beim Aikido nicht besonders trainiert. Diese Zielsetzung ist im Aikido nicht vorgesehen und nur in lebensgefährlichen Ausnahmesituationen zulässig. Wird bei der Abwehr solcher Angriffe mit Waffen ein Kiai angewendet, muß er im Höhepunkt der Technik bei optimaler Entfaltung der Ki und geistiger Konzentration auf Uke ausgestoßen werden. Er soll die Einheit von Körper und Geist des Verteidigers sowie seine absolute Bereitschaft deutlich machen.

Nachfolgend wird eine im Kniesitz ausgeführte Atemkraftübung beschrieben:

Kokyu-ho aus Za-ho

Beide Partner begeben sich in den Kniesitz (siehe Abschnitt 4.1), wobei die harmonische Distanz (siehe Abschnitt 4.3) hergestellt sein muß (Abb. 73).

Uke erfaßt Nages Handgelenke von oben. Nage spreizt die Fingerspitzen und schwingt seine beiden Schwerthände (Tegatana) unmittelbar nach

Zu 4.7

Angriff:
Ryote-tori

Abwehr:
Kokyu-ho aus Za-ho

75

73

76

74

77

Ausführung des »Angriffs« locker aus den Schultern aufwärts. Der Abstand zwischen den Händen soll etwas größer sein als die Breite der Schultern. Bei dieser Bewegung atmet Nage langgezogen aus. Er muß sich vorstellen, daß seine vom Zentrum ausgehende Atemkraft durch den Körper und die kanalisierenden Schwerthände in den Raum fließt. Die gespreizten Finger bewirken ihre Verdichtung. So bleibt die gesamte Muskulatur der Schultern und Arme entspannt (Abb. 74).

Verliert Uke sein Gleichgewicht, kann er durch den verstärkten Einsatz des nach vorn bewegten Körperzentrums sowie eine damit verbundene Richtungsänderung der Schwerthände (Tegatana) zur Seite abgeworfen werden. Nage sollte die tiefe Lage seines Körperzentrums in dieser Phase jedoch noch nicht aufgeben (Abb. 75).

Nage folgt der Bewegung des fallenden Uke durch eine Drehung auf den Knien und »nagelt« ihn mit beiden Schwerthänden am Boden fest (Abb. 76, 77).

Fortgeschrittene Aikidoka können diese Übung auch unter erschwerten Bedingungen ausführen, indem sie den Angriff »Katate-Ryote-tori« (Zwei Hände fassen ein Handgelenk) zulassen (Abb. 78–82).

Die Atemkraftübungen sind in beidseitiger Ausführung mehrmals zu wiederholen.

Zu 4.7

Angriff:
Katate-Ryote-tori

Abwehr:
Kokyu-ho aus Za-ho

5 Prinzipien des Aikido

Jeder Mensch ist stark, wenn er im rechten Augenblick und am günstigen Ort das ergänzende Prinzip anwendet; seine Gegner stürzen durch die eigene Kraft!

5.1 Irimi (Omote) – Tenkan (Ura)

Ursprung, Wesen und Ziel des Aikido wurden in Kapitel 2 dargestellt, so daß an dieser Stelle nach der einleitenden Zusammenfassung eine Konzentration auf die Bedeutung und Anwendung der Prinzipien im technischen Bereich möglich ist. Es sei nochmals betont, daß die Technik für den ernsthaften Aikidoka nicht Selbstzweck, sondern eine unabdingbare Voraussetzung zur Annäherung an das Ziel ist. Er muß folglich eine perfekte und intuitive Beherrschung aller praktischen Inhalte anstreben, um den Weg des Aiki überhaupt beschreiten zu können. Das Ziel liegt in der Erreichung einer vollkommenen inneren und äußeren Harmonie. Der Begriff »innere Harmonie« bezieht sich auf das Verhältnis zwischen Geist und Körper, während der Begriff »äußere Harmonie« die Beziehung des Individuums zur Umwelt (Natur, Kosmos) umfaßt. Harmonie ist gegeben, wenn alle ursprünglich polaren Kräfte sich in einem natürlichen, ausgewogenen Zusammenspiel durchdringen und ergänzen.

Die im Aikido zur Unterscheidung der »Gegensätze« verwendeten Begriffe Irimi (Omote) und Tenkan (Ura) können zwar in vielfältiger Weise interpretiert werden, jedoch kommt ihnen im Zusammenhang mit der Technik eine vorwiegend praktische Bedeutung zu.

Irimi ist zunächst der sich auf aktives Handeln gründende innere Eingang. Die vom Angreifer ausgehende Kraft wird zum frühestmöglichen Zeitpunkt aufgenommen, verstärkt und umgelenkt. Sie fließt zum Ausgangspunkt – Zentrum des Initiators – zurück, stört sein Gleichgewicht und bringt ihn zu Fall. Von besonderer Bedeutung ist dabei, daß Nage die gegen ihn gerichtete Kraft nach Umlenkung auf einer »anderen Linie« zurückführt. Uke wird folglich durch den unbekannten Ansatzpunkt ebenso überrascht wie durch ihre unerwartete Wirkung.

Nage tritt nach innen ein, bezieht also eine Position vor dem Angreifer. Im Zusammenhang mit diesem Prinzip wird daher auch der bildhafte Begriff Omote (– stehe – vor ihm) verwendet. Häufig sprechen die Lehrer kurz vom positiven (da aktiven) Prinzip, ohne jedoch damit eine Wertung auszudrücken.

Irimi kann als Form des – unterstützenden – Gebens aber auch im Verlaufe einer Technik oder zu ihrem Abschluß (Wurf oder Neutralisation) angewendet werden. Es sollte in allen entscheidenden Phasen von der Atemkraft (Kokyu) begleitet sein. Dazu ist natürlich ein bewegungssynchrones Ausatmen notwendig.

Charakteristisch für Irimi ist das geradlinige Sabaki durch Fußgehen (Ayumiashi) oder Gleitschritte (Ashi-sabaki). Abweichungen sind jedoch möglich und üblich.

Die Anwendung des positiven Prinzips ist – insbesondere bei physisch starken oder bewaffneten Angreifern – nur dann erfolgversprechend, wenn Nage eine gute Stellung und ein ausgebildetes Zentrum besitzt. Er muß spontan sowie sicher reagieren und seine Atemkraft konzentriert einsetzen können.

Im geistigen Sinne ist Irimi der Ausdruck belehrender Strenge. Der Absicht des Partners wird der unverrückbare eigene Wille entgegengesetzt; die Entscheidung erfolgt auf kürzestem Wege.

Tenkan ist der aikidospezifische, ausweichende äußere »Eingang«. Er manifestiert sich in einer aufmerksamen Passivität und dient zur zielstrebigen Ergänzung einer überlegenen oder bereits entwickelten Kraft des Angreifers. Nage bewegt seine Mitte vor dem ersten bzw. nach flüchtigem Kontakt zunächst schräg nach (vorn) außen und »rollt« ohne Schaden an der geradlinig wirkenden Kraft ab. Hat er seine Mitte mit dem Zentrum der wirkenden Kräfte zur Deckung gebracht, lenkt er letztere auf unterschiedlichen Ebenen spiralförmig um diesen bedeutenden Punkt im Raum. Der von Uke ausgehende Angriff verpufft wirkungslos oder wird durch Nage gleichsam »eingeatmet« und in Bewegung umgesetzt. Durch diese überraschende – »passive« – Aktion entsteht ein Vakuum, das Uke förmlich aufsaugt und in die Kreisbewegung reißt. Dort ist sein Körper den aus der Drehung resultierenden Zentrifugal- und Zentripetalkräften ausgesetzt, die sein Gleichgewicht empfindlich stören und ihn zu Fall bringen. Nage kann den Impuls seines in Rotation befindlichen Körpers aber auch gegen Uke richten, indem er den Drehpunkt (seine Mitte) im Raum verlagert, was allerdings nur aus einer zentrierten und durch die Drehung stabilisierten Position möglich ist. Die Verhältnismäßigkeit der Mittel ist bei diesem Verfahren auf natürliche Weise gegeben, denn die Stärke der Abwehr wird allein durch die Wucht des Angriffes bestimmt.

Auch im Verlaufe einer Technik oder in ihrer Endphase muß Nage den starken Druck des Angreifers manchmal ausweichend ergänzen, um seine Möglichkeiten besser nutzen zu können. Dies wird ebenfalls als Tenkan-Ausführung bezeichnet.

Die Umlenkung der ursprünglich geradlinig fließenden Kraft auf eine Kreisbahn wird durch Schritt- und Körperdrehungen (Tenkan-ashi und Tai-sabaki) erreicht. Die daraus entstehenden runden und weichen Bewegungen haben den ästhetischen Charakter des Aikido – sinnfälliger Ausdruck einer humanen Form der Selbstverteidigung – geprägt. Da Nage sich bei der Anwendung dieses Prinzips vorzugsweise auf der »äußeren Linie« bewegt, spricht man auch vom äußeren oder – wertneutral – kurz vom negativen (da passiven) Eingang. Nach Abschluß der ausweichenden Körperdrehungen steht Nage oft überraschend hinter Uke. Deshalb wird für das Prinzip Tenkan auch der bildhafte Begriff Ura (– stehe – hinter ihm) benutzt. Der Begründer des Aikido, O-Sensei Morihei Uyeshiba, verdeutlichte dieses Prinzip wie folgt: »Wenn der Gegner denkt, daß ich vor ihm stehe, erhebt er sein Schwert, um anzugreifen. Tatsächlich stehe ich aber hinter ihm!« Die Anwendung des negativen Prinzips erfordert spontane Anpassung – oft aus einer starken Position – ohne Selbstaufgabe. Wesentliche Voraussetzungen sind daher ein freier Geist und ein gelöster Körper.

Die beabsichtigte ergänzende Wirkung tritt nur ein, wenn Nage sich unverzüglich und vollkommen in das Zentrum der wirkenden Kräfte begibt. Will Nage die Lage des Drohpunktes im Raum hingegen willkürlich selbst festlegen, verletzt er das Gesetz der Harmonie und sieht sich ebenso wie Uke den störenden physikalischen Kräften ausgesetzt – er verliert seine Mitte. Die Natur macht unter gleichen Voraussetzungen eben keinen Unterschied zwischen »Guten« und »Bösen«.

Im geistigen Sinne ist Tenkan das Prinzip der nachsichtigen Milde; ein »Spiel« mit dem aggressiven Partner, das über die wiederholte Belehrung zur besseren Erkenntnis und damit zum Gesinnungswandel führen soll. Es ist somit das der menschlichen Vernunft angemessene Prinzip.

Nage darf weder seinen Standpunkt aufgeben noch das Ziel aus den Augen verlieren. Er muß also auch hier einen starken Willen und ein ausgeprägtes Zentrum besitzen.

Häufig kann man feststellen, daß die Ausübenden dem Studium *eines* Prinzips verstärkte Aufmerksamkeit widmen, weil es ihrer Persönlichkeit besonders entspricht. Dies ist jedoch ein verhängnisvoller Fehler, denn ein Aikidoka, der sich auf *eine* Richtung festlegt, ist in seinen Reaktionen nicht mehr frei und keiner Ergänzung fähig.

Der Erfolg wird auch gefährdet oder verhindert, wenn Nage die Prinzipien miteinander vermischt oder inkonsequent anwendet. Man kann nicht gleichzeitig in zwei entgegengesetzte Richtungen gehen!

Unabhängig vom angewandten Prinzip entspricht es dem Wesen des Aikido, daß der Verteidiger alle verfügbaren geistigen Energien und körperlichen Mittel koordiniert und konzentriert auf die Erreichung des Zieles – Abwehr des aktuellen Angriffes – richtet.

Weitere Hinweise zu diesem wichtigen Komplex können dem Abschnitt 6.1 (Grundtechniken) entnommen werden.

5.2 Katate-tori Kokyu-ho (Irimi)

Unter dem Begriff Kokyu-ho (Irimi) versteht man eine Vorübung zum Erlernen des inneren (positiven) Einganges (Irimi oder Omote) sowie zur Stärkung der für die Ausführung erforderlichen Atemkraft.

Die Partner stehen sich in umgekehrter Stellung (gyaku-hanmi) gegenüber. Uke führt einen Gleitschritt (Tsugi-ashi) aus und ergreift bei starker eigener Stellung Nages rechtes Handgelenk (Katate-tori). Nage vollzieht mit der Schwerthand (Tegatana) eine schraubende Bewegung und führt mit dem hinteren Bein bei tiefem Zentrum einen Übersetzschritt aus (Abb. 83, 84).

Es ist zu erkennen, daß Ukes Kraft schon in dieser Bewegungsphase von der gewählten Wirkungslinie abgelenkt wurde. Nage hat die für diesen Angriff ideale Distanz (Ma-ai) bereits überwunden, ist also auf der ursprünglichen – jetzt freien – Wirkungslinie nach innen eingetreten.

Im Verlauf der weiteren Ausführung läßt Nage sein kontrolliertes Zentrum förmlich in Ukes geöffnete Stellung fallen, wobei die schraubende Bewegung der Schwerthand (Tegatana) fortgesetzt wird (Abb. 85, 86).

In der Endphase hat Uke sein Gleichgewicht verloren; Nages Atemkraft fließt über die gestreckte Schwerthand und Ukes Mitte in den Raum (Abb. 87). Während der gesamten Bewegung muß der Verteidiger langgezogen und betont ausatmen.

Die Übung ist im ständigen Wechsel rechts- und linksseitig auszuführen. Nach einer Serie von 10 bis 20 Eingängen sollte ein Partnerwechsel vorgenommen werden. Auf die Ausführung des Abwurfes ist unbedingt zu verzichten!

5.3 Katate-tori Kokyu-ho (Tenkan)

Die allgemeinen Ausführungen in Abschnitt 5.2 gelten auch für die Vorübung zum Erlernen des äußeren (negativen) Einganges (Tenkan oder Ura). Der Schwerpunkt liegt hier jedoch in der Schulung des Gefühls für den rechten Augenblick und die gelöste – »passive« – Bewegung (Tenkan-ashi) bei guter Distanz (Ma-ai).

Die Partner stehen sich in gleichseitiger Stellung (ai-hanmi) gegenüber. Uke macht einen Schritt nach vorn (Ayumi-ashi) und erfaßt Nages rechtes Handgelenk mit einer schiebenden Bewegung. Unmittelbar nach der – noch flüchtigen – Ausführung des Angriffes leitet Nage die Ausweichbewegung ein (Abb. 88, 89). Er beugt die erfaßte Hand ab, führt sie in Übereinstimmung mit Ukes Bewegung in Richtung auf die eigene Hüfte und dreht sich auf dem Fußballen des rechten – vorderen – Beines nach außen (Abb. 90).

Nage atmet während der Drehbewe-

Zu 5.2

Angriff:
Katate-tori

Vorübung:
Kokyu-ho

Prinzip:
Irimi

85

83

86

84

87

Zu 5.3

Angriff:
Katate-tori

Vorübung:
Kokyu-ho

Prinzip:
Tenkan

gung ein (siehe Abschnitt 4.6.2) und steht nach ihrem Abschluß außen neben dem Angreifer (Abb. 91).

In der Endstellung (Migi-kamae) läßt Nage seine Atemkraft über die Schwerthand (Tegatana) in den Raum fließen, wobei Ukes Gleichgewicht noch weiter gestört wird (Abb. 92).

Von besonderer Bedeutung ist bei dieser Übung, daß Nage sich um den Ansatzpunkt der wirkenden Kraft (Handgelenk!) herumdreht und am Arm des Angreifers abrollt. Das erfaßte Handgelenk und der Fußballen des vorderen Beines sollen im Verlauf der Drehung eine lotrechte Achse bilden.

Im fortgeschrittenen Stadium kann Uke die Stärke und Richtung seines Angriffs ohne vorherige Ankündigung variieren, so daß Nage zur spontanen Anwendung des entsprechenden Einganges (ergänzenden Prinzips) gezwungen ist.

6 Technik des Aikido

*Die Wahrheit ist einfach, daher müssen auch
ihre Erscheinungs- und Ausdrucksformen ein-
fach sein.*
*Beachte dieses Prinzip bei allen Demonstra-
tionen und Interpretationen von Aikido-
Techniken.*
*Die einfache Technik ist allen Menschen ver-
ständlich, ihr Inhalt prägt sich schnell ein,
der Aussagewert wird größer, die Anwendungs-
möglichkeiten sind vielfältiger, und die
Wirksamkeit ist besser.*
Mehr kann und darf man nicht erwarten!
*Wer einfache Dinge schwierig macht, ist ein
Narr, denn er verschleiert die Wahrheit!*

6.1 Grundtechniken (Allgemeines)

Es wäre ein Trugschluß anzunehmen, daß die Wirksamkeit eines Systems der Selbstverteidigung gegen unbewaffnete oder bewaffnete Angreifer mit der Anzahl der dem Verteidiger verfügbaren Grundtechniken zunimmt. Kampfsportler wissen dies aus Erfahrung und beschränken sich folgerichtig auf das intensive Studium weniger Techniken, die vielseitig anwendbar, einfach und wirksam sind. Die meiste Zeit ihres Trainings wenden sie zur Verbesserung dieser Spezialtechniken auf, die ihrem körperlichen Vermögen angemessen sind und den Erfolg auch in wechselnden Situationen des Zweikampfes oder bei unterschiedlichen Gegnern bzw. Angriffsarten garantieren.

Bei oberflächlicher Betrachtung der praktischen Inhalte des Aikido könnte man leicht den Eindruck gewinnen, daß die einzelnen Techniken für sich nur wertlose Teile oder Bausteine eines übergeordneten Systems sind. Für Meister besteht jedoch kein Zweifel daran, daß die wirkenden Kräfte und prägenden Werte des Aikido auch beim intensiven Studium nur *einer* Technik erschlossen werden können, denn jede einzelne Technik drückt bei richtigem Verständnis und richtiger Anwendung über das Medium der Körpersprache alle geistigen und philosophischen Inhalte des gesamten Weges aus. Dies machte der Begründer des Aikido, O-Sensei Morihei Uyeshiba, dadurch deutlich, daß er auch hochgraduierte Meister danach beurteilte, wie sie Irimi-Nage (Eingangswurf) und Ude-osae (Armstreckhebel-Haltegriff) ausführen konnten.

Das technische Programm des Aikido umfaßt 13 Stand- (Nage-Waza) und 5 Boden-Techniken (Katame-Waza), beschränkt sich nach Art und Umfang also auf das Wesentliche und wird so den aufgezeigten Forderungen gerecht. Die Anwendungsbreite des Aikido ist durch die begrenzte Zahl der Verteidigungstechniken jedoch nicht eingeschränkt, denn diese lassen sich aufgrund ihrer variablen Elemente sowie unter Berücksichtigung der beiden Prinzipien in unzähligen Formen praktizieren. Der Lehrer kann seine Schüler also auf unterschiedlichen Wegen zum gemeinsamen Ziel führen!

Von großer praktischer Bedeutung ist auch die Tatsache, daß jede Aikido-Technik nach vorbereitender Bewegung (Sabaki) zur wirksamen Abwehr unterschiedlicher Angriffe geeignet ist. Zur Strukturierung des Trainings und zur Erleichterung der Prüfungen mußte allerdings eine gewisse Standardisierung der Angriffsarten vorgenommen werden. Ihre gebräuchlichsten Formen wurden unter Berücksichtigung der Hauptangriffsrichtung und nach steigendem Schwierigkeitsgrad geordnet. Sie sind in der folgenden Übersicht aufgeführt und werden durch die Abbildungen 93–113 erläutert.

Angriffsarten[1]

Lfd. Nr.	Deutsche Bezeichnung	Japanische Bezeichnung	Abb. Nr.
1	Griff einer Hand[2]	Katate-tori	93, 94
2	Griff beider Hände	Ryote-tori	95
3	Zwei Hände fassen ein Handgelenk	Katate-Ryote-tori	96
4	Griff zum Revers	Mune-tori	97
5	Würgen von der Seite	Yoko-kubi-shime	98
6	Griff beider Hände von hinten an die Schultern	Ushiro-ryokata-tori	99
7	Umklammerung von hinten	Ushiro-kakae-tori	100
8	Griff beider Hände von hinten	Ushiro-ryote-tori	101
9	Griff von hinten in den Kragen	Ushiro-eri-tori	102
10	Griff einer Hand und Würge von hinten	Ushiro-katate-tori-kubi-shime	103
11	Würge von hinten	Ushiro-kubi-shime	104
12	Schräger Schlag von vorne	Yokomen-uchi	105
13	Gerader Schlag von vorne	Shomen-uchi	106
14	Gerader Stoß von vorne[3]	Shomen-tsuki	107–109
15	Seitlicher Stoß von innen (mittlere Stufe)	Chudan-yoko-tsuki (uchi)	110
16	Seitlicher Stoß von außen (mittlere Stufe)	Chudan-yoko-tsuki (soto)	111
17	Würgen von vorn und schräger Schlag	Kubi-shime / Yokomen-uchi	112
18	Würgen von hinten und schräger Schlag	Ushiro-kubi-shime / Yoko-uchi	113

[1] Nach der Prüfungsordnung des Deutschen Aikido-Bundes e.V.
[2] Der »Griff einer Hand« (Katate-tori) wird in gleichseitiger (ai-hanmi, Abb. 93) und umgekehrter (gyaku-hanmi, Abb. 94) Stellung ausgeführt.
[3] Der »gerade Stoß« (Shomen-tsuki) kann gegen die obere (Jodan, Abb. 107), mittlere (Chudan, Abb. 108) oder untere (Gedan, Abb. 109) Stufe gerichtet sein.

Angriffsarten im Aikido
(nach Prüfungsordnung des Deutschen
Aikido-Bundes e.V.)

Anmerkungen:
Der »Griff einer Hand« (Katate-tori) wird
in gleichseitiger (ai-hanmi) und umgekehrter (gyaku-hanmi) Stellung ausgeführt. Siehe Abb. 93, 94.
Der »gerade Stoß« (Shomen-tsuki)
kann gegen die obere (jodan), mittlere
(chudan) oder untere (gedan) Stufe gerichtet sein. Siehe Abb. 107-109.

Die Bedeutung der Distanz (Ma-ai) wurde in Abschnitt 4.3 behandelt. Jeder geübte Kämpfer wird seinen Angriff durch die Herstellung der zweckmäßigen Distanz einleiten. Sie ist von der Technik (Waffe) abhängig und soll ihm den wirksamen Einsatz seiner Mittel ermöglichen.

Dem jungen Aikidoka fehlt noch das Gefühl für die richtige Distanz. Deshalb wird sie beim Training der unteren Grade auch formal eingenommen, indem Nage den Angriff (z. B. Griff einer Hand) zuläßt. Die Aufgabe ist so vereinfacht, und es entsteht eine statische Ausgangsposition in gleichseitiger (ai-hanmi) oder umgekehrter (gyaku-hanmi) Stellung. Nage hat Kontakt zum Partner und kann die Abwehrtechnik formal in positiver (Irimi) oder negativer (Tenkan) Form üben.

Unter Berücksichtigung der Forderung nach Beidseitigkeit ergeben sich dabei maximal acht verschiedene Ausführungen gemäß folgendem Diagramm:

Prinzip	linksseitige Ausführung	Ausgangsstellung	rechtsseitige Ausführung	Prinzip
Irimi		ai-hanmi oder gyaku-hanmi		Irimi
Tenkan				Tenkan

Da es Absicht des Verfassers war, eine breite Palette von Aikidotechniken vorzustellen, konnte jede Technik aus Raumgründen nur in *einer* Ausführung behandelt werden. Bei Aikido-Prüfungen sind die vorgeschriebenen Techniken jedoch in allen möglichen Ausgangsstellungen und Prinzipien zu demonstrieren.

Die bei Anfängern aus methodischen Gründen zugelassene statische Ausgangsstellung muß aufgegeben werden, sobald der erwünschte Lerneffekt erreicht wurde, denn sie ist wirklichkeitsfremd und steht im Widerspruch zu wesentlichen Prinzipien des Aikido. Bei längerer Anwendung würde sie den Fortschritt des Ausübenden verhindern und zur geistigen und körperlichen Verkrampfung führen. Bei Angriffen aus der Bewegung oder Halbdistanz wäre sie auch nicht praktikabel.

Erkennt Nage den bevorstehenden Angriff, so kann er die Verteidigung gedanklich konzipieren – was innere Gelassenheit voraussetzt – und körperlich einleiten, indem er sich in eine günstige und sichere Stellung begibt (Hidari-

bzw. Migi-kamae) oder eine Ortsveränderung vornimmt.

Der Angriff kann Nage aber auch überraschend in zufälliger Stellung oder in einer Bewegungsphase – also bei gestörtem Gleichgewicht – treffen. In diesem Fall muß er seine Stellung oder Position durch intuitive Bewegung (Sabaki) so verbessern, daß die Ausführung der Abwehrtechnik möglich ist.

In Abschnitt 4.6 ist näher ausgeführt, daß sowohl der Angreifer als auch der Verteidiger bemüht sind, die zur Durchsetzung ihrer Absichten erforderliche günstige Ausgangsstellung zu gewinnen.

Nage wird auf jeden Angriff zunächst entweder mit einer ausweichenden (Tenkan) oder eintretenden (Irimi) Bewegung reagieren. Diese Bewegungsphase wird nachfolgend als Eingang bezeichnet.

Nach vollzogenem Eingang können sich Nage und Uke zueinander wieder in gleichseitiger (ai-hanmi) oder umgekehrter (gyaku-hanmi) Stellung befinden.

Die anschließende Verteidigungstechnik läßt sich dann in positiver (Irimi) oder negativer (Tenkan) Form ausführen. Das nachfolgende Diagramm zeigt die Zusammenhänge schematisch auf, jedoch wurde zur Vereinfachung nur eine Seite dargestellt.

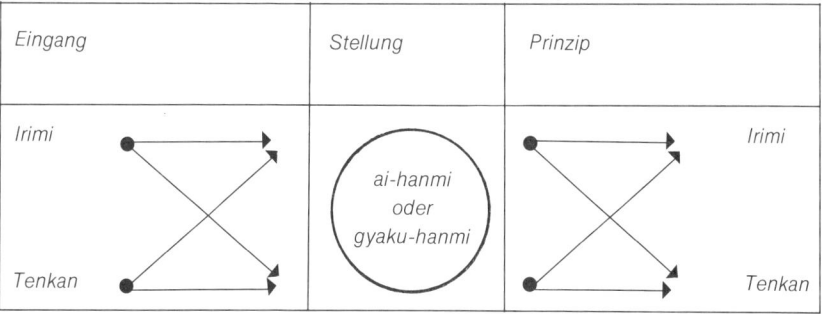

Eingang	Stellung	Prinzip

Bei komplizierten Angriffen oder Übungsformen für fortgeschrittene Aikidoka kann Uke wiederholt Phasen der Spannung (Fülle) und Entspannung (Leere) erzeugen. In Übereinstimmung mit den Grundsätzen des Aikido muß Nage in jedem Falle intuitiv das ergänzende Prinzip anwenden, also die Leere auffüllen (Irimi) oder die Fülle entleeren (Tenkan). Die ursprünglichen Gegensätze zwischen Angreifer und Verteidiger werden dadurch aufgehoben, beide ergänzen sich und bilden eine wirkende Einheit.

Die Grundtechniken des Aikido können in unveränderter Form auch zur wirksamen Abwehr von Angriffen mit verschiedenen Waffen verwendet werden. Es war in diesem Buch aus Platzgründen nicht möglich, die Grundtechniken des Aikido und ihre Anwendungsmöglichkeiten lückenlos vorzustellen. Bei der notwendigen Auswahl wurde jedoch streng darauf geachtet, daß alle Grundtechniken, Angriffsarten und Prinzipien durch charakteristische Beispiele vertreten sind.

Intensives und ausdauerndes körperliches Training ist eine unumgängliche Voraussetzung zur Erlernung und Vervollkommnung aller Techniken.

Im Aikidotraining sollten zunächst nur die Grundtechniken für den 5. Kyu bis 1. Dan gemäß Prüfungsordnung (siehe Abschnitt 10.2) vermittelt werden, da sie das »Handwerkszeug« des Ausübenden sind.

Da sich die Trainingsgemeinschaften meist aus Aikidoka unterschiedlicher Grade zusammensetzen, werden an das Können des Lehrers bzw. Übungsleiters hohe Anforderungen gestellt.

Bei aller notwendigen Zielstrebigkeit ist es ratsam, das anstrengende Training durch zweckmäßige Vorübungen, konditionsfördernde Gymnastik (Spiele), methodische Reihen, motivierende Demonstrationen und klärende Lehrgespräche (Mondo) zu ergänzen.

Das Training der höheren Grade wird

durch Persönlichkeit, Können und Ausstrahlung des als Lehrer eingesetzten ranghohen Meisters geprägt. Man stellt hierbei verblüfft fest, daß auch ältere Lehrer die körperlichen Formen des Aikido mit einer unnachahmlichen Dynamik und Sicherheit praktizieren. Bei aller Kreativität bleiben sie dabei immer auf dem vom Begründer, O-Sensei Morihei Uyeshiba, festgelegten Weg. Dies ist Ausdruck ihrer Bescheidenheit und Bindung an das Aikido.

Die starke persönliche Ausstrahlung dieser Meister fesselt Außenstehende ebenso wie die Ausübenden. Gute Aikido-Meister denken und handeln nach den Grundsätzen der Harmonie und Wahrheit. Sie verleihen den geistigen Inhalten und moralischen Prinzipien des harmonischen Weges sichtbaren Ausdruck.

Im Aikido – wie auch in anderen Lebensbereichen – kommt der Forderung nach Einfachheit, wie bereits dargelegt, besondere Bedeutung zu. Mit akrobatischen Übungsteilen und selbstgefälligen Imponiertechniken kann ein Lehrer seine Schüler nur kurze Zeit verblüffen. Schnell erkennen sie, daß es sich nur um »Stolpersteine« handelt, die jeden Fortschritt hemmen.

Das Ziel des praktischen Aikido besteht auch nicht im Sammeln, Katalogisieren und Verwalten immer neuer Techniken und Übungsformen, sondern in der sicheren Beherrschung und umfassenden Anwendung seiner wesentlichen Inhalte. So manifesiert sich die wahre Meisterschaft im Aiki-Nage (Koordinationswurf), jener vollendeten Wurftechnik, die eine totale Koordination von Geist und Körper des Verteidigers voraussetzt. Dieser ergänzt den Angreifer in so vollendeter Harmonie, daß er ohne körperlichen Kontakt durch seine eigenen bösen Absichten und seinen eigenen aggressiven Geist zu Fall gebracht wird. Diese Technik ist ein Symbol für den Sieg der Liebe und des Friedens über Bösartigkeit und Gewalt!

6.1.1 Ukemi (Falltechniken)

Die Schwäche vieler Menschen ist das Herausstellen ihrer Stärke. Nur wer nicht voranschreitet, kann nie straucheln. Der Fall ist keine Niederlage, wenn man sich wieder erhebt.

6.1.1.1 Bedeutung der Falltechniken

Aikido ist im körperlichen Bereich ein Üben mit Kräften, die vom Angreifer ausgehen und auf den Verteidiger wirken. Das Ziel besteht zunächst darin, den planenden und aggressiven Geist des Angreifers vom ausführenden Körper zu trennen, damit er seine Absichten nicht mehr in die Tat umsetzen kann. Dies geschieht durch das Brechen des Gleichgewichtes (eine Form der vorübergehenden Neutralisation) als Vorbereitung zum nachfolgenden Wurf oder zur Ausführung einer Haltetechnik. Beim Beobachten des Aikido kann man leicht feststellen, daß alle Aktionen aus der Bewegung erfolgen, ihrerseits Bewegung beim Partner erzeugen und zu einer Richtungsänderung, Beschleunigung oder Abbremsung führen.

Die Techniken des Aikido werden von zwei oder mehreren Ausführenden im ständig wechselnden Rollenspiel als Nage (Werfender) und Uke (Fallender)

trainiert. Dies setzt voraus, daß alle Be-
teiligten die Techniken des Fallens beherrschen, um gesundheitliche Schäden zu vermeiden.

Vergessen wir nicht, daß es für jeden
ungeübten Menschen schwierig ist, zu
fallen! Er begibt sich nur ungern freiwillig in den Zustand des gebrochenen
Gleichgewichts, weil die Kontrolle über
den Körper verloren geht und die folgenden Reaktionen nicht mehr bewußt
gesteuert werden können. Gerade bei
älteren Anfängern kann das Lernziel
nicht allein durch Fleiß und guten Willen
erreicht werden. Die »normalen« und
lebenslang praktizierten Bewegungs-
und Verhaltenformen sind zu fest ver-
wurzelt. Daher müssen sich Lehrer und
Schüler gemeinsam sehr intensiv und
ausdauernd mit dem Lehrstoff befassen.

Die gute Beherrschung der Falltechniken ist nicht nur für die Sicherheit des
Ausübenden von großer Bedeutung,
sondern fördert auch seine Entwicklung
auf dem Wege (Do). Nur wer auch nach
kraftvoll ausgeführten Techniken noch
frei und unbewußt richtig zu fallen vermag, kann sich körperlich gelöst und innerlich frei dem Studium des Aikido
hingeben.

Das Training bereitet dann große Freude, und es lösen sich alle geistig-seelischen Spannungen und körperlichen
Verkrampfungen, die als Folge der im
täglichen Leben geforderten »stram-
men Haltung« entstanden sind; man
fällt sich frei!

Nach diesen Überlegungen dürfte verständlich geworden sein, warum die
Falltechniken im Aikido einen sehr hohen Stellenwert haben. Dieser Tatsache

wird die Prüfungsordnung für Kyu-
Grade des Deutschen Aikido-Bundes
e.V. dadurch gerecht, daß sie das
Ukemi in der Benotung gleichwertig neben die anderen Fächer (Nage-Waza,
Katame-Waza und Randori) stellt, obwohl es sich in quantitativer Hinsicht erheblich von diesen unterscheidet.

Beim 5. bis 3. Kyu müssen ca. 25%,
beim 2. Kyu ca. 15% der verfügbaren
effektiven Trainingszeit auf die Fallschule aufgewendet werden. Auch bei
den Prüfungen sollten hohe Anforderungen an die Qualität der verschiedenen Falltechniken gestellt werden.

6.1.1.2 Die Grundformen des Fallens

Alle Formen des Fallens kann man als
Sicherheitstechniken   bezeichnen,
denn sie haben ausschließlich den
Zweck, dem Aikidoka zu helfen, einen
Wurf beziehungsweise ungewollten Fall
ohne Schaden zu überstehen.

Wird ein Körper durch Aikidotechniken
bewegt, so kann man die ihm innewoh-
nende Energie entweder auf längerem
Wege weich abbremsen oder auf kur-
zem Weg hart abstoppen. Diesen beiden Möglichkeiten entsprechend haben
sich im Aikido zwei Grundformen des
Fallens entwickelt:

Bei der Rolle vorwärts (Mae-Ukemi) und
rückwärts (Ushiro-Ukemi) finden wir aikidospezifische Formen des *weichen
Fallens*. Sie sollten nach Möglichkeit
immer angewendet werden, weil durch
sie Verletzungen auch dann vermieden
werden können, wenn keine Matten zur
Verfügung stehen.

Werden jedoch explosive Bewegungen
ausgeführt oder wirkt das durch Hebel
oder Druck auf Nervenpunkte ver-

stärkte Ki des Partners, läßt sich der *freie Fall* auf den Rücken oder die Seite nicht immer vermeiden. Dies gilt auch für alle Würfe, bei denen Uke während der Flugphase von Nage kontrolliert beziehungsweise stark geführt wird. In diesen Fällen kommt es darauf an, die Energie beim Aufprall des Körpers großflächig auf die Matte zu verteilen, damit der Druck pro Flächeneinheit gering und somit für den Fallenden ungefährlich bleibt.

Diese Art des Fallens erfordert sehr viel Übung, denn die Koordination des gesamten Körpers – Übergang von der gelösten Bewegung zur optimalen Spannung, federndes Abschlagen und sofortige Entspannung – muß im Bruchteil einer Sekunde und im richtigen Augenblick erfolgen.

Bei Prüfungen sind die Falltechniken grundsätzlich aus aufrechter Stellung und gegebenenfalls aus der Bewegung vorzuführen. Alle Rollen (Mae-Ukemi und Ushiro-Ukemi) müssen in korrekter und sicherer Grundstellung (Migi- beziehungsweise Hidari-Kamae) enden.

6.1.1.3 Techniken des Fallens – Beschreibung und Hinweise zum Training

Im Ausbildungsprogramm für Schülergrade sind die nachfolgend beschriebenen Falltechniken als schulmäßige Grundformen enthalten. Bei der Prüfung zum 2. Kyu (blauer Gürtel) werden daneben Formen des freien Fallens nach allen Seiten gefordert.

Alle Falltechniken sind von der ersten Stunde an beidseitig zu üben!

Ushiro-Ukemi (Rolle rückwärts)
Der Ausführende steht mit dem Rücken in Fallrichtung, schlägt das rechte Bein ein (Zehen bleiben aufgestellt!) und senkt sein Zentrum, bis das rechte Knie die Matte berührt (Abb. 114–116). Nun rollt er über den quergestellten Unterschenkel, die rechte Gesäßseite und den gekrümmten Rücken diagonal zur linken Schulter ab. Die rechte Schwerthand unterstützt diese Bewegung; der Kopf wird in Richtung auf die rechte Schulter gebeugt (Abb. 117–119).

In der Endphase »greift« der Ausführende mit den Zehen des linken Fußes in die Matte und bringt sein rechtes Bein in einem Zug nach vorn, bis eine sichere Dreiecksstellung im Kniestand gegeben ist (Abb. 120–122).

Anschließend bringt er sein Zentrum senkrecht nach oben und nimmt die Rechtsstellung (Migi-Kamae) ein (Abb. 123, 124).

Im fortgeschrittenen Stadium fällt der Aikidoka so schwungvoll, daß er aus der Rolle direkt in den Stand gelangt. Auf die schulmäßige Einnahme der Dreiecksstellung im Kniestand wird dann verzichtet.

Mae-Ukemi (Rolle vorwärts)
Der Ausführende befindet sich in der Rechtsstellung (Migi-Kamae), verlagert sein Zentrum unter Aufgabe des Gleichgewichtes nach vorn und führt einen Übersetzschritt aus. Dabei beugt er seinen Oberkörper und bringt die linke (vordere) Schwerthand – Kleinfingerseite nach vorn – in Fallrichtung auf die Matte. Die rechte Hand unterstützt diesen Vorgang (Abb. 125–127).

Zu 6.1.1.3

Ushiro-Ukemi
(Rolle rückwärts)

Zu 6.1.1.3

Mae-Ukemi

(Rolle vorwärts)

Nun rollt der Aikidoka weich über seine leicht gebogene vordere Schwerthand (nicht abknicken!), die linke Schulter und den gekrümmten Rücken diagonal zur rechten Gesäßseite ab. Die Bewegung wird durch das Einschlagen des rechten Beines und den betonten Einsatz der linken Schulter unterstützt (Abb. 128–130).

Anschließend rollt der Ausführende unter Nutzung des Schwunges weiter über den eingeschlagenen rechten Unterschenkel und eine flüchtige Dreiecksstellung bis in den Stand. Kurz vor dem Erreichen der Endstellung dreht er sich auf beiden Fußballen in die – angenommene – Angriffsrichtung (Abb. 131–135).

Yoko-Ukemi (Fallen seitwärts)

Aus einer lockeren Grundstellung (Kamae) verlagert der Ausführende sein Zentrum zunächst in Richtung auf das linke Standbein und läßt es dann kontrolliert nach unten fallen. Dabei führt er das rechte Bein gestreckt – Fuß immer in Nähe der Mattenoberfläche – zur linken Seite und hebt den rechten Arm locker an (Abb. 136–138).

Kurz vor dem Bodenkontakt wird der leicht gebogene Körper angespannt, so daß eine kurze rollende Bewegung entsteht, die an der rechten Gesäßseite beginnt. Sie wird durch einen federnden Schlag mit dem gestreckten Arm (Handfläche nach unten!) abgeschlossen, wenn der Ausübende mit seiner rechten Schultern die Matte berührt (Abb. 139, 140).

Yoko-Ukemi (Fallen seitwärts aus dem flüchtigen Handstand)

Diese Form des seitlichen Fallens sollte wegen der besonderen Anforderungen nur von fortgeschrittenen Aikidoka geübt werden. Sie unterscheidet sich von der Rolle vorwärts (Mae-Ukemi) zunächst nur dadurch, daß der Ausführende seinen gebeugten Körper in der Anfangsphase wieder streckt (Abb. 141–143).

Ist der obere Drehpunkt erreicht, wendet der Aikidoka seine rechte Körperseite intuitiv etwas um die Körperachse und bringt sie so in die Fallrichtung.

Im Augenblick des Mattenkontaktes wird der Körper schockartig abgebremst, jedoch verteilt sich die Energie auf eine große Fläche. Ein gut »getimetes« Abschlagen mit dem gestreckten rechten Arm (Handfläche nach unten!) dämpft den Aufprall erheblich (Abb. 144, 145).

Die Anforderungen können zur gegebenen Zeit durch Veränderung der Fallhöhe weiter gesteigert werden (zum Beispiel Fallen seitwärts über den Partner: Abb. 146–150).

Hinweise zum Training

Der Mensch ist gewohnt, in guter Balance mit beiden Füßen fest auf dem Boden zu stehen. Ist er ungeübt, führt jede ungewollte oder freiwillige Aufgabe des Gleichgewichts augenblicklich zum Zustand der körperlichen und geistigen Verkrampfung, die von Angstgefühlen begleitet sein kann. Am Anfang des praktischen Aikido stehen daher viele Menschen vor einem psychologi-

Zu 6.1.1.3

Yoko-Ukemi

(Fallen seitwärts)

138

136

139

137

140

Zu 6.1.1.3

Yoko-Ukemi

(Fallen seitwärts aus dem flüchtigen Handstand)

Zu 6.1.1.3

Yoko-Ukemi

(Fallen seitwärts über den Partner)

148

146

149

147

150

schen Problem. Die Freude an einem vielleicht als brauchbar, wertvoll oder schön erkannten Weg und die innere Auseinandersetzung mit den vielfältigen Schwierigkeiten erzeugen Spannung.

In dieser schwierigen Phase ihrer Entwicklung müssen die Schüler die menschliche und fachliche Zuwendung des Lehrers spüren, damit Vertrauen erwächst, das unabdingbare Vorstufe für die Entwicklung des Selbstvertrauens ist. Das Unterrichtskonzept des Übungsleiters muß daher ausgewogen und auf das Leistungsvermögen der Schüler abgestellt sein. Der Grundsatz des »Stufe um Stufe« ist unbedingt zu beachten; Überforderungen sind zu vermeiden.

Spielerische Übungsformen lockern den Körper auf und entspannen auch geistig-seelisch. Sie fördern den Fortschritt und eine langfristige Bindung an das Aikido.

Die Durchführung der Fallschule ist unabhängig vom Grad der Ausübenden, ein fester Bestandteil jeder Trainingsstunde. Ihr muß jedoch eine intensive und zielgerichtete Gymnastik vorausgehen, die Dehnungs-, Kräftigungs- und Lockerungsübungen in zweckmäßigem Wechsel enthält. Durch die gute Erwärmung des Körpers lassen sich Verletzungen ausschließen, und die noch ungeübten Aikidoka werden sinnvoll vorbereitet.

Größere Aikido-Vereine nehmen neue Mitglieder termingebunden auf, so daß geschlossene Gruppen mit gleichem Niveau entstehen. Die Durchführung eines effektiven Unterrichts bereitet hier keine Schwierigkeiten.

Meist wird jedoch in gemischten Gruppen trainiert, die sich aus Aikidoka aller Grade beziehungsweise unterschiedlichen Alters zusammensetzen. Auch unter dieser Voraussetzung sollten den Ausübenden nur die Falltechniken vermittelt werden, die in der Prüfungsordnung bis zum nächsthöheren Grad vorgesehen sind. Es ist daher notwendig und sinnvoll, für die Fallschule kleinere Gruppen zu bilden. Im Bedarfsfall müssen höhergraduierte Aikidoka den Übungsleiter zeitweise unterstützen. Dies ist auch für den Erwerb der Lehrbefähigung eine nützliche Übung.

Das technische Programm der unteren Grade ist noch nicht sehr abwechslungsreich. Die Schüler befinden sich am Beginn eines Weges, dessen Bedeutung und Wert sie noch nicht beurteilen können. Daher muß der Übungsleiter bemüht sein, den begrenzten Lehrstoff interessant zu gestalten und überzeugend zu vermitteln. Er sollte alle Schüler an die Grenze ihres Leistungsvermögens führen, ohne sie zu überfordern. Dies setzt Erfahrung und Einfühlungsvermögen voraus. Daher gilt die Forderung:»Den besten Lehrer für die schwächsten Schüler!«

Die spielerischen Übungsformen zur Störung des Gleichgewichtes und Einleitung der Falltechniken haben im Aikido besondere Bedeutung, denn die Ausübenden gehen im Tun auf, vergessen die – oft eingebildeten – Gefahren und reagieren in ihrem Eifer auch dann gelöst, wenn die Kräfte unvorhergesehen von außen wirken. Sie bleiben entspannt und natürlich und fallen in zweckmäßiger Weise. Ihr Unterbewußtsein wird positiv beeinflußt und steuert fortan das sichere, verzugsfreie Handeln.

Es ist jedoch darauf zu achten, daß die Spiele nicht durch kämpferische Elemente oder Leistungsvergleiche verfälscht werden, die dem Wesen des Aikido entgegenstehen und Verletzungen fördern.

Die Vorübungen sind in Form einer methodischen Reihe aufzubauen und sollten bereits die wesentlichen Schwerpunkte der zu vermittelnden Falltechnik(en) enthalten. Allgemein kann hierzu gesagt werden, daß der Körperschwerpunkt bei den Vorübungen noch in der Nähe der Matte gehalten werden sollte. Die Übungen sind daher aus liegender beziehungsweise sitzender Position, der tiefen Hocke oder dem Kniestand zu beginnen. Mit zunehmender Sicherheit können die Anforderungen gesteigert werden.

Alle Vorübungen und Falltechniken müssen mit großer Sorgfalt und immer beidseitig ausgeführt werden. Jede falsch eingeübte und schon automatisierte Bewegung läßt sich später nur mit großem Trainingsaufwand wieder korrigieren. Dies gilt im besonderen Maße für die nur einseitig geübten Falltechniken.

Der Schüler muß in jeder Phase seiner Entwicklung durch Erfolgserlebnisse motiviert werden. Die Vermittlung und Beurteilung kann sich daher zunächst nur an der Grobform orientieren. Man versteht darunter eine schulmäßig richtige (beidseitige) Ausführung, bei der zunächst solche Feinheiten vernachlässigt werden, die für den Hauptzweck – gefahrenloses Rollen (Fallen) – nicht relevant sind.

Feinform und Sicherheit können nur durch ausdauernde Übung über viele Jahre erreicht werden. Dabei führen auch die Meister aller Grade und ältere Aikidoka die Falltechniken immer wieder in schulmäßiger Form aus.

Jeder Aikido-Lehrer ist gut beraten, wenn er die Leistung und den Fortschritt seiner Schüler mit individuellen Maßstäben mißt, ihnen Zeit zur Entwicklung läßt und die Anstrengungen höher bewertet als den Erfolg.

Wollen und technisches Vermögen müssen stets im Einklang miteinander stehen. Man kann gerade von jungen Aikidoka nicht erwarten, daß sie ihr eigenes Können und den Schwierigkeitsgrad der Falltechnik richtig beurteilen. Hier muß der Lehrer behutsam aber entschlossen eingreifen!

Die Anwendung einer schulmäßig ausgeführten Falltechnik sollte zwar immer angestrebt werden, ist jedoch nicht in jeder Situation möglich. Manchmal wird ein Aikidoka »auf dem falschen Bein erwischt« oder ist durch den Griff des Partners in seiner Bewegungsfreiheit eingeschränkt. Das weiterführende Training sollte daher auch Übungen zur Verbesserung der Fallschule enthalten, um die Sicherheit der Ausführung auch unter ungewöhnlichen, ja extremen Bedingungen zu erhöhen.

Zur Verbesserung der Falltechniken dienen insbesondere folgende Übungsformen:

● Fallen ohne Verzug nach Zeichen;
● Ausführung gleicher oder verschiedener Falltechniken in Serie ohne zwischenzeitliche Wiederherstellung der Balance;

● Beschleunigung des Fallenden durch Stoß oder Wurf;
● Fall mit eingeschränkter Bewegungsfreiheit (Führung durch den Partner, Hände im Gürtel);
● Fallen in umgekehrter Stellung (Gebrauch der rechten Schwerthand bei Stellung links-vorwärts und umgekehrt);
● Fallen mit eingeschränkter Sichtkontrolle oder nach extremen Richtungswechseln.

6.1.1.4 Der freie Fall
Die Kunst des freien Falles wird wegen der bereits aufgezeigten Schwierigkeiten nur von wenigen Aikidoka vollkommen beherrscht und kann daher als »hohe Schule« des Ukemi bezeichnet werden.
Hier sind alle Techniken einzuordnen, bei denen der Ausführende während einer gewissen Bewegungs-(Wurf-) Phase keinen Kontakt mehr zur Matte hat. Der frei fallende und oft durch das starke Ki des Partners beschleunigte Körper trifft mit großer Wucht auf die Matte.
Die Abbremsung kann entweder durch eine anschließende Rolle bei starkem Einsatz der Schwerthand oder durch den Fall seitwärts mit richtig »getimtem« Abschlagen erfolgen.
Alle Formen des freien Falles erfordern einen durchtrainierten Körper und ein geschultes Unterbewußtsein. Deswegen sollte diese Form erst bei der Prüfung zum 2. Kyu-Aikido (blauer Gürtel) gefordert werden, nach einer Ausbildung von ungefähr zwei Jahren.
Während sich das Erlernen der Flugrollen nach vorn und rückwärts logisch aus den vorherigen Übungsformen ergibt, bereitet der freie Fall seitwärts in der Regel Schwierigkeiten, denn der fortgeschrittene Aikidoka ist es gewohnt, sich während eines Wurfes instinktiv zusammenzurollen. Nun soll er aber die Matte großflächig mit dem gestreckten Körper berühren. Es muß nicht so sein, daß blaue Flecken im Bereich der Hüfte von den Anstrengungen zeugen. Auch für diese schwierige Art des Fallens können methodische Reihen entwickelt werden, die vom Einfachen zum Schwierigen bzw. vom Bekannten zum Unbekannten führen.
Ein Aikidoka sollte bei seiner Prüfung zum 2. Kyu (blauer Gürtel) alle Falltechniken der vorhergehenden Grade (Mae-, Ushiro- und Yoko-Ukemi) in Perfektion zeigen und folgende Formen des freien Fallens (Rollens) beidseitig demonstrieren können:
● Rolle vorwärts mit Flugphase ohne Mattenkontakt;
● Rolle vorwärts aus der Bewegung ohne Gebrauch der Schwerthände in den sicheren Stand;
● Rolle rückwärts aus der Bewegung ohne Sichtkontrolle in den Stand und ohne Mattenkontakt mit den Knien;
● Rolle rückwärts über die Schwerthand ohne Sichtkontrolle in den sicheren Stand;
● freier Fall seitwärts aus dem Stand;
● freier Fall seitwärts aus dem Überschlag vorwärts ohne Mattenberührung mit den Schwerthänden.

6.1.1.5 Die Kunst des Fallens im Randori
Es gibt Techniken im Aikido, die von Uke ein besonderes Maß an Fallfertig-

keit verlangen. Im Übungsprogramm der fortgeschrittenen Aikidoka sollten diese Techniken daher nicht nur zur Verbesserung ihrer Wirksamkeit, sondern auch im Hinblick auf die Perfektionierung der Falltechniken ausgeführt werden.

Die Stärke einer Abwehr wird im Aikido in erster Linie durch die Dynamik des Angriffs bestimmt. Daher stellen alle Techniken zur Abwehr von Schlägen und Stößen mit dem Stab (der Lanze), Messer oder Schwert besondere Anforderungen an Uke.

Die Meisterschaft des Fallens zeigt sich im Randori! Uke soll hier frei und variabel angreifen. Er darf nicht am Augenblick hängen, muß den Zeitpunkt der Aufgabe seiner Balance intuitiv erfassen und die geeignete Falltechnik ohne Verzögerung ausführen.

Dies gilt vor allem für das Randori in kraftvoller Form (Kakari-Geiko) oder mit mehreren Angreifern. Wer äußerlich einen Angriff ausführt und innerlich an die eigene Sicherheit denkt, läßt seine Ki nicht in Richtung auf den Partner fließen. Wenn kein Angriff erfolgt, bedarf es auch keiner Abwehr!

Kommt das ernsthafte Rollenspiel zwischen Nage und Uke nicht zustande, können beide Partner kein Aikido erlernen. Insofern ist die Beherrschung der Falltechniken auch eine Grundvoraussetzung dafür, daß der Aikidoka die Rolle des Gebenden ohne Gefährdung seiner eigenen Gesundheit zum Nutzen des Partners übernehmen kann.

Die freiwillige und vorübergehende Aufgabe der Balance sowie die sich anschließende Falltechnik haben auch eine große symbolische Bedeutung.

Sie führen über die mit der scheinbaren Selbstaufgabe verbundene »Entleerung« zur ursprünglich starken Position zurück.

6.1.2 Nage-Waza (Standtechniken)

Aikido ist ein in Körpersprache geschriebenes Lehrbuch moralischer Grundsätze und natürlicher Prinzipien zur Vervollkommnung der Menschen.
Sicher studiert niemand ein Buch, um allein seine Fertigkeiten im Lesen zu steigern.
Wer Aikido nur zur Perfektionierung der Technik betreibt, stellt sich selbst in den Mittelpunkt und verblüfft vielleicht durch seine handwerklichen Fertigkeiten. Er hat das Ziel des Weges nicht erkannt, denn Technik ist Werkzeug, Harmonie das Ziel!

6.1.2.1 Allgemeines

Die meisten Menschen sind davon überzeugt, daß ihre Spezies unter den Lebewesen eine hervorragende und bevorzugte Stellung einnimmt. Es fehlt ihnen auch nicht an überzeugenden Argumenten, und oft wird der »edel aufragende Leib« als symbolhafter Beweis dafür angesehen, daß der ursprünglich mit dem Boden verbundene (= am Materiellen haftende) Mensch zu den über ihm vermuteten geistigen Sphären strebt. Auch die Tatsache, daß sich sein besonders ausgeprägtes und geschätztes Gehirn am obersten Punkt des Körpers befindet, scheint ein Indiz für diese Auffassung zu sein.

So ist es auch nicht verwunderlich, daß sich die im abendländischen Kulturbereich geprägten Normen der körperlichen Erziehung an diesem Ideal orientieren. Sie stehen aber oft im Widerspruch zu den physiologischen und physikalischen Gesetzmäßigkeiten: Wer seinen von Natur aus schon hochliegenden und damit instabilen Körperschwerpunkt durch das Herausstrecken der »kraftstrotzenden« oder »stolzgeschwellten Brust« noch weiter nach oben verlagert, steht niemals fest mit beiden Füßen auf dem Boden!

Ein Mensch kann sich auch nicht »im Lot« befinden, wenn er seinen Körper unter Anspannung aller Muskeln »zusammenreißen« muß, denn das Zentrum wird so in ein erstarrtes Gebilde eingebunden.

Wie soll er standfest sein, wenn die ohnehin mäßige Stützfläche seiner Füße durch das erwartete oder befohlene »Zusammenreißen der Hacken« noch weiter verkleinert wird?

Die mit solchen anerzogenen Fehlhaltungen verbundenen Schwierigkeiten stören nicht nur das Verhältnis und das Vertrauen des Menschen zu seinem Körper, sondern begünstigen und erzeugen auch geistig-seelische Verspannungen. Die zwischen Geist und Körper bestehenden Abhängigkeiten sind erwiesen und können durch jeden Menschen erfahren werden. So bereitet es keinem gesunden Menschen Schwierigkeiten, über einen 10 cm breiten Balken zu gehen, wenn dieser am Boden liegt. Mit der Veränderung der Höhe stellen sich jedoch Probleme ein, denn die Angst vor dem Sturz läßt den Körper erstarren. Der Ausführende kann das Gleichgewicht nicht mehr halten und stürzt.

Dieses Problem läßt sich durch körperliches Training lösen. Die dabei gewonnene Sicherheit entspannt den Geist, der dem Körper dann auch in Grenzsituationen vertraut. Es ist jedoch auch möglich, durch mentales Training die Angst so weit auszuschalten, daß der Körper wieder zum funktionsfähigen Werkzeug des befreiten Geistes wird.

Es besteht kein Zweifel daran, daß die Ausübenden beim Training der natürlichen Bewegungen des Aikido ihren Körper erst entdecken und dessen Möglichkeiten und Grenzen erfahren. Sie gewinnen dadurch im Umgang mit ihrem Körper eine zunehmende Sicherheit, die sich auch positiv auf das geistig-seelische Wohlbefinden auswirkt. Die durch langjährige Erziehung, Verhaltensnormen und Lebensumstände im Körper von oben her aufgebauten Spannungen werden gelöst. Bildlich gesprochen: die vorher auf die Spitze gestellte Pyramide ruht dann wieder mit tiefem Schwerpunkt auf ihrer stabilen Basis.

Der so »gebildete« Mensch weiß um seine Bedeutung, löst die hemmenden Bindungen an sein Ego und kann aus einer »starken Mitte« nach außen wirken.

Ein Konflikt entsteht immer dann, wenn gegensätzliche physikalische oder geistige Kräfte räumlich und zeitlich auf gleicher Wirkungslinie kollidieren. Beim Ausführen der Grundtechniken des Aikido wird zwischen den Partnern eine derartige Spannungssituation erzeugt. Uke konzentriert seine geistige Kraft (Ki) auf Nage und realisiert den — nach Weisung des Lehrers — geplanten Angriff durch die aus seinem bewegten

Körperzentrum fließende Atemkraft (Kokyu). Da sich diese im richtigen Augenblick am günstigen Ort entfalten soll, muß er Raum, Zeit und Bewegung koordinieren. Durch eine ergänzende positive (Irimi) oder negative (Tenkan) Reaktion, kann Nage den bewegten Angreifer dann in den Zustand der Ruhe (Bewegungslosigkeit) überführen. Die vorhandene Energie (Atemkraft) muß dabei von ihm aufgenommen oder in Ukes Zentrum zurückgeführt werden. Zur Konfliktlösung wird die geistige Kraft (Ki) des Angreifers in der von ihm selbst bestimmten räumlichen und zeitlichen Ebene neutralisiert.

Diese Form der Problemlösung ist vorzugsweise bei den *Bodentechniken (Katame-Waza)* zu finden. Durch sie wird die Wirksamkeit des Angreifers ohne Beeinträchtigung seiner körperlichen Unversehrtheit ausgeschaltet. Den Zeitpunkt der Freigabe kann Nage bestimmen.

Nachteilig ist dabei jedoch, daß Nage an den Angreifer gebunden ist. Die Bodentechniken (Katame-Waza) sind in ihrer reinen Form daher nicht zur Abwehr mehrerer Angreifer geeignet.

Bei den *Standtechniken (Nage-Waza)* wird das Verfahren der harmonischen Ergänzung und des Austausches / der Umlenkung von Energie in verschiedenen Zustandsformen ebenfalls angewendet. Die Rückführung erfolgt jedoch nicht in, sondern durch das Zentrum des Angreifers. Dadurch wird Uke auf der von Nage bestimmten neuen Wirkungslinie wieder in Bewegung gesetzt. Ukes wirkende Kraft ist folglich nur für die Dauer der gemeinsamen Bewegung

neutralisiert. Die körperlichen Mittel stehen ihm nach Sammlung seiner desorganisierten geistigen Kraft (Ki) wieder zur Verfügung. Nage hat den Konflikt gleichsam auf eine andere räumliche und zeitliche Ebene transferiert; er wird unter Umständen wieder auftreten. Dieser Nachteil wird jedoch dadurch ausgeglichen, daß der Verteidiger sich nur kurzzeitig binden muß. Er gewinnt also die Freiheit des Handelns schnell zurück, was bei der Abwehr mehrerer Angreifer von erfolgsbestimmender Bedeutung ist.

Da die Stärke der Verteidigung beim Aikido in natürlicher Weise durch die Art des Angriffes bestimmt ist, kann die Handlungsfähigkeit eines besonders bösartigen oder bewaffneten Angreifers unter Umständen auch durch die Anwendung einer Standtechnik (Nage-Waza) ausgeschaltet werden. Führt der Verteidiger den Schwertwurf (Shiho-Nage) oder Handgelenkaußendrehwurf (Kote-Gaeshi) aus, kann Uke abschließend am Boden festgelegt werden. Auch bei anderen Standtechniken sind zweckdienliche Verkettungen möglich, so daß die Vorteile der Neutralisation des Angreifers auch hier genutzt werden können, wenn dies notwendig ist.

6.1.2.2 Bezeichnung und Charakteristik der Standtechniken

Im Aikido werden die in der nachfolgenden Übersicht bezeichneten und durch je ein Bild charakterisierten Standtechniken praktiziert. Der in Abschnitt 6.1 (letzter Absatz) angesprochene und von höhergraduierten Meistern ausgeführte Aiki-Nage (Aiki-Wurf) gehört nicht zum Prüfungsprogramm. Auf eine Vorstellung wurde verzichtet, weil diese vollkommene Technik nicht durch Bilder oder Worte beschrieben werden kann.

Standtechniken[1]

Lfd. Nr.	Deutsche Bezeichnung	Japanische Bezeichnung	Abb. Nr.
1	Schwertwurf	Shiho-Nage	151
2	Schleuderwurf (innen)[2]	Kaiten-Nage (uchi)	152
3	Innen- oder Eingangswurf	Irimi-Nage	153
4	Ausheber	Aiki-Otoshi	154
5	Schleuderwurf (außen)[2]	Kaiten-Nage (soto)	152
6	Hüftwurf	Koshi-Nage	155
7	Handgelenkaußendrehwurf	Kote-Gaeshi	156
8	Armkreuzdreh-Hüftwurf	Koshi-Nage-hiji-garami	157
9	Handdrehhebel-Hüftwurf	Koshi-Nage-kote-hineri	158
10	Armkreuzdrehwurf	Juji-Garami	159
11	Himmel- und Erdewurf	Tenchi-Nage	160
12	Eckenkippe	Sumi-Otoshi	161
13	Atemkraftwurf	Kokyu-Nage	162

[1] Nach der Prüfungsordnung des Deutschen Aikido-Bundes e.V.
[2] Die unter Nr. 2 und 5 genannten Schleuderwürfe unterscheiden sich nur durch die Form des Einganges.

157

160

158

161

159

162

6.1.2.3 Beschreibung von
    Standtechniken –
    Hinweise zum Training
Die in der Prüfungsordnung des Deutschen Aikido-Bundes e.v. enthaltenen und nachfolgend behandelten Angriffsarten und Techniken wurden nach steigendem Schwierigkeitsgrad geordnet. Diese Abfolge sollte aus methodischen Gründen sowie im Interesse der Sicherheit des Ausübenden beachtet werden.

Katate-tori (ai-hanmi) –
Shiho-Nage (Irimi)
(Griff einer Hand / gleichseitige Stellung
– Schwertwurf)

Da die Aikidoka mit dieser Form des Schwertwurfes das Studium der Standtechniken (Katame-Waza) beginnen, ist eine statische Ausgangsstellung zugelassen, bei der Uke die vordere Schwerthand (Tegatana) seines Partners am Handgelenk erfaßt (Abb. 163). Nage verkürzt die Distanz (Ma-ai) durch einen Gleitschritt (Tsugi-ashi) schräg nach vorn, übernimmt den Angriffsarm mit beiden Händen und führt ihn auf der »eigenen Linie« an Ukes Körperzentrum vorbei (Abb. 164, 165). Beim folgenden Übersetzschritt (Ayumi-ashi) bringt Nage den Arm des Angreifers auf einer vertikalen Kreisbahn nach oben und wendet sein Körperzentrum dann um 180 Grad auf der Stelle. Diese Bewegung dient der Gleichgewichtsbrechung, sie hat Ähnlichkeit mit dem Ziehen eines Schwertes (Abb. 166–170). Der Verteidiger führt nun mit beiden Händen einen fiktiven »Schwertschlag«

(Shomen-uchi) aus. Dabei bewegt er sich mit einem Gleitschritt (Tsugi-ashi) nach vorn und atmet im Rhythmus des Schlages aus. Uke fällt nach rückwärts und rollt schulmäßig über die äußere (linke) Schulter ab (Abb. 171–173).

Yokomen-uchi – Shiho-Nage (Irimi)
(Schräger Schlag von vorne –
Schwertwurf)

Der Verteidiger wird von Uke aus der Bewegung angegriffen und weicht dem schrägen Schlag im oberen Bereich (Jodan) durch eine schnelle Doppelschrittdrehung (Tai-sabaki) nach innen aus. Mit seiner stark eingesetzten vorderen Schwerthand (Tegatana) führt er den Angriffsarm dabei auf einer geneigten Kreisbahn nach unten vor das eigene – bewegte – Körperzentrum, wodurch Uke stark beschleunigt wird und sein Gleichgewicht verliert (Abb. 174–176).
Im Verlaufe dieses spiralförmigen Einganges hat Nage seine Körpermitte zentriert und den Schlagarm mit der zweiten Hand übernommen (Abb. 177). Bei dem nun folgenden geradlinigen Eingang durch Gleitschritt (Tsugi-ashi) auf dem vorderen Fuß mit anschließendem Übersetzschritt (Ayumi-ashi) wird Ukes Schlagarm auf einer vertikalen Kreisbahn nach oben geführt (Abb. 178–180).
Nage wendet sein Zentrum durch eine explosive Drehung auf der Stelle und führt den Abwurf in der bereits geschilderten Weise aus (Abb. 181 und 171–173).
Es ist sehr wichtig, daß eine runde und weiche Bewegung entsteht, deren Ge-

Zu 6.1.2.3

Angriff:
Katate-tori
(ai-hanmi)

Abwehr:
Shiho-Nage

Prinzip:
Irimi

168

171

169

172

170

173

Zu 6.1.2.3

Angriff:
Yokomen-uchi

Abwehr:
Shiho-Nage

Prinzip:
Irimi

179

180

181

schwindingkeit durch die Wucht des Angriffes bestimmt wird. Uke und Nage müssen vor der ersten Kontaktaufnahme bis zum Abwurf eine Einheit bilden.

Katate-tori — Kaiten-Nage
(uchi) (Irimi)
(Griff einer Hand —
Schleuderwurf/innen)

Uke überwindet die Distanz (Ma-ai) und erfaßt Nages vordere Schwerthand (Tegatana) aus der Bewegung.
Unmittelbar nach erfolgtem Kontakt beugt der Verteidiger das linke Handgelenk, schiebt sein Körperzentrum etwas nach vorn und vollzieht eine schnelle Schrittdrehung (Tenkan-ashi) auf dem vorderen Fußballen nach außen. Dadurch wird der Angreifer geradlinig beschleunigt (Abb. 182–184).
Der Verteidiger dreht sich dann begrenzt auf der Stelle nach rechts, führt Uke auf eine Kreisbahn und »öffnet« ihn durch das Ausstellen des vorderen Fußes nach links (Abb. 185, 186).
Anschließend vollzieht Nage mit abgesenktem Körperzentrum eine Doppelschrittdrehung (Tai-sabaki). Dabei taucht er – innen – unter dem Angriffsarm hindurch und führt im Zurückgehen mit der linken Schwerthand einen geraden Schlag aus, der Ukes Gleichgewicht extrem stört (Abb. 187–189).
Nage übernimmt den Angriffsarm vor der eigenen Mitte, hält Uke mit seiner rechten Schwerthand in gebeugter – labiler – Stellung und leitet den Wurf durch eine kurze Körperdrehung auf der Stelle mit anschließendem Übersetzschritt (Ayumi-ashi) nach vorn ein. Die

Zu 6.1.2.3

Angriff:
Katate-tori

Abwehr:
Kaiten-Nage (uchi)

Prinzip:
Irimi

184

182

185

183

186

freigesetzte Atemkraft (Kokyu) überträgt er durch seine linke Schwerthand
auf Uke. Der entzieht sich dem drohenden Sturz durch eine Rolle vorwärts
(Abb. 190–192).

Katate-Ryote-tori –
Irimi-Nage (Tenkan)
(Zwei Hände fassen ein Handgelenk –
Eingangswurf)

Durch die Verbindung von zwei zentrierten Schrittdrehungen (Tenkan-ashi)
und die Übertragung der dabei freigesetzten Atemkraft (Kokyu) auf den Angreifer, entsteht ein dynamischer Wurf,
der das Prinzip des »Führens nach Ergänzung« besonders eindrucksvoll
verdeutlicht.
Uke versucht, die vordere (rechte)
Schwerthand (Tegatana) des Verteidigers aus der Bewegung mit beiden
Händen zu erfassen (Abb. 193).
Kurz vor der Ausführung dieses starken
Griffes verkürzt Nage die Distanz (Ma-
ai) etwas, verlagert sein Zentrum in
Richtung auf den vorderen (rechten)
Fuß und vollzieht eine schwungvolle
Schrittdrehung (Tenkan–ashi) nach außen. Dabei bringt er seine – gebogene –
rechte Schwerthand (Tegatana) vor die
Körpermitte und führt Uke so auf eine
Kreisbahn (Abb. 194–196).
Der Verteidiger läßt die bisher stark ge-
führte Schwerthand plötzlich entspannt
fallen und führt sie dann auf einer schrä-
gen Kreisbahn nach oben. Dadurch wird
Uke bei gestörtem Gleichgewicht auf
seinem linken Fuß um die Körperachse
gedreht und Nage kann mit dem rechten

Fuß in das Zentrum der folgenden Bewegung eintreten (Abb. 197–199).
Nage verlagert seine Mitte auf den
neuen Drehpunkt, erfaßt Uke mit der
linken Hand am Nacken und führt eine
weitere Schrittdrehung (Tenkan-ashi)
nach außen durch. Die freigesetzte
Atemkraft (Kokyu) fließt über beide
Schwerthände (Tegatana) in Ukes Körperzentrum. Der Angreifer fällt auf einer
schraubenförmigen Bahn nach unten
und rollt über die linke Schulter ab (Abb.
200–203).

Yokomen-uchi –
Irimi-Nage (Irimi)
(Schräger Schlag von vorne –
Eingangswurf)

Der Verteidiger weicht dem druckvollen
schrägen Schlag im oberen Bereich
(Jodan) durch eine schnelle Doppelschrittdrehung (Tai-sabaki) nach innen
aus. Dabei führt er den Schlagarm mit
der vorderen (linken) Schwerthand (Tegatana) auf einer schrägen Kreisbahn
vor das eigene Körperzentrum (Abb.
204–207).
Bei dieser spiralförmigen Bewegung
um einen gemeinsamen Drehpunkt ist
Ukes Gleichgewicht etwas gestört.
Nage vollzieht nun einen kurzen Gleitschritt auf dem vorderen Fuß, übernimmt den Angriffsarm von unten mit
seiner rechten Schwerthand (Tegatana)
und schließt eine erneute Doppelschrittdrehung (Tai-sabaki) an. Dabei
führt er den Schlagarm zunächst nach
oben, ergreift Uke mit seiner freien linken Hand im Nacken und beschleunigt
ihn auf einer Kreisbahn um das eigene
Zentrum (Abb. 208-211).

Zu 6.1.2.3

Angriff:
Katate-Ryote-tori

Abwehr:
Irimi-Nage

Prinzip:
Tenkan

195

193

196

194

197

198

201

199

202

200

203

Zu 6.1.2.3

Angriff:
Yokomen-uchi

Abwehr:
Irimi-Nage

Prinzip:
Irimi

Das entstandene »Vakuum« wird von Nage aufgefüllt, indem er sein Zentrum erst kurz auf der Stelle nach links wendet und dann mit einem Übersetzschritt (Ayumi-ashi) nach vorn wirft. Dabei führt er die rechte Schwerthand (Tegatana) in einer vertikalen Ebene und unterstützt den Abwurf durch verstärkten Zug mit der linken Hand am Nacken. Uke rollt über die äußere Schulter nach rückwärts ab (Abb. 212–214).

Ushiro-ryokata-tori –
Aiki-Otoshi (Irimi)
(Griff beider Hände von hinten an die Schultern – Ausheber)

Nach Durchführung des vorbezeichneten Angriffes schiebt Uke den Verteidiger etwas vorwärts. Letzterer schwingt die Schwerthände (Tegatana) kreisförmig in den mittleren Bereich (Chudan) und weicht dem Druck durch einen Schritt mit dem linken Fuß aus (Abb. 215, 216).
Nun wendet Nage seinen Körper mit schräggestellten Schultern durch eine dynamische Drehung ohne Raumgewinn, wodurch Ukes Gleichgewicht gestört wird (Abb. 217–220).
Am Schluß der zentrierten Drehung erfaßt Nage den in Bewegung befindlichen Angreifer von hinten in den Kniekehlen, verlagert das Körperzentrum durch einen geradlinigen Ausfallschritt nach links und führt eine »schaufelnde« Bewegung mit beiden Händen parallel zum Boden aus (Abb. 221–223).
Dem geradlinig aus seiner Kreisbahn geführten Angreifer werden beide Beine unter dem Schwerpunkt »weggefegt«, so daß er frei auf die rechte Seite fällt (Abb. 224, 225).

Shomen-uchi –
Kaiten-Nage (soto) (Irimi)
(Gerader Schlag von vorne –
Schleuderwurf/außen)

Der Verteidiger erwartet den dynamisch vorgetragenen Angriff in der Linksstellung (Hidari-Kamae) und verläßt die Wirkungslinie im »rechten Augenblick« durch einen Gleitschritt (Tsugi-ashi) schräg nach vorn. Dadurch wird die Distanz (Ma-ai) verkürzt, so daß ein wirksamer Einsatz der vorderen Schwerthand (Tegatana) möglich ist (Abb. 226, 227).
Bei der anschließenden Doppelschrittdrehung (Tai-sabaki) mit geringem Raumgewinn führt Nage den Schlagarm in einer vertikalen Ebene nach unten und übernimmt ihn dort mit der rechten Schwerthand (Abb. 228–230).
Der Verteidiger »wirft« sein abgesenktes Körperzentrum durch Zurücknahme des rechten Fußes weiter nach hinten und kontrolliert den abgebeugten Uke mit der linken Schwerthand (Tegatana) im Nacken (Abb. 231–233).
Zur Ausführung des Abwurfes dreht Nage sein Zentrum zunächst etwas auf der Stelle, bevor er mit dem hinteren – rechten – Fuß einen Übersetzschritt (Ayumi-ashi) vollzieht. Die dabei freigesetzte Atemkraft (Kokyu) wird über die rechte Schwerthand (Tegatana) auf Ukes Angriffsarm übertragen. Uke entzieht sich dem drohenden Sturz durch eine Rolle vorwärts (Abb. 234–236).

Zu 6.1.2.3

Angriff:
Ushiro-ryokata-tori

Abwehr:
Aiki-Otoshi

Prinzip:
Irimi

217

215

218

216

219

Zu 6.1.2.3

Angriff:

Shomen-uchi

Abwehr:
Kaiten-Nage (soto)

Prinzip:
Irimi

228

226

229

227

230

Ryote-tori –
Koshi-Nage (Irimi)
(Griff beider Hände –
Hüftwurf)

Zur Vermeidung von Folgeangriffen
verkürzt Nage intuitiv die Distanz (Ma-
ai) und führt sofort nach dem Erfassen
beider Hände eine Doppelschrittdrehung (Tai-sabaki) aus. Dabei übernimmt
er Uke am linken Handgelenk und beschleunigt ihn auf einer Kreisbahn um
sein Körperzentrum (Abb. 237–240).
Nach Beendigung dieser Ausweichbewegung wendet Nage kurz auf der
Stelle und schiebt seine rechte Hüfte
durch Übersetzschritt (Ayumi-ashi) in
Richtung auf Uke.
Die dabei freigesetzte Atemkraft (Kokyu) wird durch die zunehmende Strek-
kung der rechten Schwerthand (Tegatana) bereits übertragen, so daß der Angreifer sein Gleichgewicht verliert (Abb.
241–243).
Nage senkt das Zentrum ab und legt
seine rechte Hüfte unter dem Schwerpunkt (Hara) des Angreifers an. Er wirft
Uke durch einen aus der bewegten
Mitte geführten und direkt übertragenen
»Hüftschlag« schräg nach oben. Da der
Verteidiger den rechten Arm des Angreifers nicht festhält, kann letzterer
eine Rolle vorwärts (Mae-Ukemi) vollziehen. Bei fortgeschrittenen Aikidoka
wird Uke jedoch so fixiert, daß er frei auf
die Seite fällt (Abb. 244–247).

Ushiro-katate-tori-kubi-shime –
Koshi-Nage (Tenkan)
(Griff einer Hand und Würge von hinten –
Hüftwurf)

Der Angreifer erfaßt Nages vordere
Schwerthand in gleichseitiger Stellung
(ai-hanmi), bewegt sich um ihn herum
und versucht, einen Würgegriff auszuführen (Abb. 248–251).
Diese Angriffsbewegung übernimmt
Nage durch die Streckung seiner linken
Schwerthand (Tegatana) und eine zen-
trierte Körperdrehung auf der Stelle.
Dabei senkt er seine Mitte und taucht
unter Ukes linkem Angriffsarm hindurch; der angesetzte Würgegriff löst
sich sofort (Abb. 252–254).
Wenn Nage den Boden mit seinem
rechten Knie berührt hat, dreht er sich
um diesen Punkt weiter nach links und
verstärkt damit den Druck – von unten –
gegen den Bauch (Hara) des Angreifers. Uke rollt nach vorn ab oder fällt –
bei schwungvoller Ausführung der
Technik – frei auf die Seite (Abb.
255–258).

Katate-Ryote-tori –
Kote-Gaeshi (Tenkan)
(Zwei Hände fassen ein Handgelenk –
Handgelenkaußendrehwurf)

Unmittelbar nach der Ausführung des
vorstehenden Angriffes verkürzt Nage
die Distanz (Ma-ai) durch einen Gleitschritt (Tsugi-ashi) mit dem vorderen
Fuß, schiebt sein Zentrum in Richtung
auf diesem Punkt und vollzieht eine
ausweichende Schrittdrehung (Tenkan-ashi). Uke wird so nach vorn beschleunigt (Abb. 259–261).

Zu 6.1.2.3

Angriff:
Ryote-tori

Abwehr:
Koshi-Nage

Prinzip:
Irimi

239

237

240

238

241

242

245

243

246

244

247

Zu 6.1.2.3

Angriff:
Ushiro-katate-tori-kubi-shime

Abwehr:
Koshi-Nage

Prinzip:
Tenkan

253

256

254

257

255

258

Nun erfaßt Nage die rechte Hand des Angreifers an der Daumenseite von oben, stellt sein vorderes Bein nach rechts aus und dreht den Angreifer etwas auf der Stelle (Abb. 262).

Nage setzt den linken Fuß durch Übersetzschritt unter die miteinander verbundenen Schwerthände und dreht sein Zentrum dann in geringem Abstand um diesen Angriffspunkt. Dabei hebelt er die rechte Schwerthand (Tegatana) mühelos aus der Umklammerung und setzt diese zusätzlich zur Ausführung des zwingenden Handgelenkdrehhebels ein (Abb. 263–265).

Der Angreifer wird durch eine begrenzte Körperdrehung auf der Stelle und die damit verbundene Verstärkung der Hebelwirkung nach rückwärts geworfen. Nage führt einen weiteren Übersetzschritt aus und bringt Uke in die Bauchlage. Dort kann er durch Verstärkung des Handgelenkdrehhebels sicher neutralisiert werden (Abb. 266–269).

Shomen-tsuki – Kote-Gaeshi (Irimi)
(Gerader Stoß von vorne –
Handgelenkaußendrehwurf)
Diese wirksame Technik ist besonders zur Abwehr von Stoßangriffen – mit Waffen – auf der Linie geeignet. Unbedingte Voraussetzung ist, daß Nage alle Elemente sicher beherrscht. Dies erfordert allerdings langjährige Übung.

Der Angreifer überwindet die Distanz (Ma-ai) durch einen Übersetzschritt (Ayumi-ashi) und führt einen (Messer-) Stoß im mittleren Bereich (Chudan) aus. Nage erwartet diesen gefährlichen Angriff in natürlicher Stellung (Shizentai) und verläßt die Wirkungslinie erst dann

durch eine blitzschnell ausgeführte Schrittdrehung (Tenkan-ashi), wenn »die Faust fliegt«. Dabei erfaßt er diese von oben und läßt seine Atemkraft (Kokyu) zunächst in die Stoßrichtung fließen (Abb. 270–272).

Aus gesicherter Stellung führt Nage die Faust des beschleunigten Angreifers vor seine Körpermitte, übernimmt sie dort zusätzlich mit der freien rechten Hand und vollzieht eine begrenzte Körperdrehung nach links. Uke verliert sein Gleichgewicht (Abb. 273–275).

Nage tritt nun durch einen Übersetzschritt (Ayumi-ashi) in die gestörte – geöffnete – Stellung ein und führt gleichzeitig den Handgelenkdrehhebel aus (Abb. 276, 277).

Der weitere Ablauf wurde vorstehend (Katate-Ryote-tori) bereits beschrieben (Abb. 278–280).

Ushiro-Ryote-tori –
Koshi-Nage-hiji-garami (Irimi)
(Griff beider Hände von hinten –
Armkreuzdreh-Hüftwurf)

Es ist eine Grundregel des Aikido, daß der Verteidiger immer die günstigste Position zum Angreifer bezieht. Er steht ihm also auch bei den schulmäßigen Angriffen von hinten zunächst frontal gegenüber.

Wenn Uke die vordere Schwerthand erfaßt hat, zentriert Nage seine Mitte durch einen Gleitschritt (Tsugi-ashi) mit dem linken Fuß und schließt einen bogenförmigen Übersetzschritt (Ayumi-ashi) an. Dabei schwingt er die gestreckten Schwerthände in den oberen Bereich (Jodan) und überträgt seine Atemkraft (Kokyu) auf Uke, der das

Zu 6.1.2.3

Angriff:
Katate-Ryote-tori

Abwehr:
Kote-Gaeshi

Prinzip:
Tenkan

261

259

262

260

263

264

267

265

268

266

269

Zu 6.1.2.3

Angriff:
Shomen-tsuki

Abwehr:
Kote-Geashi

Prinzip:
Irimi

275

278

276

279

277

280

Gleichgewicht verliert (Abb. 281–283). Während sich Uke um die Stabilisierung seiner Stellung bemüht, wechselt Nage die Bewegungsrichtung und taucht unter den Angriffsarmen hindurch nach hinten. Ukes Arme werden vom Verteidiger erfaßt und gekreuzt (Abb. 284–286).

Nage tritt sofort mit einem Übersetzschritt (Ayumi-ashi) ein und legt die abgesenkte Hüfte unter Ukes Schwerpunkt (Hara) an (Abb. 287–289). Der Angreifer wird durch einen aus der Körpermitte geführten »Hüftschlag« sowie die verstärkte Führung der an den Handgelenken gekreuzten Arme geworfen und muß eine »Flugrolle« nach vorn ausführen (Abb. 290, 291).

Ushiro-Ryote-tori –
Koshi-Nage-kote-hineri (Irimi)
(Griff beider Hände von hinten – Handdrehhebel-Hüftwurf)

Bei diesem Angriff von hinten bewegt sich Nage in der wiederholt beschriebenen Weise (Abb. 292–294). Bevor Uke seine Absicht verwirklichen kann, erfaßt Nage seine linke Angriffshand in der für den Kote-hineri typischen Weise (siehe Abschnitt 6.1.3.2) und löst den Griff durch die Ausführung des Handdrehhebels (Abb. 295–297). Der Verteidiger verschiebt seine Körpermitte durch einen Ausfallschritt nach (rechts) vorn und überträgt die Atemkraft (Kokyu) auf Ukes linke Angriffshand, so daß dieser sein Gleichgewicht verliert (Abb. 298). In stabiler Stellung läßt Nage sein Zentrum nach unten fallen und vollzieht ei-

nen Hüftwurf (siehe dort!). Uke wird durch den gleichzeitig verstärkten Handdrehhebel zusätzlich geführt. Er rollt nach vorn ab (schulmäßige Form) oder fällt frei auf die Seite (Abb. 299–302).

Ushiro-katate-tori-kubi-shime –
Juji-Garami (Irimi)
(Griff einer Hand und Würge von hinten – Armkreuzdrehwurf)

Für den Angriff und die Ausweichbewegung gilt die zum »Ushiro-Ryote-tori – Koshi-Nage-hiji-garami (Irimi)« gegebene Erklärung, obwohl Uke in diesem Fall mit der zweiten Hand einen Würgegriff ausführen will. Auf die Wiederholung wurde daher verzichtet (Abb. 303–308).

Bei der in Abb. 308 dargestellten öffnenden Ausweichbewegung kreuzt Nage die Angriffsarme jedoch oberhalb der Ellenbogengelenke, so daß ein wirksamer Armkreuzhebel entsteht (Abb. 309, 310). Der Verteidiger führt dann einen Übersetzschritt (Ayumi-ashi) aus und überträgt seine durch den genannten Hebel verstärkte Atemkraft (Kokyu) auf Uke. Dieser muß eine weite »Flugrolle« nach vorn ausführen (Abb. 311–313).

Die Technik darf in der dargestellten Form nur von fortgeschrittenen Aikidoka geübt werden. Bei Abweichung von dieser Vorschrift sollte Nage durch die »sanftere Führung« des Angreifers eine Rolle rückwärts (Ushiro-Ukemi) zulassen.

Zu 6.1.2.3

Angriff:
Ushiro-Ryote-tori

Abwehr:
Koshi-Nage-hiji-garami

Prinzip:
Irimi

283

281

284

282

285

Zu 6.1.2.3

Angriff:
Ushiro-Ryote-tori

Abwehr:
Koshi-Nage-kote-hineri

Prinzip:
Irimi

294

292

295

293

296

297

300

298

301

299

302

Zu 6.1.2.3

Angriff:
Ushiro-katate-tori-kubi-shime

Abwehr:
Juji-Garami

Prinzip:
Irimi

305

303

306

304

307

308

311

309

312

310

313

Ryote-tori – Tenchi-Nage (Tenkan)
(Griff beider Hände – Himmel- und Er-
dewurf)

Kurz vor dem Abschluß des Angriffes
verläßt Nage die Wirkungslinie durch
einen Übersetzschritt (Ayumi-ashi)
nach vorn, führt seine Schwerthände
(Tegatana) im gemeinsamen Drehpunkt
übereinander und vollzieht eine Schrittdrehung um den linken Fuß nach außen.
Dadurch wird Uke auf einer Kreisbahn
beschleunigt (Abb. 314–316).
Der Verteidiger führt nun mit beiden
Schwerthänden eine gegenläufige –
schneidende – Bewegung aus und setzt
seinen linken Fuß mit einer begrenzten
Drehung des Zentrums schräg nach
vorn. Er läßt seine Atemkraft (Kokyu)
durch die linke Schwerthand nach unten
(Erde) und die rechte Schwerthand
nach oben (Himmel) fließen, wodurch
Ukes Gleichgewicht empfindlich gestört
wird (Abb. 317, 318).
Nage tritt in die geöffnete Stellung ein
und überträgt die durch das Ausatmen
freiwerdende Energie auf die beiden
Pole. Der Angreifer rollt nach vorn ab
(Abb. 319–321).
Nages Mitte befindet sich bei dieser
Technik, wenn sie richtig ausgeführt
wird, zwischen den beiden Polen
(Himmel und Erde bzw. Geist und Körper), also in Harmonie, während Uke die
Mitte durch Desorganisation seiner Ki
(geistigen Kraft) verloren hat. Der Tenchi-Nage verdeutlicht folglich ein wesentliches Prinzip des Aikido.

Zu 6.1.2.3

Angriff:
Ryote-tori

Abwehr:
Tenchi-Nage

Prinzip:
Tenkan

314

315

316

319

317

320

318

321

Katate-tori - Sumi-Otoshi (Irimi)
(Griff einer Hand – Eckenkippe)

Unmittelbar nach dem Erfassen der vorderen Schwerthand (Tegatana) vollzieht Nage auf dem vorderen Fuß eine Schrittdrehung (Tenkan-ashi) nach außen und beschleunigt den Angreifer auf einer Kreisbahn (Abb. 322–325). Ohne Unterbrechung der Bewegung wendet der Verteidiger sein Zentrum auf der Stelle nach links, setzt den linken Fuß nach vorn und führt die angegriffene Schwerthand auf die neue Wirkungslinie (Abb. 326–328).

Uke wird durch den Zug an der Angriffshand in seiner Bewegung abgestoppt und verliert das Gleichgewicht. Nun kann Nage die Drehung des Zentrums verstärken und seine Atemkraft (Kokyu) auf den Angreifer übertragen. Bei stärkeren Partnern wird die freie rechte Schwerthand unterstützend eingesetzt. Uke löst den Griff und rollt diagonal ab (Abb. 329–332).

Diese Technik hat eine gewisse Ähnlichkeit mit den nachfolgend beschriebenen Atemkraftwürfen, jedoch wird Ukes Gleichgewicht beim Sumi-Otoshi schräg nach vorn bzw. hinten gebrochen, so daß er »über die Ecke kippt«.

Katate-Ryote-tori –
Kokyu-Nage (Irimi)
(Zwei Hände fassen ein Handgelenk – Atemkraftwurf)

Die Vorübung zum Erlernen des äußeren Einganges (Katate-tori Kokyu-ho) wurde in Abschnitt 5.3 ausführlich beschrieben. Die Beherrschung dieser Bewegung ist eine wesentliche Voraussetzung zur Ausführung des Atemkraftwurfes.

Uke ergreift die vordere Schwerthand des Verteidigers mit beiden Händen. Dadurch wird die ausweichende Schrittdrehung (Tenkan-ashi) etwas erschwert, jedoch ist durch die stärkere Verbindung anschließend eine bessere Übertragung der Atemkraft (Kokyu) möglich (Abb. 333–335).

Der Verteidiger schiebt den rechten Fuß bei gleichzeitiger Zurücknahme seiner Mitte etwas nach vorn, so daß die rechte Schwerthand (Tegatana) den Angreifer weiter unter Spannung hält. Dabei atmet Nage ein und füllt seinen Körper gleichsam mit Atemkraft (Abb. 336, 337).

Diese wird durch eine »peitschende« Bewegung der Körpermitte plötzlich nach vorn freigesetzt und über die rechte Schwerthand schockartig auf Uke übertragen. Dieser löst bei der schulmäßigen Form den Griff und kann die Energie dann durch eine Rolle vorwärts (Mae-Ukemi) in Bewegung umsetzen. Hält Uke die vordere Schwerthand des Verteidigers weiter fest, ergibt sich ein freier Fall seitwärts aus dem Überschlag (Abb. 338–340).

Zu 6.1.2.3

Angriff:
Katate-tori

Abwehr:
Sumi-Otoshi

Prinzip:
Irimi

324

322

325

323

326

327

330

328

331

329

332

Zu 6.1.2.3

Angriff:
Katate-Ryote-tori

Abwehr:
Kokyu-Nage

Prinzip:
Irimi

338

339

340

Ushiro-ryokata-tori –
Kokyu-Nage (Irimi)
(Griff beider Hände von hinten an
die Schultern – Atemkraftwurf)

Der an beiden Schultern erfaßte Nage
bringt sein Zentrum durch Zurücknahme des vorderen (linken) Fußes zunächst hinter den Ansatzpunkt der wirkenden Kraft (Schultern), führt seine
Schwerthände (Tegatana) entspannt
nach hinten und atmet dabei ein (Abb.
341, 342).
Anschließend beschleunigt er den Angreifer durch zwei Übersetzschritte
(Ayumi-ashi) nach vorn (Abb. 343, 344).
Diese einleitende Bewegung wird in der
Endphase dadurch verstärkt, daß Nage
seine beiden durch Atemkraft geführten
Schwerthände (Tegatana) in die Bewegungsrichtung wirft. Uke erhält dadurch
einen starken zusätzlichen Impuls und
wird schräg nach oben katapultiert. Die
Wirkung erhöht sich dadurch, daß Nage
seine Mitte plötzlich entspannt zurück-
nimmt (Abb. 345–348).
Diese Technik mißlingt sofort, wenn der
Verteidiger seine Muskelkraft einsetzt
oder die Atmung falsch steuert. Der Kokyu-Nage kann erst nach vieljährigem
Training ausgeführt werden und wird
dann sehr intensiv erlebt. Er vermittelt
eine Vorstellung vom Wesen der Atemkraft.

Hinweise zum Training
Beim Training der im Bild- und Textteil
behandelten Standtechniken (Nage-
Waza) aus dem Prüfungsprogramm des
5. Kyu (Schülergrad) bis 1. Dan (Meistergrad) sollten die nachfolgenden
Grundsätze und Schwerpunkte beach-

Zu 6.1.2.3

Angriff:
Ushiro-ryokata-tori

Abwehr:
Kokyu-Nage

Prinzip:
Irimi

343

341

344

342

345

346

347

348

tet werden. Sie gelten auch für die im Abschnitt 6.1.3.3 vorgestellten Bodentechniken (Katame-Waza).

Im Aikido arbeitet man nicht *gegen* den Partner, sondern *mit* ihm! Alle Techniken müssen auf dieses fundamentale Prinzip der Gewaltlosigkeit des Aikido orientiert sein. Sich im und mit Aikido zu verteidigen bedeutet immer, den Angreifer zur besseren Einsicht zu führen. Es versteht sich, daß die Abwehr dem natürlichen Fluß der Bewegungen folgen muß und den Partner nicht verletzen darf.

Unphysiologische Verteidigungstechniken stören nicht nur den harmonischen Ablauf der Bewegungen, sondern wecken auch Emotionen und Aggressionen, führen also zur Eskalation der Gewalt. Sie sind dem Ziel des Aikido – Neutralisation des Bösen – entgegengerichtet und verstoßen gegen die moralischen Prinzipien dieses Weges – Sieg der Liebe und der Menschlichkeit über Bösartigkeit und Gewalt.

Bei allen Techniken muß nicht nur die koordinierte Atemkraft (Kokyu), sondern auch der Wille auf den Angreifer bzw. in die Bewegungsrichtung gelenkt sein. Dabei sind die Haltung (Stellung) des Kopfes, der Blick und die Bewegung des Körpers von großer Bedeutung. Sie machen die geistige Energie (Ki) des Verteidigers sichtbar und fördern eine Konfliktlösung mit friedlichen Mitteln.

Unentschlossenheit bei der Wahl der Prinzipien und Kompromißbereitschaft sind bei einem unmittelbar bevorstehenden Angriff in der Regel keine geeigneten Mittel zur Problemlösung, sondern Ausfluß der eigenen Unsicherheit und Schwäche. Sie ermuntern den Angreifer und fördern nicht selten dessen Bösartigkeit.

Die Atemkraft (Kokyu) muß aus aus der Körpermitte (Hara) in die Schwerthände (Tegatana) und von dort durch das Ziel fließen. Sie darf nicht auf Uke konzentriert bleiben. Die Atmung des Verteidigers muß dem natürlichen Ablauf der Angriffs- und Verteidigungstechniken angepaßt sein.

Auch die notwendigen Phasen der Entspannung sollten von innerer Aufmerksamkeit getragen werden, so daß der Verteidiger jederzeit in den Zustand der Spannung (Bewegung) überwechseln kann.

Alle Techniken sind im Unterricht auch *mental* zu trainieren, denn nur bei innerer Beteiligung kann der Aikidoka jene innere Stärke gewinnen, die im Ernstfall eine Grundvoraussetzung für intuitives und situationsgerechtes Handeln ist. Sicherheit und Reife lassen sich allerdings nur durch fleißiges und ausdauerndes körperliches Training erreichen. Man muß sich im Aikido für die *praktikable* Lösung entscheiden. Für theoretische Spekulationen und praxisferne Diskussionen bleibt kein Raum.

Jeder Ausübende lernt durch die unmittelbare körperliche Erfahrung, daß verwickelte Bewegungsformen und Techniken das Zentrum binden, anstatt ihm die erforderliche Bewegungsfreiheit zu geben oder zu bewahren. Er kehrt so schnell zum »Einfachen« zurück, was in vielen Fällen auch mit einer Abkehr von der Selbstgefälligkeit verbunden ist.

6.1.3 Katame-Waza (Bodentechniken)

Wer auch physisch überlegene oder bewaffnete Angreifer unter Wahrung ihrer körperlichen und geistig-seelischen Unversehrtheit wirksam neutralisieren kann, ist ein Meister des friedlichen und harmonischen Weges.

6.1.3.1 Allgemeines

Ein System der waffenlosen Selbstverteidigung ist nur dann human, wenn die zur Abwehr des Angreifers eingesetzten Mittel oder Techniken verhältnismäßig sind. Jeder Aikidoka ist im Training ebenso wie im Falle der Selbstverteidigung zur besonderen Sorgfalt verpflichtet, da er über die körperlichen Voraussetzungen und technischen Mittel zur Verwirklichung dieses Grundsatzes verfügt.

Unter diesem Aspekt sind Aikido-Würfe im Ernstfall nur bedingt zur Abwehr eines unbewaffneten Angreifers geeignet. Dieser wäre in hohem Maße gefährdet, weil er die Kunst des Fallens meist nicht beherrscht. Außerdem könnten Hindernisse im Bewegungsraum oder auf dem Boden die Wirkung der Technik unvorhersehbar und unangemessen steigern.

Bei einem körperlich durchtrainierten Angreifer führen Balancebrechung und Wurf häufig nur zur vorübergehenden Neutralisation. Er erhebt sich wieder und greift, durch sein Mißgeschick gewarnt oder gereizt, eventuell noch konzentrierter und aggressiver an. Ist er zudem bewaffnet, kann dies fatale Folgen haben. Daher sollte der Verteidiger in solchen Fällen immer eine Neutralisation und Entwaffnung des Angreifers anstreben, die sich – auch im Anschluß an einige Würfe – am besten durch Halte- oder Hebeltechniken (Katame-Waza) erreichen läßt.

Bei allen Bodentechniken wird die von Uke ausgehende Kraft über seinen Schwerpunkt hinausgeführt, umgelenkt und – ggf. nach Verstärkung oder Übersetzung – in der Weise gegen ihn selbst gerichtet, daß er sein Gleichgewicht verliert.

Da Nage in keiner Bewegungsphase den Kontakt zu Uke aufgibt, kann er ihn kontrolliert in die Bodenlage bringen.

Im weiteren Verlauf wird Uke dann so festgelegt, daß er seinen Körper nicht mehr als Werkzeug seines aggressiven Geistes einsetzen kann. Er ist über längere Zeit seiner Mittel beraubt und wird durch Nage so unter Spannung gehalten, daß jeder weitere Angriff oder Befreiungsversuch unverzüglich zu schmerzhaften Reaktionen führt. Da sich alle Aktivitäten gegen ihn selbst richten, wird Uke körperlich und geistig vorübergehend zur Selbstaufgabe gezwungen.

Die Tatsache, daß Nage seine gute Position nicht zur Durchsetzung von Vergeltungs- oder Strafmaßnahmen mißbraucht, hat eine starke erzieherische Wirkung. Diese über das Training vermittelte Grundhaltung prägt das Aikido als einen Weg des Friedens und der Nächstenliebe, denn so ist nach Aufhebung der Neutralisation noch eine Versöhnung der ursprünglich gegensätzlichen Kräfte möglich.

Nötigenfalls kann Uke aber auch durch die Verstärkung der Hebel oder des Druckes auf empfindliche Nervenpunkte zur Aufgabe gezwungen oder entwaffnet werden.

Im Training werden alle Bodentechniken in runden Bewegungen soweit ausgeführt, bis Uke zum Zeichen der Aufgabe zweimal auf die Matte schlägt, wonach Nage den Griff sofort löst. Dadurch kann jeder Aikidoka den Grad der Belastung selbst bestimmen, was bei ernsthaftem Training zur positiven Verschiebung der Belastungsgrenze führt, Verletzungen ausschließt und zur Steigerung der inneren Stabilität beiträgt.

Schon mancher Aikidoka mußte beim Training mit höhergraduierten Partnern verblüfft zur Kenntnis nehmen, daß seine Technik doch nicht so wirkungsvoll war, wie es ihm bisher erschien. Diese Erkenntnis ist für die menschliche und technische Entwicklung des Betroffenen sehr nützlich.

Alle Bodentechniken des Aikido und insbesondere die 2. bis 4. Stufe (Kote-mawashi, Kote-hineri und Tekubi-osae) eignen sich auch sehr gut als Aufhebe- und Transportgriffe. Sie erlauben bei korrekter Durchführung eine wirksame Kontrolle über den stehenden oder gehenden Angreifer und sind daher Bestandteil auch anderer Systeme der angewandten Selbstverteidigung.

Die Bedeutung der Bodentechniken wird von den Übungsleitern und Aikidoka manchmal unterschätzt, da ihnen das Training der dynamischen Standtechniken nützlicher erscheint und vielleicht auch mehr Freude bereitet als das intensive und ausdauernde Erforschen der »einfachen Formen«.

Für die Liebhaber verwickelter und komplizierter Bewegungen ist das praktische Aikido oft nur ein Spiegel, in dem sie sich selbst bewundern möchten. Auf diese Weise werden sie jedoch zum Sklaven ihrer Eitelkeit und entfernen sich vom Weg. Gute Meister und Lehrer kehren hingegen immer wieder zum »Einfachen« zurück, da es alle wirksamen Schwerpunkte des Aikido enthält, neue Erkenntnisse vermittelt, eine wirksame Kontrolle der eigenen Entwicklung ermöglicht und den Fortschritt garantiert.

Das Studium der Katame-Waza ist ein Schlüssel, der die Tür zu vielen Geheimnissen des Aikido öffnet. Man sollte ihn benutzen!

6.1.3.2 Bezeichnung und Charakteristik der Bodentechniken

Im Aikido-Training werden die in der folgenden Übersicht vorgestellten fünf Bodentechniken vermittelt. Sie erlauben die wirksame Abwehr einer Vielzahl von Angriffen ohne und mit Waffen.

Bodentechniken (Katame-Waza)[1]

Lfd. Nr.	Deutsche Bezeichnung	Japanische Bezeichnung	Abb. Nr.
1	Armstreckhebel-Haltegriff (1. Stufe)	Ude-osae (ikkyo)	349, 350
2	Handdrehhebel-Haltegriff (3. Stufe)	Kote-hineri (sankyo)	351, 352
3	Armpreßdrehhebel-Haltegriff (4. Stufe)	Tebuki-osae (yonkyo)	353, 354
4	Armdrehhebel-Haltegriff (2. Stufe)	Kote-mawashi (nikyo)	355, 356
5	Armschlüssel (5. Stufe)	Ude-nobashi (gokyo)	357, 358

[1] *Die Bodentechniken sind hier nicht in der klassischen Reihenfolge (1. bis 5. Stufe), sondern nach der Prüfungsordnung des Deutschen Aikido-Bundes e.V. gegliedert. Aus methodischen Gründen wurde der Armdrehhebel-Haltegriff (Kote-mawashi) dort dem Programm des 1. Kyu (brauner Gürtel) zugeordnet, da die Technik relativ schwierig ist und in vielen Varianten angewendet werden kann.*

Die fünf Stufen der Boden-Techniken unterscheiden sich bei gleichem Angriff in den Bewegungsabläufen nicht wesentlich voneinander. Beim Ude-osae (1. Stufe) und Ude-nobashi (5. Stufe) setzt Nage seine Ki unmittelbar ein, während bei den anderen Techniken eine Übersetzung durch Hebelwirkung (2. und 3. Stufe) oder durch Druck auf empfindliche Nervenpunkte (4. Stufe) erfolgt. Dem sicheren Griff kommt daher große Bedeutung zu.

Boden-Techniken (Katame-Waza)

Die Abb. 349–358 zeigen je eine charakteristische Eingangs- und Neutralisationsphase aller im Aikido praktizierten Bodentechniken gemäß vorstehender Übersicht.

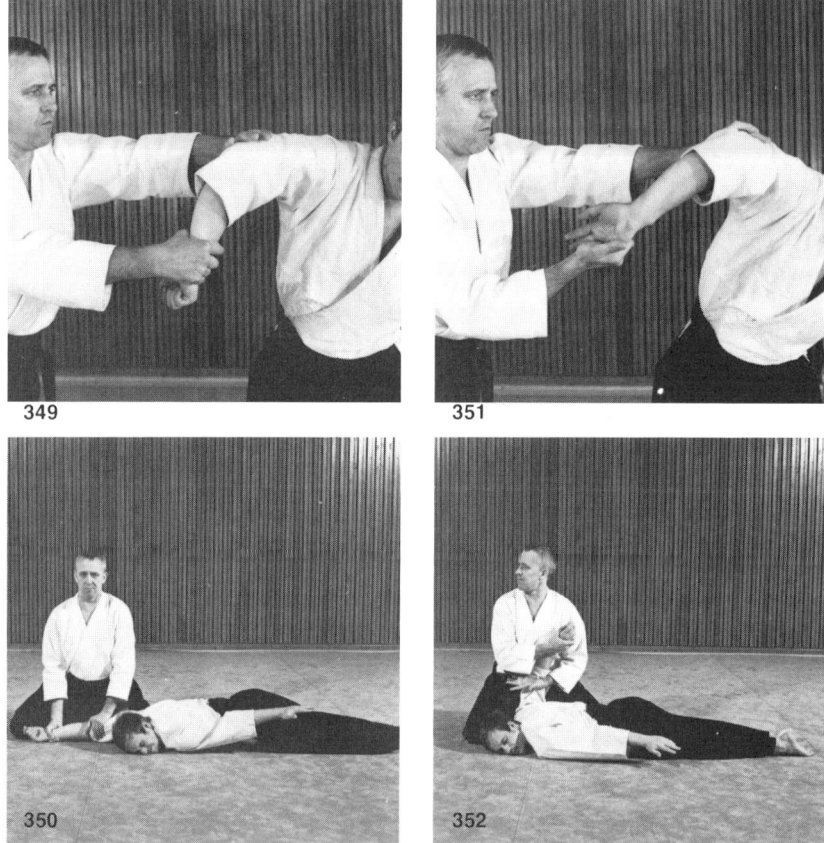

349

350

351

352

353

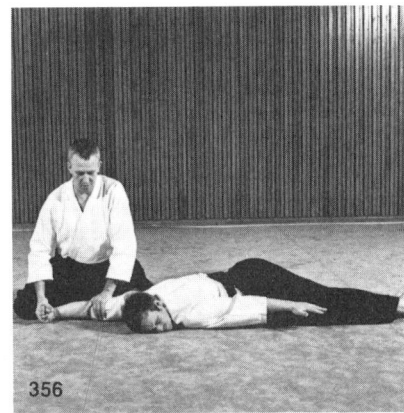

356

354

357

355

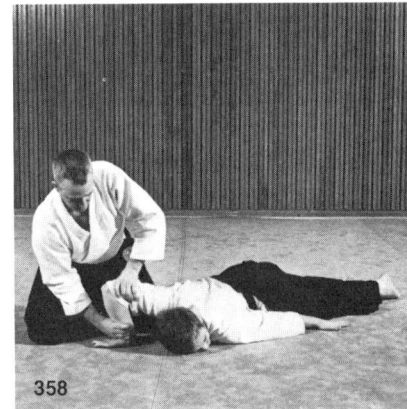

358

Grundsätzlich ist zu vermerken, daß alle Bodentechniken den physiologischen Bedingungen des menschlichen Körpers entsprechen und dem natürlichen Fluß der Bewegungen folgen. Wendet Nage sie korrekt und kontrolliert an, sind sie zwingend, aber nicht schädlich. Die Muskulatur der Arme und Schultern wird gestreckt und entspannt; alle Gelenke bleiben beweglich. Durch das geschmeidige Training (Ju-no-Geiko) der Bodentechniken lassen sich funktionelle Störungen und psychische Spannungen lindern oder sogar beseitigen. Von geübten Aikidoka wird auch das Training in der kraftvollen Form (Kakari-Geiko) als wohltuend empfunden. Bei fachgerechter Ausführung der Techniken sowie diszipliniertem Verhalten von Nage und Uke treten auch dabei keine Verletzungen oder bleibende Beschwerden auf. Diese Trainingsform sollte jedoch nicht vor der Prüfung zum 2. Dan praktiziert werden..

Die fünf Bodentechniken des Aikido unterscheiden sich in ihren charakteristischen Merkmalen wie folgt:

Ude-osae (ikkyo)
Bei dieser Technik wird Ukes Angriffs- oder Waffenarm oberhalb des Ellenbogens und des Handgelenkes erfaßt. Die Führung des Angreifers erfolgt durch eine Kreisbewegung in vertikaler Ebene (Irimi) oder spiralförmig um Nages Körperachse (Tenkan). Am Boden wird Uke durch verstärkten Druck auf den gestreckten Arm festgelegt.

In allen Phasen der Ausübung des Ude-osae fließt Nages Ki in reiner Form und auf direktem Wege. Es erfolgt keine Übersetzung oder Verstärkung der Wirkung durch Hebel oder Druck auf empfindliche Nervenpunkte. Erfolgsbestimmend sind allein die sichere Beherrschung und korrekte Anwendung der Elemente des Aikido.

Es besteht unter Fachleuten kein Zweifel daran, daß der Ude-osae eine der wichtigsten Grundformen des Aikido ist. Das Studium dieser Technik hat daher einen wichtigen Stellenwert.

Kote-hineri (sankyo)
Ukes ganzer Angriffs- bzw. Waffenarm wird unmittelbar nach dem ersten Kontakt durch Verdrehung so unter Spannung gesetzt, daß alle Gelenke blockiert sind und eine relativ starre Verbindung zu Nage hergestellt ist. Dieser kann seine Drehungen und Bewegungen dann unmittelbar auf Uke übertragen (Irimi) oder sich vorübergehend in das Zentrum der wirkenden Kräfte begeben (Tenkan). Durch den Wechsel der Bewegungsrichtungen (-ebenen) sowie die Verlagerung der Drehpunkte verliert Uke sein Gleichgewicht und wird in unterschiedlichen Ausführungen zu Boden gebracht. Nage kann ihn dort sowohl in stehender Position wie auch im Kniesitz (Za-ho) festlegen oder durch Weiterführung der Verdrehung zur Aufgabe zwingen bzw. entwaffnen.

Tekubi-osae (yonkyo)
Nage konzentriert seine Ki bei dieser Technik auf den an der Innenseite des Unterarms befindlichen Nervenpunkt und erzeugt dadurch einen blitzartig wirkenden Schmerz, der alle weiteren Aktionen des Angreifers sofort blockiert. Bei starker oder wiederholter Anwendung des Tekubi-osae wird die Ein-

heit von Geist und Körper durch die klare Dominanz der Körperreaktion empfindlich gestört. Mit Aufhebung des Druckes läßt der Schmerz sofort nach, jedoch ist bei längerem Training eine Reizung des Nervenpunktes zu erwarten. Die mit dem Training dieser Technik unter anderem angestrebte positive Beeinflussung der inneren Stabilität kann nur erreicht werden, wenn Uke sich selbst fordert und das Zeichen zur Aufgabe nicht schon vor dem Eintreten der Wirkung gibt.

Kote-mawashi (nikyo)
Sofort nach Aufnahme des Angriffes übersetzt Nage seine Bewegungen durch Anwendung seines sehr schmerzhaften Hebels, bei dem das Handgelenk in natürlicher Bewegungsrichtung gebeugt und anschließend verdreht wird. Uke ist gezwungen, jeder Bewegung und Drehung zu folgen, die über diesen Kontaktpunkt von Nage bestimmt wird. Das Training und die Anwendung dieser wirksamen Technik erfordern sehr viel körperliches und geistiges Einfühlungsvermögen.
Mit Hilfe des Kote-mawashi können auch physisch schwächere oder in ungünstiger Position (Lage) befindliche Aikidoka starke oder bewaffnete Angreifer sicher neutralisieren und nachhaltig belehren. Beim Studium dieser Technik müssen daher besonders auch die Aspekte der Selbstverteidigung berücksichtigt werden.

Ude-nobashi (gokyo)
In einigen Lehrbüchern wird festgestellt, daß der Ude-nobashi keine Grundtechnik des Aikido, sondern nur eine angewandte Form sei. Niemand bestreitet jedoch, daß der Armschlüssel eine wertvolle und notwendige Ergänzung der vier vorhergehenden Stufen ist. Er wird ausschließlich zur Abwehr des schrägen Schlages (Yokomenuchi) angewendet und erlaubt das spontane Eintreten in Ukes Angriffsbewegung. Der nach einem »Kreuzblock« erfaßte Schlagarm wird – im Gegensatz zum Ude-osae – in gestreckter Form so verdreht und geführt, daß Nages Bewegungen über das blockierte Schultergelenk direkt auf Ukes Zentrum übertragen werden.
Nage kann die Neutralisation und Entwaffnung des Angreifers auf unterschiedliche Weise – entweder im Stand oder am Boden (Za-ho) – vornehmen.
Zusammenfassend wird festgestellt, daß bestimmte Phasen des Kote-mawashi, Kote-hineri oder Tekubi-osae auch im Zusammenhang mit Wurftechniken zur Balancebrechung (Kuzushi), Verstärkung der eigenen Bewegung oder Lockerung eines starken Angreifers eingesetzt werden können.

6.1.3.3 Beschreibung von Boden-
         techniken –
         Hinweise zum Training
Im nachfolgenden Bild- und Textteil werden repräsentative Bodentechniken (Katame-Waza) aus dem Prüfungsprogramm des 5. bis 1. Schülergrades (Kyu) behandelt.

Katate-tori (ai-hanmi) –
Ude-osae (Tenkan)
(Griff einer Hand / gleichseitige
Stellung – Armstreckhebel-Haltegriff)

Die vordere (rechte) Schwerthand (Te-gatana) des Verteidigers wird von Uke in stabiler und gleichseitiger Stellung (ai-hanmi) erfaßt, so daß eine geradlinige Weiterführung seines Körperzentrums ausgeschlossen ist (Abb. 359, 360). Nage leitet daher die Doppelschrittdrehung (Tai-sabaki) für den äußeren (Tenkan) Eingang ein, erfaßt Ukes rechten Ellenbogen mit seiner linken Schwerthand und verstärkt zunächst den Gegendruck (Abb. 361).

Nach dem Eintreten verlagert Nage sein Zentrum auf das linke Bein und vollzieht plötzlich die ausweichende Drehung. Dabei atmet er ein! Uke verliert überraschend seinen sicheren Stand und fällt auf einer schrägen Kreisbahn um Nages Zentrum herum auf die Matte. Nage unterstützt diese Bewegung durch den Einsatz beider Schwerthände vor der Körpermitte und das Absenken des Zentrums (Abb. 362–366).

Nage bringt sein hinteres (rechtes) Bein nach vorn, nimmt dabei Front zu Uke und streckt den Angriffsarm. Er kniet ab und zwingt Uke durch Verstärkung des Armstreckhebels zur Aufgabe (Abb. 367–369).

Katate-tori (gyaku-hanmi) –
Ude-osae (Irimi)
(Griff einer Hand / umgekehrte
Stellung – Armstreckhebel-Haltegriff)

Uke ergreift aus der Bewegung Nages vordere (linke) Schwerthand (Tegatana) in umgekehrter Stellung. Im Augenblick des Kontaktes führt der Verteidiger auf seinem hinteren Bein eine Schrittdrehung (Tenkan-ashi) aus, ergreift mit der freien rechten Hand Ukes Angriffsarm über dem Handgelenk und beschleunigt ihn nach vorn (Abb. 370–372).

Will Uke sich wieder aufrichten, befreit Nage seine linke Hand aus dem Griff und erfaßt den Angriffsarm am Ellenbogen. Nun führt er eine Körperdrehung auf der Stelle und sofort anschließend einen Gleitschritt (Tsugi-ashi) mit dem vorderen Bein aus. Dabei wird Ukes Ellenbogen zur Balancebrechung auf einer vertikalen Kreisbahn geführt (Abb. 373, 374).

Nage tritt nun mit einem Übersetzschritt ein, läßt die Atemkraft (Kokyu) über die linke Schwerthand zum gebeugten Angriffsarm fließen und führt Uke auf den Boden (Abb. 375–377).

Der Angriffsarm wird gestreckt und von Nage kontrolliert, während er sich in den Kniesitz (Za-ho) begibt. In dieser Stellung wird Uke durch Verstärkung des Armstreckhebels neutralisiert (Abb. 367–369 – Griff jedoch um 180 Grad gedreht!)

Zu 6.1.3.3

Angriff:
Katate-tori (ai-hamni)

Abwehr:
Ude-osae (ikkyo)

Prinzip:
Tenkan

364

367

365

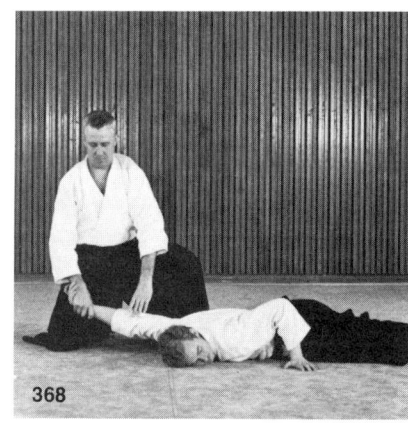

368

366

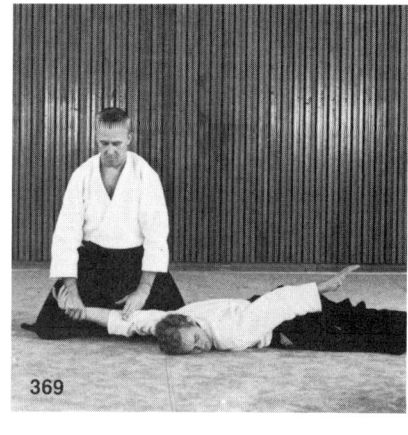

369

Zu 6.1.3.3

Angriff:
Katate-tori (gyaku-hanmi)

Abwehr:
Use-osae (ikkyo)

Prinzip:
Irimi

372

370

373

371

374

375

376

377

Shomen-uchi – Ude-osae (Tenkan)
(Gerader Schlag von vorne –
Armstreckhebel-Haltegriff)

Beim Vergleich der Serienbilder läßt sich eine weitgehende Übereinstimmung mit der Technik »Katate-tori (aihanmi) – Ude-osae (Tenkan)« feststellen. Eine eingehende Beschreibung erübrigt sich daher (Abb. 378–385 und 367–369).
Die Stärke und Gefährlichkeit dieses aus der Halbdistanz – ohne oder mit Waffe – geführten Schlages von vorn im oberen Bereich (Jodan) sollte nicht unterschätzt werden. Nage muß seine Schwerthände (Tegatana) daher korrekt einsetzen und die ausweichende Doppelschrittdrehung (Tai-sabaki) mit einem kurzen Gleitschritt (Tsugi-ashi) des vorderen (rechten) Beines einleiten.
Der sich anschließende spontane Wechsel des Prinzips (Irimi-Tenkan) schafft jenes »Kräftevakuum«, das Uke in die Kreisbewegung reißt; er fällt so durch die Wucht seines Schlages.

Ryote-tori – Kote-hineri (Irimi)
(Griff beider Hände –
Handdrehhebel-Haltegriff)

Nage erwartet den von Uke aus der Bewegung vorgetragenen Angriff in der Linksstellung (Hidari-Kamae). Sofort nach dem Erfassen der vorderen (linken) Hand nimmt er sein Zentrum durch Schrittdrehung (Tenkan-ashi) auf dem hinteren (rechten) Bein zurück und ergreift den Angriffsarm mit seiner rechten Hand von oben an der Kleinfingerseite. Dabei führt Nage beide Schwert-

Zu 6.1.3.3

Angriff:
Shomen-uchi

Abwehr:
Ude-osae (ikkyo)

Prinzip:
Tenkan

380

378

381

379

382

383

384

385

hände in Richtung auf das eigene Zentrum, wodurch Ukes Gleichgewicht empfindlich gestört wird (Abb. 386–388).

Während der Ausweichbewegung löst Nage seine linke Schwerthand (Tegatana) aus dem Griff und führt sie zum Ellenbogen des Angriffsarmes. Will Uke seine Stellung durch Zurücknahme des Körperzentrums wieder stabilisieren, folgt Nage dem Zug durch eine Drehung auf der Stelle und einen anschließenden Übersetzschritt. Dabei wird der Angriffsarm verdreht und am Ellenbogen kreisförmig in Richtung auf die Matte geführt (Abb. 389–391).

Befindet sich Uke in der Bodenlage, wechselt Nage in stehender Position sowie unter Beibehaltung der Spannung den Griff (Abb. 392, 393). Uke könnte in dieser Stellung durch Verstärkung des Handdrehhebels bereits sicher festgelegt werden.

Bei starken Angreifern und in der schulmäßigen Ausführung begibt Nage sich jedoch in den Kniesitz (Za-ho), übernimmt den Angriffsarm wieder mit seiner rechten Hand und beendet die Technik durch eine zwingende Verhebelung. Dabei wird Uke mit beiden Schwerthänden sicher gehalten; die Drehung erfolgt aus der Körpermitte (Abb. 001 306).

Zu 6.1.3.3

Angriff:
Ryote-tori

Abwehr:
Kote-hineri (sankyo)

Prinzip:
Irimi

388

386

389

387

390

391

394

392

395

393

396

Ushiro-katate-tori-kubi-shime –
Kote-hineri (Tenkan)
(Griff einer Hand und Würge von
hinten – Handdrehhebel-Haltegriff)

Uke erfaßt den in Hidari-Kamae stehenden Nage zunächst an der vorderen
(linken) Schwerthand (Tegatana). Anschließend versucht er mit seiner freien
rechten Hand einen Würgeangriff von
rückwärts. Nage führt die zuerst angegriffene Schwerthand sofort vor die eigene Körpermitte, vollzieht einen Übersetzschritt (Ayumi-ashi) mit dem rechten Bein und übernimmt Ukes Angriffsarm mit der freien rechten Hand von
oben an der Kleinfingerseite (Abb.
397–399).
Ist Uke in die angestrebte Endstellung
gebracht, läßt Nage sein Körperzentrum
etwas fallen und führt einen Gleitschritt
(Tsugi-ashi) nach rückwärts aus. Dabei
taucht er unter Ukes linkem Arm hindurch und verstärkt den Handdrehhebel. Das Gleichgewicht des Angreifers
wird gebrochen und der Würgegriff löst
sich (Abb. 400–403).
In einer fließenden Bewegung schließt
Nage nun eine Doppelschrittdrehung
(Tai-sabaki) an und nimmt in der Endphase sein linkes Knie nach rückwärts
auf die Matte. Der über den Handdrehhebel und am Ellenbogen geführte Uke
fällt auf den Boden (Abb. 404–407).
Nage übernimmt den Angriffsarm mit
seiner linken Hand vor dem Körper. Er
schließt die Technik durch den Einsatz
seiner rechten Schwerthand (Tegatana)
und die Drehung des Zentrums nach
links ab (Abb. 408–410).

Ushiro-ryokata-tori –
Tekubi-osae (Irimi)
(Griff beider Hände von hinten an
die Schultern – Armpreßdrehhebel-
Haltegriff)

Uke erfaßt den in natürlicher Stellung
(Shizentai) befindlichen Nage von hinten an beiden Schultern und schiebt ihn
nach vorn. Der Verteidiger gibt dem
Druck sofort nach, führt beide Schwerthände kreisförmig vor den Körper und
verläßt die Wirkungslinie durch zwei
Übersetzschritte schräg nach vorn
(Abb. 411–413).
Dieser Ausweichbewegung folgt ein
schneller Richtungswechsel. Dabei
nimmt Nage sein rechtes Bein (die
rechte Hüfte) zurück und taucht mit
schräggestellten Schultern sowie etwas
gesenktem Zentrum unter dem linken
Arm des Angreifers hindurch. Uke verliert sein Gleichgewicht und ist »geöffnet« (Abb. 414, 415).
Mit seiner rechten Hand kann Nage nun
den Armpreßdrehhebel ansetzen und
eine Körperdrehung auf der Stelle ausführen. Die dabei freiwerdende Atemkraft fließt in den empfindlichen Nervenpunkt und wirkt verstärkt auf Ukes
Körperzentrum. Der Verteidiger kann
ihn nun mit drei kleinen Übersetzschritten (Ayumi-ashi) auf den Boden führen
(Abb. 416–418).
Anschließend begibt sich Nage in den
Kniesitz und überträgt den Druck seines
abgesenkten Körpers auf den Nervenpunkt am Unterarm des Angreifers, so
daß dieser sicher festgelegt ist (Abb.
419–421).

Zu 6.1.3.3

Angriff:
Ushiro-katate-tori-kubi-shime

Abwehr:
Kote-hineri (sankyo)

Prinzip:
Tenkan

399

397

400

398

401

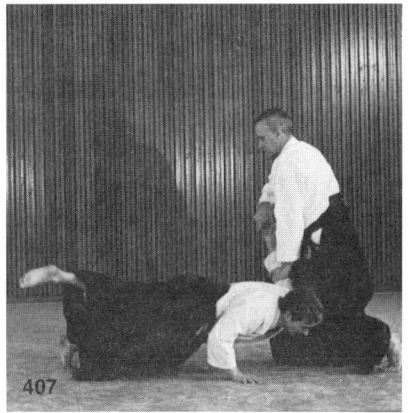

Noch Ushiro-katate-tori-kubi-shime –
Kote-hineri (sankyo)

Zu. 6.1.3.3

Angriff:
Ushiro-ryokata-tori

Abwehr:
Tekubi-osae (yonkyo)

Prinzip:
Irimi

Shomen-uchi – Tekubi-osae (Irimi)
(Gerader Schlag von vorne –
Armpreßdrehhebel-Haltegriff)

Nage erwartet den starken Angriff in stabiler Rechtsstellung (Migi-Kamae) und schwingt seine Schwerthände (Tegatana) aus den Schultergelenken schützend nach oben (Jodan). Dabei verkürzt er die Distanz (Mai-ai) durch einen Gleitschritt (Tsugi-ashi), so daß Ukes Angriff nicht voll zur Entfaltung kommt, erfaßt die Schlaghand im oberen Scheitelpunkt an der Kleinfingerseite und führt sie auf einer vertikalen Kreisbahn nach unten. Uke verliert sein Gleichgewicht und muß sich mit der linken Hand am Boden abstützen (Abb. 422–425).

Der Verteidiger nimmt sein Zentrum betont zurück, »entleert« den Angreifer und setzt die linke Schwerthand (Tegatana) mit der Wurzel des Zeigefingers am Nervenpunkt ein (Abb. 426, 427).

Durch die bei den folgenden drei Übersetzschritten (Ayumi-ashi) freigesetzte und verstärkte Atemkraft (Kokyu) wird Uke schräg nach vorn in die Bauchlage gebracht (Abb. 428–430).

Dort erfolgt die bei der vorstehenden Technik beschriebene Neutralisation (Abb. 431, 432).

Mune-tori – Kote-mawashi (Tenkan)
(Griff zum Revers – Armdrehhebel-Haltegriff)

Der von Uke auf einer Linie ausgeführte Griff zum Revers sollte nicht unterschätzt werden, da er häufig Schläge, Stöße oder Tritte nach sich zieht. Nage führt daher eine Schrittdrehung auf dem hinteren (rechten) Fuß nach rückwärts aus, bevor Uke seinen Angriff vollenden kann. Durch eine »wischende« Bewegung der rechten Hand in Richtung auf die eigene – zurückgenommene – Schulter wird Ukes Bewegung über seinen Schwerpunkt hinaus verlängert. Sein Gleichgewicht ist gestört, und er kann keine Folgetechnik anbringen (Abb. 433–435).

Wenn Uke sein Zentrum wieder stabilisieren will, führt Nage eine Körperdrehung auf der Stelle und anschließend den zwingenden Armdrehhebel aus, bis der Angreifer mit dem rechten Knie die Matte berührt. Durch Verstärkung des Hebels könnte er hier bereits in die Bauchlage gebracht und neutralisiert werden (Abb. 436, 437 und 447, 448).

Zur schulmäßigen Weiterführung greift Nage mit seiner linken Hand an Ukes rechten Ellenbogen und vollzieht eine Doppelschrittdrehung (Tai-sabaki). Dabei wird zunächst der Gegendruck verstärkt (Irimi), bevor Uke durch die ausweichende Drehung (Tenkan) auf einer schrägen Kreisbahn nach unten gleitet (Abb. 438–443).

In der Endphase bringt Nage sein hinteres (rechtes) Bein nach vorn, streckt den Angriffsarm und begibt sich in den Kniesitz (Za-ho). Dort wird Uke durch Verstärkung des Armdrehhebels festgehalten oder zur Aufgabe gezwungen (Abb. 444–446).

Zu 6.1.3.3

Angriff:
Shomen-uchi

Abwehr:
Tekubi-osae (yonkyo)

Prinzip:
Irimi

424

422

425

423

426

427

430

428

431

429

432

Zu 6.1.3.3

Angriff:
Mune-tori

Abwehr:
Kote-mawashi

Prinzip:
Tenkan

435

433

436

434

437

438

441

439

442

440

443

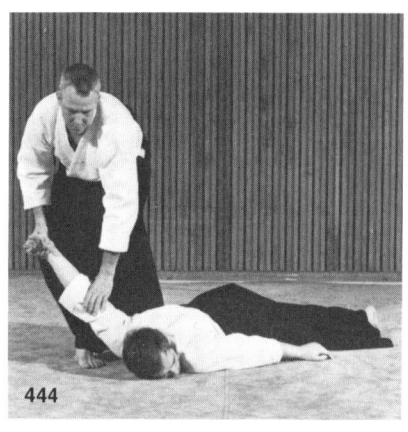

444

Noch: Mune-tori –
Kote-mawashi

Zwischenphasen der Technik wie
Abb. 436 und 437, jedoch Nage und
Uke zur besseren Übersicht um 180
Grad gedreht!

445

447

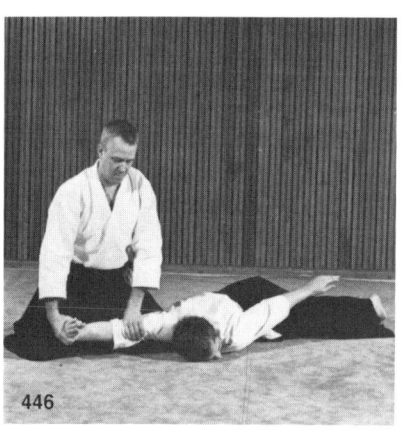

446

448

Ushiro-katate-tori-kubi-shime –
Kote-mawashi (Irimi)
(Griff einer Hand und Würge von
hinten – Armdrehhebel-Haltegriff)
Im Augenblick des Würgeangriffes
macht Nage mit seinem linken Bein einen Schritt nach vorn, spannt die Hals-
muskulatur an und schwingt die linke
Schwerthand (Tegatana) kreisförmig
nach oben. Dadurch wird Ukes Gleichgewicht gebrochen und der Würgegriff
löst sich etwas (Abb. 449–451).
Nage fixiert die rechte Hand des Angreifers mit seinem Daumen am eigenen
Körper, läßt sein Zentrum etwas fallen
und bringt es durch einen Übersetzschritt wieder nach hinten. Er kann sich
so dem Würgegriff entziehen und gewinnt eine günstige Stellung hinter Uke,
der bei allen Bewegungen über das
stark gebeugte Handgelenk kontrolliert
wurde (Abb. 452–454).
Durch drei kleine Übersetzschritte
(Ayumi-ashi) wird Uke nun schräg nach
vorn auf den Boden gebracht. Die aus
dem bewegten Zentrum des Verteidigers fließende Atemkraft (Kokyu) erfährt durch den Handgelenkhebel eine
wesentliche Verstärkung (Abb. 455,
456).
Die Endphase wird wie bei der vorstehend beschriebenen Technik ausgeführt (Abb. 444–446).

Yokomen-uchi – Ude-nobashi
(Tenkan)
(Schräger Schlag von vorne –
Armschlüssel)

Dem kraftvoll eingeleiteten schrägen
Schlag im oberen Bereich (Jodan)

kommt Nage durch ein entschlossenes
Eintreten mit Gleitschritt (Tsugi-ashi)
zuvor. Er überträgt die aus dem bewegten Zentrum fließende Atemkraft (Kokyu) über seine stark geführte linke
Schwerthand (Tegatana) auf den Angreifer und stoppt dessen Schlagarm
noch hinter dem Körperzentrum ab
(Abb. 457–459).
Nage erfaßt den Schlagarm mit seiner
rechten Hand und führt gleichzeitig einen großen Übersetzschritt (Ayumi-
ashi) aus, der die Stellung des Angreifers weiter erschüttert (Abb. 460).
Nun kann der Verteidiger einen dynamischen und sauber zentrierten Doppelschritt (Tai-sabaki) vollziehen. Dabei
führt er den Schlagarm auf einer schrägen Kreisbahn um das eigene Zentrum,
bis Uke sich mit seiner freien Hand am
Boden abstützen muß (Abb. 461–465).
In dieser Bewegungsphase beendet
Nage die Körperdrehung und bringt Uke
mit gestrecktem Schlagarm durch
Übersetz- bzw. Gleitschritte schräg
nach vorn auf den Boden. Die Atemkraft
(Kokyu) soll dabei auf Ukes gedehntes
Ellenbogengelenk wirken (Abb. 466,
467).
Nage begibt sich in den Kniesitz (Za-ho)
und kann den Angreifer dort mit einem
Armstreckhebel festlegen oder gegebenenfalls durch einen Handgelenkbeugehebel entwaffnen (Abb.
468–470).

Hinweis zum Training
Es gelten hier entsprechend die im Abschnitt 6.1.2.3 (Standtechniken) ange-
gebenen Grundsätze und Schwerpunkte.

Zu 6.1.3.3

Angriff:
Ushiro-katate-tori-kubi-shime

Abwehr:
Kote-mawashi

Prinzip:
Irimi

451

449

452

450

453

Zu 6.1.3.3

Angriff:
Yokomen-uchi

Abwehr:
Ude-nobashi

Prinzip:
Tenkan

459

457

460

458

461

Noch: Yokomen-uchi —
Ude-nobashi

6.2. Randori (freies Angreifen)

Wer den Bösen mit Haß bekämpft, ist ein Die-
ner des Bösen, denn er fördert die Gewalt;
wer dem Bösen mit Liebe begegnet, ist ein
Heiliger, denn er mindert die Gewalt;
wer dem Bösen ausweicht, ist ein Feigling,
denn er beugt sich der Gewalt;
wer den Bösen in Demut erduldet, ist ein
Narr, denn er opfert sich der Gewalt;
wer die Bösen zusammenführt, ist ein Weiser,
denn er beseitigt die Gewalt!

6.2.1 Begriffsbestimmung

Unter Randori versteht man eine der realen Selbstverteidigungssituation angepaßte Trainingsform für Meister, bei der Nage einen oder mehrere – auch bewaffnete – Angreifer in laufender Folge wirksam abwehrt.

Uke und Nage können bei dieser auf Spontaneität ausgerichteten Form ihre Angriffs- beziehungsweise Verteidigungstechniken aus dem Lehrprogramm des Aikido frei wählen, jedoch müssen sie sie zur Vermeidung von Verletzungen kontrolliert ausführen.

Das Randori ist die höchste Übungs- und Ausdrucksform des Aikido. Es kann und darf nur dann praktiziert werden, wenn der Verteidiger die Elemente, Techniken und Prinzipien des Aikido so sicher beherrscht, daß ihre Anwendung zugleich zweckmäßig und intuitiv erfolgt.

Der (die) Angreifer müssen über gute Reaktionsfähigkeit und Kondition verfügen und die Kunst des freien Fallens (Rollens) nach allen Seiten sicher beherrschen.

6.2.2 Bedeutung des Randori

Solange wir leben, sind wir vielerlei natürlichen und künstlichen Polaritäten ausgesetzt, die Spannungen, Probleme und Konflikte erzeugen. Viele Menschen fühlen sich dadurch bedrängt und führen ständig einen verbissenen »Lebenskampf« gegen unterschiedliche – auch imaginäre – Kräfte und Mächte. Eines Tages stellen sie erschöpft und verzweifelt fest, daß sich der Kampf um ein Leben, das nur aus Kampf besteht, gar nicht gelohnt hat. Ein bitteres Resümee! Durch Aikido werden dem einzelnen über die körperliche Übung viele Einsichten vermittelt, die ihm ein harmonisches Verhältnis zu anderen Menschen ermöglichen, wenn er sie durch aktives Handeln umsetzt. Dadurch lassen sich bereits viele Spannungen und Probleme vermeiden oder umgehen.

Wie soll man sich jedoch bei unvermeidbaren Konfrontationen verhalten? Im technischen Aikido werden die ursprünglich gegensätzlichen physischen und geistigen Kräfte so vereint, daß sie sich fortan ergänzen und fördern, also eine höhere Einheit bilden. Wenn wir diese Methode auch nur teilweise auf andere Bereiche menschlicher Aktivitäten transferieren, wandelt sich der nach den Regeln des »Jeder gegen Jeden« geführte und zerstörerische »Lebenskampf« in ein harmonisches und aufbauendes »Lebensspiel« um. Die damit verbundene Änderung der Auffassung vom Sinn des Lebens wäre nicht nur für den einzelnen, sondern auch für die gesamte Menschheit von großem Wert, da sie die friedliche Koexistenz fördert. Dies gilt ebenso für das Verhältnis des Menschen zu seiner Umwelt.

Offensichtlich sind die Menschen von Natur aus jedoch nur beschränkt in der Lage, vernünftige Einsichten auch zu Maximen ihres Handelns zu erheben. Sie müssen die zur Realisierung geeigneten Methoden daher an Lehrbeispielen trainieren und ihren Nutzen erfahren. Das Aikido erfüllt in dieser Beziehung alle Forderungen.

Im Unterricht wird unter gutwilligen und befreundeten Menschen eine künstliche Polarität erzeugt. Der jeweilige Uke führt einen Angriff aus und läßt seine Ki in Richtung auf Nage fließen. Dieser nun ist bemüht, die wirkende Kraft aufzunehmen und nach den Prinzipien des Aikido zu ergänzen, umzulenken oder zu neutralisieren. Die Aufgabe ist relativ einfach, denn die Angriffs- und Verteidigungstechniken werden festgelegt. Sie sind dem Leistungsvermögen des Ausübenden angemessen und laufen nach wiederkehrenden Bewegungsmustern ab.

Ukes Bösartigkeit ist gespielt und kann den Verteidiger nicht wirklich gefährden. Alle Fehler bleiben daher ohne ernsthafte Folgen. Die Ausübenden können sich unbeschwert und gelöst dem Studium der Techniken und Prinzipien zuwenden. Die wertvollen Inhalte dringen ungehindert in ihr Unterbewußtsein ein, und sie erwerben das zur Ausübung höherer Trainingsformen notwendige Rüstzeug.

Da gerade in der Selbstverteidigung die Weisheit mit der Selbsterkenntnis beginnt, wäre eine falsche Beurteilung des eigenen Vermögens in dieser Phase sehr gefährlich.

Erst im Randori wird der Verteidiger mit Angriffen konfrontiert, die einem fremden Willen unterliegen und nicht vorausschaubar sind. Wenn ihre Ausführung auch nicht mit letzter Konsequenz erfolgt – bei bewaffneten Angriffen hätte jeder Fehler tödliche Folgen –, so findet sich der Aikidoka doch in eine reale Selbstverteidigungssituation gestellt. Angriffe (Probleme) unterschiedlicher Art und Stärke (Bedeutung) sind plötzlich gegenwärtig und fordern eine spontane und nur durch das Unterbewußtsein gesteuerte Reaktion ohne langzeitige Bindung.

Nicht wer Aikido verstanden zu haben glaubt und alle – zögernd oder langsam ausgeführten – Angriffe bewußt – also handwerklich – abwehren kann, sondern wer nicht mehr versteht, warum er im Randori zweckmäßig und effektiv reagiert, ist ein wirklicher Meister. Nur er wird die Prinzipien und Inhalte des Aikido bei allen geistigen und körperlichen Auseinandersetzungen voll zur Geltung bringen können und vermag dadurch jene Nachteile auszugleichen, die von einem oder mehreren bösartigen, starken und oft bewaffneten Angreifern ausgehen. Die gelösten und vom stabilen Körperzentrum ausgehenden Bewegungsformen des Randori sind sichtbarer Ausdruck der geistigen und körperlichen Freiheit des Verteidigers. Sie müssen daher als wesentlicher Bestandteil der wahren Meisterschaft im Sinne des Weges (Do) gelten und sollten ein Ziel sein, dem der Ausübende durch ständige Arbeit an sich selbst zustrebt.

Aus diesen Gründen ist das Randori ein wichtiges Fach bei allen Dan-Prüfungen im Aikido.

6.2.3 Arten und Formen des Randori

Neben dem weiterführenden Training der Elemente und Grundtechniken sowie dem späteren Studium der Kata wenden sich die Aikidoka ab 2. Kyu (blauer Gürtel) einer Vorstufe des Randori zu.

Zur Abwehr eines vorgegebenen und in laufender Folge beidseitig wiederholten Faßangriffes von vorn (Katate-tori, Ryote-tori oder Katate-Ryote-tori) darf Nage nun alle ihm bekannten und geeigneten Techniken einsetzen.

Diese neue Aufgabe unterscheidet sich nach quantitativen und qualitativen Kriterien erheblich vom bisherigen Training einzelner Techniken »nach Absprache«. Ihre Bewältigung setzt die sichere Beherrschung der technischen Inhalte des Aikido voraus und erfordert Intuition, Spontanität, Zeit- und Bewegungsgefühl, Vielseitigkeit, Übersicht und Anpassungsfähigkeit.

Bei der Prüfung zum 1. Kyu wird dann ein Schlag- beziehungsweise Stoßan-griff von vorn (Yokomen-uchi, Shomen-uchi oder Shomen-tsuki) bestimmt. Die damit verbundene Halbdistanz und Dynamik stellen den Verteidiger vor neue Probleme, die ihn fordern und fördern.

Während seiner Vorbereitung auf den ersten Meistergrad muß sich der Aikidoka dann der ersten Stufe des Randori zuwenden, bei der ein unbewaffneter Uke wiederholt und beidseitig Angriffe ausführt. Nage soll ihn unter Anwendung geeigneter Techniken und Prinzipien des Aikido fortlaufend, effektiv und variabel abwehren.

Dieses freie Spiel unabhängiger Kräfte entspricht schon weitestgehend dem Ernstfall, denn die Aktionen des Angreifers sind nach Art, Stärke und Richtung nicht voraussehbar. Nage wird sich nur dann behaupten können, wenn er im entscheidenden Augenblick intuitiv mit einer zweckmäßigen Aikidotechnik und nach dem ergänzenden Prinzip (Irimi oder Tenkan) handelt.

Die dabei erforderliche ständige Anpassung an wechselnde Situationen, das Erkennen des erfolgsbestimmenden Momentes und die geschickte Nutzung der fließenden Kräfte sind nur möglich, wenn der Geist des Ausübenden frei ist. Die intellektuelle Begabung ist hierbei ohne jede Bedeutung, denn der Körper kann nur dann verzugsfrei reagieren, wenn er gelöst ist und nur durch das Unterbewußte gesteuert wird.

Bei einiger Aufmerksamkeit ist wohl jeder gesunde Mensch in der Lage, einem Ball auszuweichen, der plötzlich und im Blickfeld auf ihn geworfen wird. Durch Übung könnte er sicher auch bald zwischen den vielleicht zweckmäßigen

Techniken des Ausweichens, Weiterleitens oder Fangens wählen. Voraussetzung ist in beiden Fällen natürlich, daß die Flugzeit des Balles eine Reaktion erlaubt. Wirft man diesem Menschen dann jedoch mehrere Bälle gleichzeitig oder in unregelmäßiger Folge zu, treten hinsichtlich der Bewegungskoordination und/oder Technikauswahl bestimmt Probleme auf. Dieser Vergleich macht deutlich, in welcher Weise die Anforderungen beim Randori gesteigert werden, denn Nage muß bei seiner Prüfung zum 2. Dan zwei gleichzeitig angreifende Partner abwehren.

Die von seinen Sinnesorganen wahrgenommenen, schnell aufeinanderfolgenden und gegen ihn gerichteten Aktionen verwirren den Ausübenden. Geist und Körper sind nach kurzer Zeit blockiert. Nage hat »seine Mitte verloren«; er ist aktionsunfähig und den Angriffen schutzlos ausgesetzt.

Durch das weiterführende Training und die Anleitung eines Lehrers gewinnt der Ausübende seine frühere Sicherheit jedoch zurück. Er erkennt, daß die vermeintlichen Vorteile der Angreifer nicht Ausfluß besonderer geistiger und körperlicher Kräfte sind, sondern auf ihrem Vermögen basieren, die Aktionen koordiniert, spontan und rücksichtslos auszuführen.

Die Angreifer sind in ihrem Denken und Handeln jedoch nicht wirklich frei, denn der planende Geist und der ausführende Körper sind ständig auf jenen Punkt im Raum fixiert, den der Körper des Verteidigers gerade einnimmt und gegen den sich alle Aktionen richten sollen. Ein erfahrener Aikidoka nutzt diese wichtige Tatsache konsequent zur Entwicklung zweckdienlicher Verfahren aus; er betrachtet auch mehrere Angreifer zunächst als Einheit.

Durch die geschickte Mischung gut getimter Ausweichbewegungen und korrigierender – da zwingender – Techniken kann der Verteidiger die Koordination, den Rhythmus und die Zielrichtung der einzelnen Angriffe so beeinflussen, daß schließlich eine neutralisierende körperliche (und geistige!) Zusammenführung ihrer Initiatoren möglich ist. Nage entzieht sich dabei geschickt den zerstörerischen Kräften und wirkt im übertragenen Sinne gleichsam als Katalysator. Er wird zum selbstlosen Bestandteil eines Systems, dessen schützende Kraft sich in seinen Handlungen konkretisiert.

Bei den Prüfungen zum 1. und 2. Dan wird das Randori in einer weichen Form (Juno-Geiko) praktiziert. Dies bedeutet, daß Angreifer und Verteidiger ihre Techniken zwar zwingend, jedoch kontrolliert ausführen. Eine angemessene Verlangsamung ist zulässig, damit den Akteuren eine längere Reaktionszeit zur Verfügung steht. Die unvermeidlichen Fehler werden »mit sanfter Hand« korrigiert; schmerzhafte Belehrungen des Partners sind nicht zulässig!

Bis zu seiner Prüfung auf den 3. Dan hat der Ausübende die technischen und geistigen Inhalte des Aikido mindestens 10 Jahre lang intensiv erforscht. Er muß nun in der Lage sein, die von zwei Gegnern gleichzeitig in starker Form (Kakari-Geiko) vorgetragenen Angriffe dynamisch und zwingend abzuwehren beziehungsweise zu neutralisieren, ohne dabei gegen die Prinzipien der Harmonie und Nächstenliebe zu verstoßen. Diese schwierige Aufgabe läßt sich nicht allein mit technischen Mitteln lösen, sondern erfordert das Wirken einer in sich ruhenden starken Persönlichkeit.

Ging es bei den früheren Prüfungen noch vorwiegend um die Ergänzung beziehungsweise Neutralisation der körperlichen Kräfte, so wird bei dieser starken Form des Randori auch die Verschmelzung der ursprünglich gegensätzlichen Geisteshaltungen deutlich. Das Randori wird von diesem Zeitpunkt an unter realistischen Bedingungen der Selbstverteidigung praktiziert.

Die vorstehenden Feststellungen gelten im besonderen Maße für das Randori in den weiteren Dan-Prüfungen. Es wird ebenfalls in starker Form (Kakari-Geiko) ausgeführt, jedoch muß Nage sich hier gegen 3 gleichzeitig agierende Angreifer behaupten.

Es ist üblich, beim Randori zum 5. Dan einen Angreifer zu bewaffnen. Wer dabei die Freiheit des Handelns bewahrt, nach den Prinzipien des harmonischen Weges handelt, die ungestümen Partner emotionslos nach seinem Willen führt oder ohne Schaden neutralisiert und dabei ständig seine innere Stabilität bewahrt, ist ein guter Aikido-Meister.

6.2.4 Training des Randori

Wird ein Aikido-Meister gefragt, wie man ein gutes Randori erlernen kann, müßte er eigentlich antworten: »Überhaupt nicht, irgendwann kann man es eben!« Dieser Feststellung liegt die Erfahrung zugrunde, daß das vieljährige und absichtslose Training der Grundformen den Ausübenden zwangsläufig

zur höheren Reife führt. Sie schließt aber auch die Erfahrung ein, daß die ungeduldigen Schüler oft versuchen, »ihr Haus vom Dach her zu bauen«, indem sie das spektakuläre Randori verstärkt üben und die lästigen Grundformen aus Zeitmangel vernachlässigen.

Trotz der aufgezeigten Bedenken wurden vom Deutschen Aikido-Bund e.V. zweckdienliche Spiel- und Trainingsformen sowie methodische Reihen entwickelt, die eine interessante und effektive Gestaltung des Randori-Unterrichts erlauben. Einige Übungen, die sich gut bewährt haben, sollen an dieser Stelle als Beispiele vorgestellt werden.

1. Übung
Situation:
Die gesamte Gruppe »quirlt« auf begrenzter Mattenfläche durcheinander. Alle halten die Hände am Gürtel.
Aufgabe:
Kein Aikidoka darf ein anderes Gruppenmitglied berühren.
Lernziele:
Verknüpfung und Automatisierung aller Bewegungsformen (Sabaki) durch Ausweichen bei ungerichteten Kräften. Schulung der Wahrnehmung und Reaktion.

2. Übung
Situation:
Je nach Leistungsstand gehen 2 bis 4 Ausübende mit gestreckter Schwerthand (keinen Angriff ausführen!) geradlinig auf einen Aikidoka zu.
Aufgabe:
Vermeidung von Körperkontakten und Zusammenführung der Partner.

Lernziele:
Ausführung intuitiver Bewegungen bei gerichteten Kräften. Einsatz des Sabaki als taktisches Mittel zur körperlosen Führung der Partner. Entwicklung der Übersicht und des Distanzgefühls.

3. Übung
Situation:
Der Verteidiger wird im Abstand von ca. 2 Metern durch 4 Partner eingeschlossen, die zu selbstgewählten Zeitpunkten und ohne vorherige Absprache einen vorgegebenen Angriff spontan, aber kontrolliert ausführen.

Aufgabe:
Frühestmögliche Konzentration der Ki auf den (die) Angreifer und augenblickliche Ausführung der hierzu notwendigen Körperwendung. Verlassen der gefährdeten »inneren Linie« nach ausweichender oder eintretender Bewegung.

Lernziele:
Herstellung und Kontrolle der Harmonie zwischen Geist und Körper. Ausbildung der intuitiven Sicherheit und Reaktionsfähigkeit. Wahl und Anwendung des situationsgerechten Prinzips (Irimi oder Tenkan). Schulung im Erkennen und Nutzen des »günstigsten Augenblicks«.

4. Übung
Situation:
Je nach Leistungsstand wird der Verteidiger fortlaufend und in weicher Form (Juno-Geiko) durch einen, zwei oder drei Partner angegriffen. Die Festlegung eines Schlag- oder Stoßangriffes ist zweckmäßig.

Aufgabe:
Der Verteidiger soll »Treffer« vermeiden, muß sich in der Wahl seiner Mittel jedoch auf die Formen der Bewegung (Sabaki), den Gebrauch der Schwerthände (Tegatana) und das Führen der Angreifer beschränken. Die Anwendung von Würfen oder Hebeln ist nicht erlaubt!

Lernziele:
Verbesserung des Zusammenspiels aller Elemente. Störung der Harmonie zwischen den Angreifern durch Beschleunigung beziehungsweise Verzögerung der Bewegungen. Führen auf der »eigenen Linie« zur gedanklichen Vorbereitung der Folgetechnik. Motivierung durch Vermittlung von Erfolgserlebnissen. Ausschaltung oder Unterdrückung hemmender Emotionen durch Einschränkung der Mittel des Verteidigers. Erprobung und Ausbildung der inneren Kraft (Ki).

6.3 Kata (Form)

*Viele Menschen glauben, das Leben würde
durch Formen erstarren. In Wirklichkeit
wird es durch sie erst möglich.
Daher ist Kata (Form) auch im Aikido
notwendig, denn sie erhebt die handwerk-
liche Kunst (Jitsu) zum Weg (Do)!*

6.3.1 Begriffsbestimmung

Unter Aiki-no-Kata (Form des Aikido)
versteht man eine festgelegte Folge von
Elementen, Techniken und Prinzipien
des Aikido. Sie werden in vorgegebener
Form praktiziert, wobei sich die Aus-
übenden unabhängig von ihrer Rolle
(Nage oder Uke) gemeinsam um die Er-
reichung des Zieles bemühen.
Ziel der Kata ist es, den tiefen geistigen
und philosophischen Inhalten des Ai-
kido sichtbaren Ausdruck zu geben, die
Entwicklung der Ausübenden durch die
Erziehung von Körper und Geist im
Sinne des Do (Weges) zu fördern und
die konkreten Übungsteile des Aikido in
der vom Begründer, O-Sensei Morihei
Uyeshiba, festgelegten klassischen
Form zu bewahren.

6.3.2 Bedeutung der Kata

Nimmt man den Begriff Do (Weg) wört-
lich, so darf man ihn so verstehen, daß
sich die Ausübenden auf einer Wander-
schaft befinden, wie dies früher bei den
Gesellen vieler Zünfte üblich war, nachdem sie ihr Handwerk bei einem Meister
erlernt hatten. Ziel dieser Wanderjahre
war es, sich unter Beachtung strenger
Regeln in wechselnden Situationen und
Lebensbereichen im Gebrauch der
Werkzeuge zu üben, damit aus dem
handwerklichen Tun eine meisterliche

Kunst erwuchs. Sie war dann auch
sichtbarer Ausdruck der inneren Einstellung und Persönlichkeit des Meisters.
Nun verläuft auch beim Aikido die Entwicklung vom Handwerk zur Kunst nicht
immer geradlinig und ohne Störungen,
weil insbesondere höhergraduierte Aikidoka nur selten ständig unter Anleitung eines Meisters arbeiten können,
der den rechten Weg aufzeigt und Abweichungen sofort korrigiert.
Es ist daher verständlich, daß gerade
bei kreativen Aikidoka auch subjektive
Erfahrungen und Vorstellungen in die
Techniken einfließen. Dies kann der
Entwicklung des Aikido als einer lebendigen Kunst durchaus förderlich sein,
führt aber manchmal auch zur Veränderung der fundamentalen Elemente,
Techniken und Prinzipien. Das von O-
Sensei Morihei Uyeshiba geschaffene
Aikido könnte dabei seine Identität verlieren. Dieser möglichen Fehlentwick-
lung, die nur bedauert werden könnte,
wirken die Kata entgegen.
Auf seiner Suche nach Wahrheit und
Erkenntnis braucht der Mensch Orientierungspunkte, die auf Dauer gültig und
unverrückbar sind. Alle Kata des Aikido
erfüllen diese Forderungen, wenn sie
über Generationen hinweg richtig bewertet und unverändert praktiziert wer-

den. Sie sind also Formen der Rückbe-sinnung, die es dem Ausübenden in je-der Phase seiner Entwicklung gestat-ten, den eigenen Standort zu bestim-men, die Richtigkeit der Bemühungen zu überprüfen und ggf. eine Neuorien-tierung vorzunehmen, das heißt auf den wahren Weg zurückzukehren.
Der Mensch kann die unendlichen Di-mensionen des Aikido niemals voll er-fassen. Trotzdem müssen alle Aus-übenden bemüht sein, immer tiefer in seine Geheimnisse einzudringen, unter anderem durch das ständige und ernst-hafte Studium der Kata des Aikido.

6.3.3 Training der Kata

Mit schlechten Steinen kann man kein gutes Haus bauen! Diese Wahrheit gilt auch für das Training der Kata. Es ist da-her unbedingt notwendig, die in der Kata enthaltenen Elemente, Techniken, Grundsätze und Schwerpunkte intensiv und ausdauernd über längere Zeit, je-doch in freier Form zu üben.
Erst wenn Nage und Uke die »Bausteine« sicher beherrschen, können sie in die vorgeschriebene Form gebracht werden. Diese Aufgabe ist stufenweise zu vollziehen. Zunächst werden ein-zelne Techniken miteinander verbun-den, so daß Teile oder Gruppen der Kata entstehen. Dann folgt ihre Zu-sammenfassung zur »Grobform«. Dar-unter versteht man das Üben aller Techniken der Kata in der richtigen Rei-henfolge und mit den vorgeschriebenen Verbindungen, jedoch unter Vernach-lässigung kleinerer Haltungs- und Aus-führungsfehler.
Die Hinweise und Korrekturen des Leh-rers müssen sich dabei auf das unum-gänglich notwendige Maß beschränken und sollten dem Aufnahmevermögen der Schüler entsprechen, denn sonst tritt eine Überforderung ein, das moti-vierende Erfolgserlebnis bleibt aus und der Schüler verliert über lange Zeit die Freude am Kata-Training.
Die Erarbeitung der »Feinform« ist nur im Einzelunterricht möglich. Dies be-deutet, daß jedem Paar ständig ein Leh-rer zur Verfügung stehen muß, der je-den Mangel sofort benennt, während die Ausübenden ohne Unterbrechung in ihrem Vortrag fortfahren. Dies ist möglich, weil die Bewegungsabläufe der Kata bereits fester Besitz des Un-terbewußtseins geworden sind und auch unter äußerer Beeinflussung (Ab-lenkung durch die Korrektur) noch si-cher vorgetragen werden können.
Am Schluß jeder Kata erfolgt eine zu-sammenfassende Besprechung und – soweit Fehler ständig wiederkehren – das Üben einzelner Elemente, Techni-ken, Verbindungen oder Gruppen.
Die Demonstration der Kata vor Zu-schauern oder bei einer Dan- (Meister-) Prüfung ist in der Regel der Höhepunkt des intensiven Trainings und die erste Bewährung. Sie fördert die innere Sta-bilität der Ausübenden erheblich.
Da Wertvolles nur mit Mühe erworben wird, sollte man es auch bewahren! Je-der fortgeschrittene Aikidoka muß da-her bestrebt sein, die erlernten Kata durch ständiges Üben zu verbessern, wie dies nach der im Bereich des Deut-schen Aikido-Bundes e.V. gültigen Prü-fungsordnung für Aikido-Dan-Grade der Europäischen Aikido-Union auch vorgeschrieben ist, denn sie können bei

der Prüfung zu höheren Graden abgefordert werden.

Eine gelegentliche Kontrolle durch den Lehrer ist auch in dieser Phase des weiterführenden Vollzuges zweckmäßig. Erst bei Beachtung aller Forderungen wird das Kata-Training zur dynamischen Meditation. Durch die ständige Wiederholung dringt der Ausübende tief in das Wesen des Aikido ein, wobei Geist und Körper gleichermaßen entspannt werden. Er geht selbstlos im Tun auf, verliert das bewußte Gefühl für Raum und Zeit, vergißt die Belastungen des Alltags und regeneriert seine Kräfte. Kata ist für den streßgeplagten Menschen unserer Zeit daher eine besonders wertvolle Übung.

6.3.4 Inhalte und Bedeutungen der Kata

Es ist an dieser Stelle unmöglich, alle Techniken und Bewegungsabläufe der im Bereich des Deutschen Aikido-Bundes e.V. praktizierten Kata zu beschreiben. Aus diesem Grunde werden Inhalt und Bedeutung nur kurz vorgestellt.

6.3.4.1 Erste Form der Aikido-Prinzipien im Stand

Inhalt der Kata

Lfd. Nr.	Angriff	Abwehrtechnik	Ausführung Irimi	Tenkan
1	Shomen-uchi	Ude-osae (ikkyo)	●	○
2	Shomen-uchi	Kote-mawashi (nikyo)	●	○
3	Shomen-uchi	Kote-hineri (sankyo)	●	○
4	Shomen-uchi	Tekubi-osae (yonkyo)	●	○
5	Yokomen-uchi	Ude-nobashi (gokyo)	●	○
6	Yokomen-uchi	Shiho-Nage	●	
7	Shomen-uchi	Kote-Gaeshi	●	

Bedeutung der Kata

Die Kata enthält alle Bodentechniken (Katame-Waza) in der ursprünglichen Reihenfolge und zwei Wurftechniken (Nage-Waza), die eine Festlegung des Angreifers nach erfolgter Abwehr zulassen.

Durch die Pflege dieser Kata sollen wesentliche technische Inhalte des Aikido in ihrer klassischen Form bewahrt und in das Bewußtsein der Ausübenden zurückgerufen werden.

Die Kata hat aber auch einen großen erzieherischen Wert, denn sie enthält bedeutende Ausbildungsschwerpunkte. Insbesondere werden die Körperhaltung, die Bewegung (Sabaki), der Gebrauch des Körperzentrums (Hara), das Gefühl für die Distanz (Ma-ai) und den rechten Zeitpunkt sowie die klare Unterscheidung der Prinzipien (Irimi und Tenkan) positiv gefördert. Dies ist für die Gesamtentwicklung aller Aikidoka sehr wichtig.

Die meisterlich vorgetragene erste Form der Aikido-Prinzipien im Stand hat zudem einen hohen Aussagewert. Fachleute und Laien sind bei ihrem Vortrag gleichermaßen beeindruckt durch die einfachen und natürlichen Techniken sowie die klare Trennung der Prinzipien. Die humane, aber effektive Ab-

wehr der Schläge und die abschließende Neutralisation des Angreifers machen wesentliche geistige Inhalte des Aikido deutlich.

Die erste Kata sollte von allen Aikidoka ab zweitem Kyu (blauer Gürtel) eifrig geübt werden; sie gehört zum Prüfungsprogramm des ersten Dan-(Meister-)Grades.

6.3.4.2 Zweite Form der Aikido-Prinzipien am Boden

Inhalt der Kata

Lfd. Nr.	Angriff	Abwehrtechnik	Ausführung Irimi	Tenkan
1	Shomen-uchi	Ude-osae (ikkyo)	●	○
2	Shomen-uchi	Kote-mawashi (nikyo)	●	○
3	Shomen-uchi	Kote-hineri (sankyo)	●	○
4	Shomen-uchi	Tekubi-osae (yonkyo)	●	○
5	Yokomen-uchi	Ude-nobashi (gokyo)	●	○

Bedeutung der Kata

Für die zweite Form der Aikido-Prinzipien am Boden gelten die in Abschnitt 6.3.4.1 getroffenen Festlegungen uneingeschränkt. Die in dieser Kata enthaltenen Bodentechniken (Katame-Waza) und Angriffe lassen sich nur dann in geschmeidiger Form (Ju-no-Geiko) praktizieren, wenn Nage und Uke im Kniegehen (Shikko) geübt sind. Diese Art der Bewegung ist für Europäer zwar ungewohnt und schwierig, jedoch von großem Nutzen, da sie das Hüftgelenk beweglich macht und den Gebrauch des Körperzentrums (Hara) fördert.

Da Nage und Uke keine Möglichkeit der

Improvisation haben, führt jeder Fehler unweigerlich zum Verlust des Gleichgewichts und wird sofort sichtbar. Die Ausführenden müssen sich beim Studium dieser Kata daher um jedes Detail bemühen und erkennen, daß echter Fortschritt in der Pflege und Förderung des Einfachen begründet liegt.

Das Studium der zweiten Form der Aikido-Prinzipien am Boden wird allen Aikidoka ab erstem Dan (Meistergrad) empfohlen, da sie das Körperzentrum (Hara) stärkt, den Gleichgewichtssinn entwickelt und ein sicheres Gefühl für die ideale Distanz (Ma-ai) sowie den rechten Zeitpunkt vermittelt. Dies gilt besonders für alle ausweichenden Dreh-bewegungen (Tenkan), die optimal zen-triert sein müssen.

Es besteht kein Zweifel daran, daß die Ausführung und Wirksamkeit aller Techniken des Aikido durch wiederhol-tes Üben dieser Kata verbessert wer-den. Ihre fehlerfreie Demonstration be-geistert insbesondere den Kenner. da

die Prinzipien und Inhalte des Aikido hier klar zum Ausdruck kommen.

Diese Kata gehört zum Prüfungspro-gramm des zweiten Dan-Aikido und kann von den Aikidoka ab erstem Kyu (brauner Gürtel) trainiert werden.

6.3.4.3 Form der Abwehr bewaffneter Angreifer

Inhalt der Kata

Gruppe	Waffe Angriffsart	Verteidigungstechniken				
		Ude-kime-Nage	Irimi-Nage	Koshi-Nage	Kote-Gaeshi	Kote-mawashi
1	ohne Waffe Katate-Ryote-tori	●	●	○	●	●
2	Stab (Lanze) Shomen-tsuki	●	●	●	●	●
3	Messer (Tanto) Yokomen-uchi	●	○	● (kote-hineri)	●	●
4	Schwert (Katana) Shomen-uchi	●	●	○	●	○

● = *Ausführung der Endphase erfolgt in Irimi*
○ = *Ausführung der Endphase erfolgt in Tenkan*

Bedeutung der Kata
Wahl und Anordnung der Gruppen und Techniken dieser Kata zeigen die Ein-heit in der Vielfältigkeit auf und machen somit die Universalität des Aikido deut-lich.

Die Kata ist aber auch symbolhafte Dar-stellung des Weges aller Aikidoka im technischen Bereich, da ihre Gruppen den Ausbildungsschwerpunkten des ersten bis vierten Dan-(Meister-)Gra-des (ohne Waffen, Stab, Messer und Schwert) entsprechen. Sie stellt be-sondere Anforderungen an die Aus-

übungen und sollte nicht vor dem Errei-chen des zweiten Dan vermittelt bezie-hungsweise praktiziert werden.

Die effektive Anwendung von Aikido-Techniken gegen Angriffe mit Waffen ist nur möglich, wenn Nage die Grund-schule gut beherrscht und ständig ver-bessert. Die wechselnden Distanzen (Ma-ai), die sich aus der jeweiligen Art des Angriffs und der Waffe ergeben, er-fordern ein hohes Maß an Flexibilität. Die Gefährlichkeit der Angriffe, die un-terschiedlichen Formen der Bewegung (Sabaki) und die komplizierten verbindenden Elemente zwingen zur ausdauernden Konzentration.

Körperhaltung, Bewegung und Technik machen Nages geistige Kraft (Ki) sichtbar. Nur wenn er sich seelisch und körperlich in der rechten Mitte befindet, wird er jene innere Gelassenheit und äußere Bereitschaft erkennen lassen, die den Meister auszeichnet.

Die von Uke im gefährlichen Angriff demonstrierte böse Entschlossenheit und das souveräne Handeln des unbewaffneten Verteidigers machen die Aufhebung der Gegensätze und damit ein fundamentales Prinzip des Aikido deutlich. Diese Form der Abwehr bewaffneter Angreifer wird auch von Laien begeistert aufgenommen. Sie ist daher ein hervorragendes Werbemittel für Aikido. Trotz der scheinbar spektakulären Inhalte handelt es sich jedoch um eine stille Form, die von den Ausübenden ein hohes Maß an Hingabebereitschaft und Selbstlosigkeit verlangt. Gerade in dieser Kata drückt sich die Meisterschaft in der Liebe zum Detail aus; die einfachen Techniken sind Ausdruck der positiven inneren Einstellung zum Aikido.

Wer die Form der Abwehr bewaffneter Angreifer pflegt, dient dem Aikido und findet sich selbst in hohem Maße gefördert. Sie gehört zum Prüfungsprogramm des dritten Dan-Aikido.

6.3.4.4 Form der Koordination (Jo-Kata)

Inhalt der Kata

Bei dieser Kata wird ein Stab (eine Lanze) als Waffe für den Angriff und zur Verteidigung in schneller Folge und in verschiedenen Ebenen um die Körperachse geführt. Da sich der Ausführende gleichzeitig in Gleit-(Ashi-) und Drehschritten (Tai-sabaki) bewegt, beschreibt das Stabende (die Lanzenklinge) neben den Stößen verwickelte Kreis- und Spiralbewegungen.

Bedeutung der Kata

Die Form der Koordination wurde nicht in das Prüfungsprogramm der Europäischen Aikido-Union aufgenommen, da sie eine Reihe von Angriffstechniken beinhaltet, die dem Wesen des Aikido widersprechen. Die Kata enthält jedoch alle für das Aikido so bedeutsamen Formen der Bewegung (Sabaki) und trainiert und koordiniert sowohl die Schwerthand (Tegatana) als auch das Körperzentrum (Hara). Sie kann daher für die technische Entwicklung fortgeschrittener Aikidoka durchaus von Nutzen sein.

Es ist jedoch wichtig, daß der Praktikant die Kata nur als körperliche Übung betrachtet und insbesondere bei den Angriffstechniken auf eine geistige Zuwendung (Vorstellung) verzichtet, da sonst eine dem Aikido wesensfremde aggressive Gesinnung ausgebildet wird, die den Aikidoka nicht nur in seiner weiteren Entwicklung hemmen, sondern unter Umständen auch den Erfolg einer vieljährigen Arbeit zunichte machen würde. Wird die Form mit dieser Einschränkung, als eine Folge von allein körperlich vollzogenen Techniken, praktiziert, vermag sie natürlich nicht den Weg (Do) des Aiki zu fördern. Insofern kann man bei dieser Form eigentlich nicht von einer Kata im Sinne der einleitenden Begriffsbestimmung sprechen.

6.3.5 Beurteilung der Kata

Die Beurteilung des technischen Inhaltes einer Kata ist in der Regel problemlos, wenn die Prüfer dem Vortrag aufmerksam folgen und über gediegene Kenntnisse und Erfahrungen verfügen. Schwieriger ist allerdings die Bewertung des Ausdrucks, da hier subjektive Beurteilungskriterien einfließen, die zum Teil notwendigerweise Geschmackssache sind. Über Geschmack läßt sich aber bekanntlich nicht streiten. Die Erfahrung lehrt aber, daß es unter autorisierten Fachleuten nur innerhalb vertretbarer Toleranzen (ungefähr eine halbe Prüfungsnote) zu differenzierten Bewertungen kommt, und dies auch nur im Bereich der mittleren Noten. Über (sehr) gute oder mangelhafte Leistungen hat es bisher noch niemals abweichende Auffassungen gegeben. Zudem ist durch den Einsatz von drei Prüfern der Ausgleich von Meinungsunterschieden, falls sie einmal auftreten sollten, gewährleistet. Dies mag alle Aikidoka beruhigen, die sich einem Prüfungsverfahren unterwerfen. So zeigen sich die von nicht ausreichenden Noten betroffenen Anwärter meist auch einsichtig, zumal sie gerade bei den Prüfungen eine Möglichkeit des direkten Vergleichs haben. Ausnahmen bestätigen allerdings auch hier die Regel — und das Urteil der Prüfer!

Bei der Demonstration einer Kata als Prüfungsaufgabe sind insbesondere zu bewerten:

● Beherrschung aller vorgeschriebenen Elemente und Techniken in klassischer Ausführung und festgelegter Form;

● Abgrenzung und Darstellung der bedeutenden Prinzipien (Irimi und Tenkan);

● Aufhebung der Gegensätze von Angriff und Verteidigung durch Harmonie (Ai) zwischen Nage und Uke;

● Ausstrahlung durch dynamische aber gewaltlose Aikido-Techniken (körperlich) sowie innere Gelassenheit und Emotionslosigkeit (geistig);

● Effektivität der Angriffs- und Verteidigungstechniken unter dem Aspekt der Selbstverteidigung;

● Rhythmus und Ausdruck der Kata sowie »Timing« bei Ausführung der Techniken.

6.3.6 Zusammenfassung

Aikido wird von Menschen praktiziert und durch sie interpretiert; es ist daher eine lebendige Kunst. Menschen können irren, auch wenn sie im guten Glauben handeln. Eine Abweichung vom wahren Weg (Do) des Aiki wäre die Folge. Schon aus diesem Grunde kann es über die Bedeutung der Kata keine geteilten Ansichten geben. Ihre Erforschung ist aber auch für alle Ausübenden von großem Nutzen und Ausdruck ihrer freiwilligen Bindung an das klassische Aikido und seinen Begründer. Indem sie sich mit den Elementen, Techniken und Prinzipien der Kata identifizieren, erhalten die Aikidoka einen tiefen Einblick in das Wesen des harmonischen Weges. Dies führt zur Selbstfindung und Bewußtseinserweiterung und letztlich zur Erleuchtung (Satori). Abschließend sei jedoch vermerkt, daß Kata nicht in allen Aikido-Organisationen vermittelt und geprüft werden.

7 Besondere Übungsformen

*Beim Bau eines Hauses kann man nicht
am Dach beginnen.
Wie sollte es im Aikido anders sein?*

Zur weiterführenden oder zielgerichteten Ausbildung der fortgeschrittenen Aikidoka gibt es besondere Übungsformen. Sie enthalten ausgewählte Grundtechniken, die in reiner oder modifizierter Form unter erschwerten äußeren Bedingungen trainiert werden und an die Ausübenden hohe Anforderungen stellen. Das intensive Studium dieser Übungen führt nicht nur zu einer Verbesserung aller in ihnen enthaltenen Elemente, Techniken und Prinzipien des Aikido sowie ihres Zusammenspiels, sondern vermittelt auch neue Fertigkeiten und Erfahrungen. Insbesondere erwirbt der Verteidiger ein ausgeprägtes Gefühl für die Beziehungen zwischen Raum, Zeit und Bewegung. Er verbessert die Fähigkeiten der Wahrnehmung, Konzentration und Spontaneität, stärkt seine geistige Kraft (Ki) und erfährt die Grenzen der eigenen Leistungsfähigkeit neu.

Die besonderen Übungsformen sind dem Ausbildungs- und Prüfungsprogramm der Meister zugeordnet. Ihre Vermittlung ist nur dann möglich und zweckmäßig, wenn Nage und Uke alle Elemente und Grundtechniken des Aikido sicher beherrschen. Wird diese wichtige Voraussetzung mißachtet, tritt eine Überforderung ein, die in jedem Fall die kontinuierliche Entwicklung der betroffenen Aikidoka hemmt und nicht selten sogar zu erheblichen Rückschritten führt.

7.1 Shikko (Kniegehen und -drehen)

Die Bodentechniken (Katame-Waza) und alle besonderen Übungsformen im Kniesitz (Hanmi-hantachi, Suwari-Waza) können nur dann wirksam ausgeführt werden, wenn Nage und Uke im Kniegehen (Shikko) geübt sind. Bei dieser für Europäer ungewohnten Übungsform befindet sich das Körperzentrum immer in der Nähe des Bodens. Es muß bei allen Bewegungen und Drehungen in natürlicher Weise eingesetzt werden, da der Ausführende sonst sein Gleichgewicht verliert.

Das Kniegehen hat auch einen hohen gymnastischen Stellenwert, denn es belastet die gesamte Muskulatur der Beine, fördert die Beweglichkeit aller Gelenke und stärkt den Kreislauf. Eine Überbelastung der stark beanspruchten Knie ist jedoch zu vermeiden.

Das Kniegehen und -drehen kann zur Gewöhnung beziehungsweise als Vorübung für das Training der Bodentechniken (Katame-Waza) in angemessenem zeitlichen Umfang bereits von Schülern geübt werden.

Kniegehen auf der Linie
Aus dem Aikido-Sitz (Za-ho) bringt der Ausführende das linke Bein mit schräggestelltem Unterschenkel in die Bewegungsrichtung und schlägt gleichzeitig den rechten Unterschenkel mit aufgestellten Zehen quer dazu unter das Gesäß. Dabei werden die Schwerthände korrekt eingesetzt (Abb. 471, 472).

Nun schiebt er sein Körperzentrum nach vorn, bis das linke Knie sanft die Matte berührt (Abb. 473).

Ohne Verzug und wie beschrieben, werden nun das rechte Bein vorgebracht und der linke Unterschenkel eingeschlagen (Abb. 474).

Nach vollzogenem Abknien schließen sich die weiteren »Schritte« sinngemäß an (Abb. 475, 476).

Es ist wichtig, daß eine gleichförmige Bewegung des Körperzentrums auf der Linie zum Zielpunkt entsteht.

Kniegehen mit Körperdrehungen
Diese Form des Shikko stellt hohe Anforderungen an das Bewegungsgefühl und den Gleichgewichtssinn. Sie wird daher erst nach längerem Training beherrscht.

Der Ausführende leitet die Körperdrehung bereits beim ersten »Schritt« ein (Abb. 477, 478). Er bringt das rechte Knie sofort in Bewegungsrichtung auf die Matte, verlagert sein Zentrum auf diesen Punkt und setzt die Drehung ohne Unterbrechung fort (Abb. 479, 480). Sie wird durch das Öffnen und Aufstellen des linken Beines vollendet (Abb. 481, 482).

Werden mehrere Drehungen nacheinander durchgeführt, muß sich das Zentrum des Ausübenden wie ein Kreisel gleichförmig auf der Linie bewegen.

Zu 7.1

Shikko
(Kniegehen auf der Linie)

471

474

472

475

473

476

Zu 7.1

Shikko
(Kniegehen mit Körperdrehungen

7.2 Hanmi-hantachi (Boden/Stand)

Bei dieser Übungsform befindet sich Nage im Aikido-Sitz (Za-ho) und wird von Uke in aufrechter Körperhaltung angegriffen.

Durch die unterschiedlichen Wirkungsebenen der Ausführenden und die eingeschränkten Bewegungsmöglichkeiten des Verteidigers entstehen zunächst technische Probleme. Die Polarität zwischen Angreifer und Verteidiger wird durch ihre gegensätzlichen äußeren Zustände (Ruhe – Bewegung) anscheinend verstärkt. Nage stellt jedoch bald fest, daß der Angreifer seine überlegene Stellung aufgeben muß, wenn er ihn wirksam treffen will, während er selbst sich in einer starken – da bodennahen – Stellung befindet. Er erfährt auch, daß der richtig eingenommene Aikido-Sitz (Za-ho) jederzeit ein dynamisches Wirken nach allen Seiten zuläßt.

Voraussetzung zur Durchführung einer zweckmäßigen Ausweichbewegung und wirksamen Anschlußtechnik ist, daß der Verteidiger die Formen des Kniegehens sicher beherrscht. Da zudem jeder Fehler unweigerlich zum Verlust des Gleichgewichts und damit zur Aktionsunfähigkeit führt, muß Nage die Techniken in korrekter Distanz und mit starkem Einsatz des Zentrums vollziehen. Beide Elemente werden dadurch in besonderem Maße gefördert.

Yokomen-uchi – Shiho-Nage (Irimi) (Schräger Schlag von vorne – Schwertwurf)

Der im Kniesitz (Za-ho) befindliche Verteidiger wird von Uke aus der Bewegung mit einem schrägen Schlag angegriffen (Abb. 483, 484). Durch den Einsatz der linken Schwerthand (Tegatana) und eine Drehung auf dem rechten Knie weicht er dem Angriff aus. Dabei führt Nage den Schlagarm vor seine Körpermitte und übernimmt ihn dort mit der rechten Hand (Abb. 485–487).

Der Verteidiger stört Ukes Gleichgewicht durch die kreisförmige Weiterleitung der Angriffsbewegung. Hierzu tritt er mit dem linken – aufgestellten – Bein ein, vollzieht eine Körperdrehung auf der Stelle und führt den »Schwertschlag« aus. Letzterer wird durch die Bewegung des Körperzentrums nach vorn verstärkt (Abb. 488–491).

Uke führt eine schulmäßige Rolle rückwärts (Ushiro-Ukemi) aus (Abb. 492, 493).

Es ist sehr wichtig, daß die Energie des Schlages in einer durch die Angriffsgeschwindigkeit bestimmten gleichförmigen und runden Bewegung weitergeleitet und in das Zentrum des Angreifers zurückgeführt wird.

Zu 7.2

Angriff:
Yokomen-uchi

Abwehr:
Shiho-Nage

Prinzip:
Irimi

Zu 7.2

Angriff:
Kote-hineri (sankyo)

Prinzip:
Tenkan

Shomen-uchi – Kote-hineri (Tenkan)
Gerader Schlag von vorn –
Handdrehhebel-Haltegriff)

Nage weicht dem Angriff durch eine Körperdrehung auf dem linken Knie aus und führt den Schlagarm mit seiner rechten Schwerthand (Tegatana) so vor das eigene Körperzentrum, daß der Griff gewechselt werden kann. Uke wird durch diese unerwartete Reaktion zunächst geradlinig beschleunigt (Abb. 494–496).
Der Verteidiger tritt nun mit dem rechten Knie in das Bewegungszentrum, verdreht dabei den rechten Arm des Angreifers und führt ihn aus starker Stellung spiralförmig um die eigene Körpermitte nach unten (Abb. 497–499).

Ist Ukes Gleichgewicht gebrochen, setzt Nage seine zweite Hand unterstützend von oben ein und vollzieht auf dem linken Knie nochmals eine ausweichende Drehung. Er lenkt den Angreifer in das dadurch entstandene »Vakuum« und bringt ihn zu Boden (Abb. 500–502).
Nage übernimmt die Schlaghand und beendet die Technik durch einen schulmäßig ausgeführten Handdrehhebel-Haltegriff (Abb. 503, 504).
Diese Technik ist sehr wirksam, wenn Nage seine Bewegungen genau zentriert und den Angreifer in der Phase des gestörten Gleichgewichts und in der Bodenlage ständig über den Drehhebel kontrolliert.

7.3 Suwari-Waza (Techniken im Kniesitz)

Diese von beiden Aikidoka im Kniesitz praktizierten Übungen dienen zur Schulung und Koordination von Bewegung (Sabaki) und Atemkraft (Kokyu). Eine wirksame Ausführung der »dynamischen Atemkraftübungen« ist nur dann möglich, wenn Nage eine gute Distanz zum Partner hat, die Drehungen genau zentriert, alle Kraft- und Richtungswechsel weich ausführt und seine Körpermitte einsetzt, die im besonderen Maße gestärkt wird.
Der Verteidiger darf niemals gegen Uke arbeiten, sondern muß in jeder Phase das ergänzende Prinzip (Irimi oder Tenkan) anwenden, wobei die bewegungssynchrone Atmung von erfolgsbestimmender Bedeutung ist.

Weitere Ausführungen können dem Abschnitt 6.3.4.2 (Zweite Form der Aikido-Prinzipien am Boden) entnommen werden. Sie gelten uneingeschränkt auch für die im Kniesitz ausgeführten »Standtechniken«, zum Beispiel Irimi-Nage, Kaiten-Nage (soto), Tenchi-Nage.

Shomen-uchi – Irimi-Nage (Irimi)
(Gerader Schlag von vorn –
Eingangswurf)

Wenn Uke zum Angriff ausholt, erhebt Nage die rechte Schwerthand (Tegatana) und schiebt sein linkes Knie schräg nach vorn (Abb. 505–507).

Zu 7.3

Angriff:
Shomen-uchi

Abwehr:
Irimi-Nage

Prinzip:
Irimi

507

505

508

506

509

510

513

511

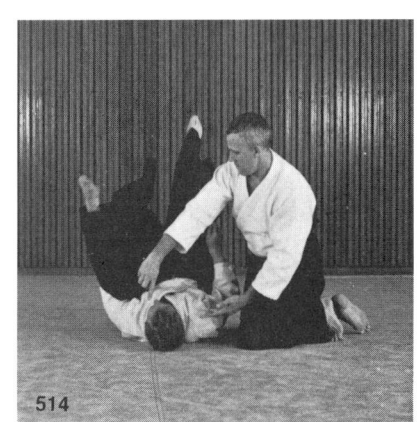

514

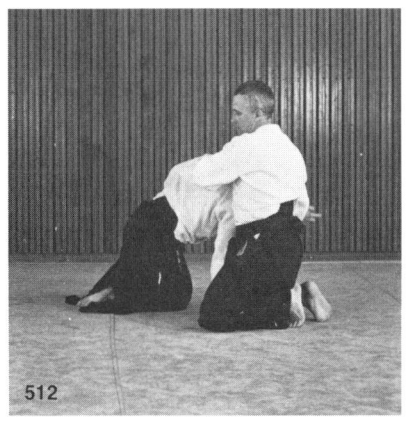

512

515

Im Augenblick des Schlages dreht sich der Verteidiger auf dem linken Knie nach außen und verläßt so die Wirkungslinie. Er erfaßt Uke mit der freien linken Hand im Nacken, verstärkt den Druck seiner rechten Schwerthand nach unten und führt ihn an seine rechte Schulter. Dabei atmet Nage hörbar und langgezogen ein (Abb. 508–510).

Die freigesetzte Energie wird durch den engen Körperkontakt auf Uke übertragen. Er muß der Drehung folgen und verliert sein Gleichgewicht (Abb. 511, 512).

Will sich der Angreifer wieder aufrichten, ändert Nage die Bewegungsrichtung, führt die rechte Schwerthand in einer vertikalen Ebene zum Boden und unterstützt den »Eingang« durch einen verstärkten Zug mit der linken Hand und betontes Ausatmen. Uke rollt über die linke Schulter direkt in den Kniesitz und greift sofort mit der linken Hand neu an (Abb. 513–515).

Drängt der Angreifer in der Endphase (Abb. 512) weiter nach vorn, kann Nage durch eine Drehung auf seinem rechten Knie ausweichen und den Abwurf in negativer Form (Tenkan) durchführen.

Shomen–tsuki – Kote-mawashi (Tenkan)
(Gerader Stoß von vorn – Armdrehhebel-Haltegriff)

Dem kraftvollen und auf einer geraden Linie zur Körpermitte geführten Fauststoß weicht Nage durch eine schnelle Drehung auf dem rechten Knie aus. Dabei vollzieht er mit seiner rechten Hand eine »wischende« Bewegung in Stoßrichtung, erfaßt die Faust von oben und zieht Uke nach vorn, so daß dieser sein Gleichgewicht verliert (Abb. 516–518).

Will der Angreifer wieder eine stabile Stellung einnehmen, muß er seine rechte Faust zurückziehen. Nage folgt dieser Bewegung und leitet die schmerzhafte Beugung des Handgelenkes ein (Abb. 519, 520).

Anschließend senkt er sein Zentrum schräg nach rückwärts und überträgt den Druck auf Ukes Z-förmig abgewinkelten Arm (Abb. 521).

Der Angreifer könnte durch Verstärkung dieser Bewegung in die Bauchlage gebracht und dort sicher neutralisiert werden. In der schulmäßigen Ausführung wird der Griff jedoch gelöst, so daß Uke sich reflexartig wieder aufrichtet. In diesem Augenblick tritt Nage mit seinem linken Knie erneut ein und überträgt den dabei entstehenden Druck auf den Widerstand leistenden Uke. Durch die sofort angeschlossene Ausweichbewegung – Drehung auf dem linken Knie! – fällt der Angreifer um Nages Zentrum spiralförmig auf die Matte (Abb. 522–526).

Der Verteidiger wechselt erneut die Drehrichtung, bringt den Arm durch einen »Schritt« in die Endstellung und führt dort nochmals einen Armdrehhebel-Haltegriff aus (Abb. 527–529).

Bei dieser Technik werden die Prinzipien und Bewegungs- beziehungsweise Drehrichtungen wiederholt gewechselt. Dies erklärt ihren hohen Schwierigkeitsgrad ebenso wie ihren Nutzen zur Ausbildung der fortgeschrittenen Aikidoka.

Zu 7.3

Angriff:
Shomen-tsuki

Abwehr:
Kote-mawashi (nikyo)

Prinzip:
Tenkan

521

524

522

525

523

526

Noch 7.3: (Shomen-tsuki –
Kote-mawashi)

7.4 Mehrfachangriffe

7.4.1 Verteidigung gegen Doppelangriff

In diese Kategorie fallen alle Techniken, bei denen Uke den Verteidiger zunächst erfaßt, um dann einen Schlag oder Stoß ausführen zu können. Selbstverständlich läßt sich der erste, relativ harmlose Angriff durch eine Ausweichbewegung oder Technik verhindern. Ein Verzicht darauf kann jedoch besonders bei bewaffneten Angreifern nützlich sein, da nun die Distanz (Ma-ai) festgelegt ist. Daneben hat Uke seine Angriffsmöglichkeiten eingeschränkt, was die Verteidigung erleichtert.

Voraussetzung zur wirksamen Abwehr ist jedoch, daß Nage sich voll auf den gefährlichen Folgeangriff konzentriert und nur solche Techniken anwendet, die den zwingenden Einsatz des Körperzentrums auf engem Raum erlauben.

Führt Uke die Angriffe in starker Form (Kakari-Geiko) aus, kann Nage die Zweckmäßigkeit und Wirkung einzelner Verteidigungstechniken prüfen. Dabei gewinnt er neue Erkenntnisse über seine technischen und körperlichen Möglichkeiten und deren Grenzen. Jeder gute Aikido-Meister wird seinen Schülern zunächst *große* Bewegungen vermitteln, damit sie die in ausgeprägter Form dargelegten Inhalte mit ihrem Körper auch erkennen, begreifen und aufnehmen können.

Die Entwicklung der Aikidoka besteht ab 3. Dan in technischer Hinsicht unter anderem darin, daß alle Bewegungen zunehmend »verdichtet« werden. Hoch-

graduierte Meister können ihre Ki daher trotz scheinbar unbewegter Mitte doch explosiv übertragen und Wirkungen herbeiführen, die Angreifer und Beobachter gleichermaßen verblüffen.

Mune-tori / Shomen-tsuki –
Ude-kime-Nage (Irimi)
(Griff zum Revers / Gerader Stoß von vorn – Ellenbogenstreckhebel-Wurf)

Nage läßt den Griff zum Revers zu und erwartet den Folgeangriff in natürlicher Stellung (Shizentai). Im Augenblick des – simulierten – Messerstoßes von unten zur Körpermitte (Chudan) führt der Verteidiger eine Drehung auf der Stelle aus und gleitet dabei etwas nach rückwärts. Während dieser Ausweichbewegung wird die »Waffenhand« von oben erfaßt und in Stoßrichtung soweit am Körperzentrum vorbeigeleitet, bis Ukes Gleichgewicht gestört ist (Abb. 530–532).

Der Verteidiger zieht Ukes rechten Arm gestreckt nach oben und tritt mit einem Gleitschritt (Tsugi-ashi) in die geöffnete – labile – Stellung ein (Abb. 533, 534). Zum anschließenden Abwurf bringt Nage seine linke Schwerthand (Tegatana) durch eine Hüftdrehung zum Einsatz und zieht Ukes »Waffenhand« auf das eigene Zentrum. Dadurch werden Verletzungen ausgeschlossen.

Der Angreifer muß dem Druck des Ellenbogenstreckhebels nachgeben, löst den Griff und rollt nach vorn (Mae-Ukemi) ab (Abb. 535–537).

Zu 7.4.1

Angriff:
Mune-tori/Shomen-tsuki

Abwehr:
Ude-kime-Nage

Prinzip:
Irimi

535

536

537

Mune-tori / Yokomen-uchi –
Ude-kime-osae (Tenkan)
(Griff zum Revers /
Schräger Schlag von vorn –
Ellenbogenstreckhebel-Haltegriff)

Uke ergreift Nage am Revers und holt
sofort zum schrägen Schlag (Yokomen-uchi) aus. Der Verteidiger kann
keine ausweichende Bewegung durchführen und tritt bei korrekt geführter
Schwerthand (Tegatana) daher entschlossen mit einem Gleitschritt (Tsugi-ashi) ein (Abb. 538–540).
Nage erfaßt den im Schlagansatz ge-
stoppten Arm des Angreifers mit seiner
freien rechten Hand und vollzieht einen
großen Übersetzschritt (Ayumi-ashi)
mit anschließender Doppelschrittdrehung (Tai-sabaki). Dadurch gelangt er
hinter Uke, bricht dessen Gleichgewicht
und führt ihn um das eigene Zentrum.
Den gestreckten Schlagarm klemmt
Nage unter seine linke Achsel (Abb.
541–544).
In dieser Phase der vorübergehenden
Neutralisation nimmt Nage seine linke
Hüfte zurück. Der dabei entstehende
und zwingende Ellenbogen- und Schul-
terhebel wird durch das Abbeugen des
Handgelenks verstärkt. Uke fällt auf den
Boden und kann dort mit einem schulmäßig ausgeführten Armdrehhebel-
Haltegriff (Kote-mawashi) festgelegt
werden (Abb. 545–548).

Zu 7.4.1

Angriff:
Mune-tori/Yokomen-uchi

Abwehr:
Ude-kime-osae

Prinzip:
Tenkan

540

538

541

539

542

543

546

544

547

545

548

7.4.2 Verteidigung gegen zwei Angreifer

Beim Randori gegen zwei oder mehrere Angreifer treten erhebliche Koordinationsprobleme auf, da Rhythmus und Art der Angriffe ständig wechseln. Eine wirksame Abwehr setzt unter anderem die Freiheit der Bewegung (Sabaki) voraus. Die dabei zu beachtenden Grundsätze wurden im Abschnitt 6.2.3 behandelt. In den nachfolgenden Beispielen wird Nage jedoch von zwei Angreifern festgehalten, ist also in seinen Bewegungsmöglichkeiten eingeschränkt.

Durch das Training mit ständig wechselnden Partnern erfahren alle Ausübenden auf natürliche Weise, daß sich auch körperlich schwächere Aikidoka mit zwingenden Techniken durchsetzen können. Sie nehmen fortan jeden Angreifer ernst und vermeiden verhängnisvolle Fehleinschätzungen im Ernstfall.

Ebenso wichtig ist es jedoch, Verfahren zur wirksamen Abwehr mehrerer Angreifer zu entwickeln, damit der Verteidiger auch unter erschwerten Bedingungen die Freiheit der Bewegung und damit des Handelns schnell wieder gewinnt. Der Begründer des Aikido, O-Sensei Morihei Uyeshiba, riet, daß man einen Angreifer wie mehrere und mehrere Angreifer wie einen behandeln müsse.

Der Verteidiger soll seine Ki also immer konzentriert und zielgerichtet einsetzen. Dies ist unter den gegebenen Voraussetzungen erst möglich, nachdem beide Partner vor dem eigenen Zentrum zusammengeführt wurden. Die Techniken richten sich dann gegen einen Angreifer und sind so anzusetzen, daß der zweite Angreifer gleichfalls geworfen oder neutralisiert wird. Um dies leisten zu können, muß Nage einen ausgeprägten Bewegungsinstinkt besitzen, über eine starke »Mitte« sowie geübte Schwerthände (Tegatana) verfügen und alle Formen der Bewegung (Sabaki) gut beherrschen.

Diese besondere Übungsform wird im Bereich des Deutschen Aikido-Bundes e.V. bei der Prüfung zum 5. Dan gefordert. Man kann daraus ersehen, daß bei dieser Übung ein hohes technisches Niveau vorausgesetzt werden muß.

Katate-Ryote-tori –
Shiho-Nage (Irimi)
(Zwei Hände fassen ein Handgelenk – Schwertwurf)

Nage wird von den Angreifern an beiden Armen festgehalten und nimmt zunächst die natürliche Stellung (Shizentai) ein. Er wendet sich dem rechten Angreifer mit einer kurzen Körperdrehung zu, »arretiert« seine rechte Schwerthand (Tegatana) vor dem Zentrum und führt sie dann zum linken Angreifer. Es ist in dieser Phase von großer Bedeutung, daß Nage seine Atemkraft (Kokyu) nur auf einen – in diesem Fall den rechten – Angreifer konzentriert. Dieser wird durch die kurze Bewegung in Richtung auf seinen Partner beschleunigt (Abb. 549–552).

Nach erfolgter Zusammenführung wendet sich der Verteidiger ausschließlich dem linken Angreifer zu, erfaßt ihn mit seiner rechten Hand am rechten Unterarm und führt einen schulmäßigen Schwertwurf (Shiho-Nage) in positiver Form (Irimi) aus. Das Körperzentrum

und die Schwerthand sind hierbei betont einzusetzen (Abb. 553–556).
Der abschließende »Schwertschlag« richtet sich zwar nur gegen den linken Angreifer, jedoch sind die Arme des rechten Angreifers so gefesselt und verhebelt, daß er zwangsläufig mit auf den Boden geführt wird (Abb. 557–559).

Katate-Ryote-tori –
Ude-osae (Tenkan)
(Zwei Hände fassen ein Handgelenk – Armstreckhebel-Haltegriff)

Für die Ausgangsstellung und Zusammenführung der beiden Angreifer gelten die zur vorstehenden Technik gemachten Ausführungen (Abb. 560–562).
Nage erfaßt dann den rechten Arm des linken Angreifers, schwingt seine Schwerthände (Tegatana) kreisförmig nach oben und tritt mit einem Übersetzschritt (Ayumi-ashi) schräg nach vorn neben die beiden Angreifer (Abb. 563, 564).
Nachdem der Verteidiger die Wirkungslinie verlassen und die Stellung geöffnet hat, tritt er mit seinem linken Bein zunächst hinter die beiden Angreifer und verlagert sein Zentrum auf diesen Drehpunkt (Abb. 565).
Bei der anschließenden Schrittdrehung nach rückwärts (Tenkan-ashi) ertsteht ein »Vakuum«, das den geführten – linken – Angreifer in die Kreisbewegung reißt (Abb. 566).
Er verliert das Gleichgewicht und fällt auf den gestreckten Arm seines Partners (Abb. 567).
Beide Angreifer werden durch Fortsetzung der Ausweichbewegung (Tenkan) in die Bodenlage gebracht (Abb. 568–570).
Diese Technik macht sehr eindrucksvoll deutlich, daß Nage auch »mehrere Angreifer wie einen behandeln« kann, wenn er ihre Ki durch die körperliche Zusammenführung auf einer Linie ausrichtet (koordiniert) und aus guter Stellung das ergänzende Prinzip – in diesem Falle Tenkan – anwendet. Die beiden Angreifer sind gleichsam durch ihre bösen Absichten miteinander verbunden und neutralisieren sich selbst.
Diese Erfahrung ist sicher für alle Ausübenden von großem Nutzen und kann auf andere Bereiche übertragen werden.

Zu 7.4.2

Angriff:
Katate-Ryote-tori
(zwei Angreifer)

Abwehr:
Shiho-Nage

Prinzip:
Irimi

551

549

552

550

553

554

557

555

558

556

559

Zu 7.4.2

Angriff:
Katate-Ryote-tori
(zwei Angreifer)

Abwehr:
Ude-osae (ikkyo)

Prinzip:
Tenkan

562

560

563

561

564

565

568

566

569

567

570

8 Anwendung des Aikido gegen bewaffnete Angreifer

Durch Waffen wird die Distanz zwischen den Menschen künstlich vergrößert. Ziel jeder Verteidigung im Aikido sollte daher die mit der Neutralisation und Entwaffnung des Angreifers verbundene Wiederherstellung einer natürlichen Distanz sein. Dies fördert die Bereitschaft zur Kooperation und verhilft dem Frieden zum Sieg über die Gewalt.

8.1 Allgemeines

Jeder Mensch kann seine Ki durch die Verwendung einer Waffe potenzieren. Insofern kann diese zum Werkzeug des Friedens oder der Gewalt werden. Das ständig wechselnde Rollenspiel zwischen Nage und Uke wird auch bei allen Trainingsformen mit Waffen praktiziert. Jeder fortgeschrittene Aikidoka übt sich folglich laufend im Gebrauch der eingesetzten klassischen Waffen (Stab, Lanze, Messer, Schwert) und erfährt die Möglichkeiten und Grenzen ihrer Anwendung. Dies ist sehr nützlich, da bei bekannter und richtig eingeschätzter Gefahr die zweckmäßigsten Verteidigungsmittel ausgewählt und eingesetzt werden können.

Jeder Lehrer ist aus diesen Gründen und in Übereinstimmung mit den Zielen des Aikido aber auch zur besonderen Sorgfalt verpflichtet. Er darf nur solche Aikidoka im Umgang mit Waffen ausbilden, die ihre positiven Persönlichkeits- und Charaktereigenschaften über lange Jahre bewiesen haben.

Die Fähigkeit zum handwerklichen beziehungsweise körperlichen Vollzug von Selbstverteidigungstechniken reicht im Ernstfall nicht aus, einen bewaffneten und entschlossenen Angreifer abzuwehren. Die in der Grenzsituation bewußt abgeschätzte oder instinktiv erahnte Gefahr für Leib und Leben führt bei fehlender innerer Stabilität zum »lähmenden Entsetzen«. Es ist daher erforderlich, daß alle Angriffe realistisch vorgetragen und vom Verteidiger – auch bei Verwendung von Übungswaffen –

unter voller geistig-seelischer Zuwendung mit einfachen, aber wirksamen Techniken abgewehrt werden. Die Mobilisierung und Stärkung aller inneren Kräfte, die beim spielerischen Üben meist nicht aktiviert werden, ist dabei erfolgsbestimmend.

Aus Selbstgefälligkeit und Imponiersucht wird manchmal der Eindruck erweckt, daß die Techniken der jeweils vertretenen Selbstverteidigungssportart uneingeschränkt zur sicheren Abwehr bewaffneter Angreifer geeignet sind. Dies ist nicht nur objektiv falsch, sondern vermittelt dem gläubigen Schüler auch eine gefährliche Scheinsicherheit, die seine natürlichen Schutz- und Abwehrinstinkte einschläfert oder gar blockiert. Im Ernstfall kann es so zu verhängnisvollen Fehlreaktionen kommen.

Es leuchtet sicher ein, daß ein unbewaffneter Körper nur dann als Mittel für Angriff oder Verteidigung eingesetzt werden kann, wenn die hierzu notwendige Distanz (Mai-ai) vorhanden ist. Ein im kampfmäßigen Schießen mit der Faustfeuerwaffe geübter und reaktionsschneller Schütze kann jedoch über eine Distanz von bis zu 12 Metern auf seine Treffsicherheit vertrauen.

Man sollte sich bei Beurteilung und Abwägung seiner Chancen nicht darauf verlassen, daß dem Angreifer auch Fehler unterlaufen. Der Erfolg jeder guten Selbstverteidigung setzt vielmehr eine realistische Einschätzung der *eigenen* Möglichkeiten voraus. Daher ist das Lehrprogramm im Aikido auf die Abwehr von Angriffen mit körpergebundenen Hieb- oder Stichwaffen (-werkzeugen) beschränkt.

Ist die unmittelbare Einwirkung auf den Angreifer wegen der unüberwindbaren Distanz ausgeschlossen oder vorübergehend eingeschränkt, können die durch das Aikidotraining vermittelten Prinzipien und Verhaltensnormen natürlich von großem Nutzen sein. Einen sicheren Schutz gegen bösartige und entschlossene Angreifer bieten sie jedoch nicht. Es ist daher unvermeidbar, daß sich auch friedliche Menschen bewaffnen, um ihre Ki zu verstärken. Der Begründer des Aikido, O-Sensei Morihei Uyeshiba, stellte dazu fest: »Wer immer bereit ist, muß seine Klinge nie unbesonnen einsetzen!«

Während seiner vieljährigen Vorbereitung auf den 1. Meistergrad hat sich der Aikidoka vorwiegend in der Abwehr unbewaffneter Angreifer geübt. Die Attacken wurden dabei aus einer gewohnten Distanz (Ma-ai) vorgetragen und verloren mit zunehmender Ausbildungszeit immer mehr an Bedeutung. Ziel der Bemühungen war die Herstellung der harmonischen Einheit von Geist und Körper und die Erlangung einer angemessenen inneren Stabilität. In diesem Stadium glaubt sich der Aikidoka vielleicht im Erkennen des rechten Augenblicks und in der intuitiven Anwendung der Prinzipien des Aikido geübt. Nach der Prüfung erkennt er jedoch bald, daß ein neuer Ausbildungsabschnitt beginnt, der ihn – wenn auch auf einer höheren Erkenntnisstufe – an den Ursprung zurückführt. Er steht bei der Abwehr von Angriffen mit Waffen vor Problemen, die mit dem bis dahin erworbenen Rüstzeug noch nicht bewältigt werden können; der Meister wird wieder zum Schüler! Die gefährliche Waffe fesselt den Geist und hemmt die körperliche Aktionsfähigkeit. Distanz, Timing und Griff haben sich verändert; sie müssen neu erfahren werden. Manche Technik, die bisher gelöst und sicher ausgeführt wurde, wirkt nun verkrampft und unvollkommen.

Die Liebe zum Aikido und das Interesse an der neuen Aufgabe werden den Meister in der Regel jedoch motivieren, auf dem steilen Weg des Aiki weiter voranzuschreiten, Stufe um Stufe. Die ab 1. Dan vermittelte Anwendung des Aikido gegen unterschiedliche bewaffnete Angreifer hat daher nicht nur eine praktische Bedeutung, sondern ist auch für die weitere geistig-seelische und technische Entwicklung der Meister von großem Nutzen.

Die nachfolgenden Beispiele beweisen, daß viele Grundtechniken in unveränderter Form auch zur wirksamen Abwehr bewaffneter Angreifer eingesetzt werden können – eine Folge der Universalität des Aikido. Diese Tatsache soll alle Ausübenden motivieren, die Anwendbarkeit der in den Abschnitten 6.1.2 und 6.1.3 vorgestellten Stand- und Bodentechniken zu prüfen. Dabei können auch die an dieser Stelle nicht behandelten Angriffsarten berücksichtigt werden.

Eine umfassende Bearbeitung dieses für gefährdete Berufsgruppen und Freunde der angewandten Selbstverteidigung wichtigen Gebietes ist vorgesehen.

Die in Abschnitt 8.6 vorgestellte Abwehr eines Angriffes mit dem Schwert (Katana) durch Einsatz des Stabes ist dem Prüfungsprogramm des 5. Dan entnommen. Es sei herausgestellt, daß der Verteidiger die Waffe hier – wie in allen anderen Fällen – nur zur verstärkten Führung des Angreifers aus gesicherter Distanz (Ma-ai) einsetzt und nicht zu seiner Vernichtung.

8.2 Beschreibung und Charakterisierung der (Übungs-) Waffen

Durch die Verwendung einer körpergebundenen Waffe will der Angreifer die Verstärkung seiner Kraft, eine Konzentration der im Ziel freigesetzten Energie und die Vergrößerung der Distanz erreichen. Diese Faktoren sind bei Wahl und Ausführung der Abwehrtechniken zu berücksichtigen.

Die in unzähligen Formen vorhandenen Waffen und gefährlichen Werkzeuge lassen sich nach der Art ihres Einsatzes in Gruppen unterteilen. Beim Aikidotraining beschränkt man sich zwar auf die traditionellen japanischen Waffen der Samurai (Lanze, Messer, Schwert: Abb. 571), jedoch können die dabei gewonnenen Erfahrungen auf art- beziehungsweise anwendungsgleiche Waffen und gefährliche Werkzeuge übertragen werden.

Bei der *Lanze (Yari)* handelt es sich um eine Stoß- und Hiebwaffe. Sie wird mit

Zu 8.2

Beschreibung und Charakterisierung der (Übungs-) Waffen

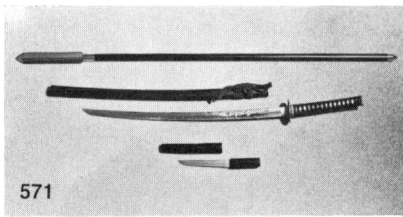

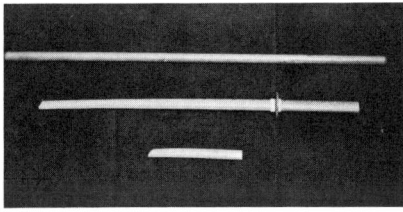

ihrer ca. 35 cm langen Klinge auch zum Schneiden eingesetzt. Der Schaft aus

Hartholz dient zur Abwehr von Schlägen und Stößen.

Das *Messer (Tanto)* wird auf kurzer Distanz zum Schneiden (Schlagen) und Stechen (Stoßen) verwendet. Die Hauptangriffsrichtung läßt sich am Griff erkennen. Ein geübter Kämpfer wird diesen bei Scheinangriffen jedoch blitzschnell wechseln, um die Stellung des Verteidigers zu öffnen.

Das *Schwert (Katana)* ist eine gefährliche Zweihandwaffe für den trennenden Schlag in verschiedenen Ebenen, die jedoch auch Stöße zuläßt. Alle beim Training mit dem Schwert erlernten Techniken und Prinzipien können auf andere Schlagwaffen (-werkzeuge) übertragen werden.

Aus Sicherheitsgründen werden im Aikidotraining Übungswaffen verwendet, die nach Abmessung, Form und Gewicht den Originalen entsprechen (Abb. 572).

8.3 Abwehr von Angriffen mit der Lanze (Stab)

Shomen-tsuki (quergehaltene Waffe) – Koshi-Nage (Tenkan)
Gerader Stoß mit quergehaltener Waffe – Hüftwurf)

Uke führt bei kurzer Distanz (Ma-ai) mit dem Lanzenschaft einen Stoß zum oberen Bereich (Jodan) des Verteidigers aus (Abb. 573, 574).
Stärke und Gefährlichkeit dieses spontanen Angriffes machen es erforderlich, daß Nage die durch seine Körperbewe-

gung freiwerdende Energie sofort auf den Angreifer überträgt.
Er verläßt sie Wirkungslinie vor dem Zentrum des Angreifers durch eine ausweichende – zugleich eintretenden – Schrittdrehung (Tenkan-ashi). Durch die dabei aus der bewegten Mitte – rechts nach oben und links nach unten – geführten Schwerthände (Tegatana) ist nun die Umlenkung und Weiterführung der Lanze möglich (Abb. 575, 576).
Der auf die Waffe fixierte Uke verliert

Zu 8.3

Angriff:
Shomen-tsuki
(quergehaltene Lanze)

Abwehr:
Koshi-Nage

Prinzip:
Tenkan

578

sein Gleichgewicht und wird durch verstärkten Einsatz der Hüfte geworfen (Abb. 577, 578).

Shomen-tsuki – Kote-Gaeshi (Irimi)
(Gerader Stoß von vorn – Handgelenkaußendrehwurf)

Uke überwindet die Distanz (Ma-ai) zum offen vor ihm stehenden Verteidiger durch einen Gleitschritt (Ashi-sabaki) und führt mit der Lanze (Yari) einen kraftvollen Stoß im mittleren Bereich (Chudan) aus.

Nage erwartet den Angriff in gelöster Stellung (Kamai), leitet die Abwehr im rechten Augenblick explosiv mit einer ausweichenden Schrittdrehung nach außen (Tenkan-ashi) ein und faßt dabei so über Ukes vordere Waffenhand, daß diese blockiert ist (Abb. 579–581). Da er die Drehung der eigenen Mitte bei »geistiger Abwendung« unverzüglich fortsetzt, wird Uke auf einer Kreisbahn extrem beschleunigt und »entleert«. Während dieser Bewegung atmet Nage ein (Abb. 582–584).

Die Gegenbewegung wird von Nage dann durch einen schmerzhaften Handgelenkbeugehebel eingeleitet, wenn Uke sich zur Stabilisierung seines Gleichgewichts wieder aufrichten will (Abb. 585, 586).

Uke fällt rückwärts auf den Boden, wird durch Verstärkung des Hebels in die Bauchlage gebracht und anschließend entwaffnet (Abb. 587–589).

Gerade diese Serienbilder zeigen sehr deutlich, daß die Stärke der Abwehr beim Aikido unmittelbar durch die Wucht des Angriffs bestimmt wird. Dadurch ist die Verhältnismäßigkeit der Mittel auf natürliche Weise gegeben.

Zu 8.3

Angriff:
Shomen-tsuki (Lanze)

Abwehr:
Kote-Gaeshi

Prinzip:
Irimi

581

579

582

580

583

8.4 Abwehr von Angriffe mit dem Messer (Tanto)

Shomen-uchi – Kote-hineri (Irimi)
(Gerader Schlag von vorn –
Handdrehhebel-Haltegriff)

Nage erwartet den Angriff in Rechtsstellung (Migi-Kamae) und verläßt die Wirkungslinie im Augenblick des Schlages durch ein schräg nach vorn eintretendes Fußgleiten (Tsugi-ashi), dem eine Doppelschrittdrehung (Tai-sabaki) angeschlossen wird. Dabei benutzt er seine vordere Schwerthand (Tegatana) zur Ablenkung und Weiterführung des Schlagarmes, wodurch Ukes Körper bei gestörtem Gleichgewicht beschleunigt wird (Abb. 590–593).

Mit einer plötzlichen Gegendrehung taucht Nage unter den Waffenarm des Angreifers hindurch und verdreht diesen so, daß alle Gelenke blockiert sind. Uke wird abrupt gestoppt und von Nage unter Zurücknahme des Zentrums zu Boden gebracht (Abb. 594–597).

Nage neutralisiert den Angreifer in seiner hilflosen Lage und entwaffnet ihn durch Verstärkung des Drehhebels nach vorherigem – kontrolliertem – Griffwechsel (Abb. 598–600).

Shomen-tsuki- Kote-mawashi (Irimi)
(Gerader Stoß von vorn –
Armdrehhebel-Haltegriff)

Geübte Messerkämpfer bevorzugen diesen schnellen Stoß auf der geraden Linie (Shomen-tsuki) im mittleren Bereich (Chudan) nach einer öffnenden Finte.

Nage erwartet den Angriff gelöst in offener Stellung und nimmt sein Zentrum im Augenblick des Stoßes durch Übersetzschritt (Ayumi-ashi) zurück. Diese Körperdrehung muß verzugsfrei und explosiv aus der Mitte erfolgen. Sie wird von Nage durch eine »wischende« Bewegung aus der rechten Hand in Richtung auf das eigene Zentrum unterstützt. Dabei umfaßt er die Waffenhand und führt Ukes Stoß über den Körperschwerpunkt hinaus (Abb. 601, 602).

Wenn der Angreifer das gestörte Gleichgewicht wieder korrigieren will, bringt Nage sein Zentrum durch Körperdrehung auf der Stelle in die neue Wirkungsrichtung und führt danach sofort einen Gleitschritt (Tsugi-ashi) aus. Ukes Handgelenk wird stark gebeugt und verdreht, so daß er in der Hüfte nach vorn abknickt. Mit seiner freien Hand kann Nage nun den Ellenbogen des Waffenarmes umfassen und Uke noch besser kontrollieren (Abb. 603, 604).

Der Verteidiger bewegt sich nun mit drei kleinen Übersetzschritten (Ayumi-ashi) nach vorn und überträgt seine Ki über das gebeugte Handgelenk und den Ellenbogen, so daß Uke schräg nach vorn auf den Boden fällt (Abb. 605–607).

In der Endphase wird der Angreifer schulmäßig am Boden festgelegt und durch Verstärkung des Handgelenkhebels entwaffnet (Abb. 608–611).

Zu 8.4

Angriff:
Shomen-uchi (Messer)

Abwehr:
Kote-hineri (sankyo)

Prinzip:
Irimi

595

598

596

599

597

600

Zu 8.4

Angriff:
Shomen-tsuki (Messer)

Abwehr:
Kote-mawashi (nikyo)

Prinzip:
Irimi

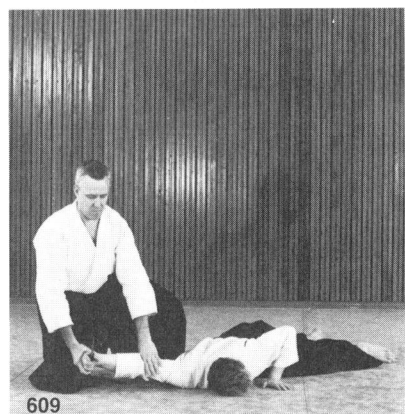

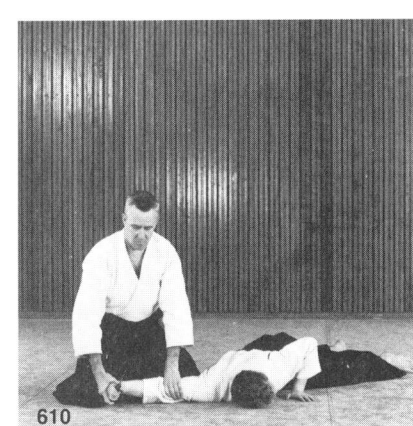

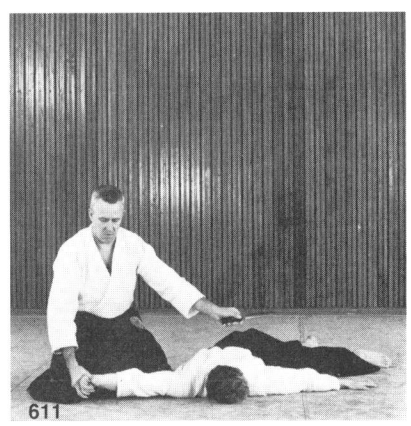

8.5 Abwehr von Angriffen mit dem Schwert (Katana)

Shomen-uchi – Irimi-Nage (Irimi)
(Gerader Schlag von oben –
Eingangswurf)

Uke hebt das Schwert über den Kopf (Jodan-no-Kamai), geht mit einem Gleitschritt (Tsugi-ashi) vor und führt einen senkrechten Schlag von oben aus (Abb. 612, 613).
Nage entweicht diesem Angriff durch eine schnelle Köperdrehung mit einem Doppelschritt nach vorn (Tai-sabaki), faßt mit der Daumenschmalseite seiner rechten Hand zwischen Ukes Hände hindurch zum Schwertgriff und übernimmt die Führung der Waffe durch Übertragung seiner Ki (Abb. 614, 615).
Durch die unerwartete Beschleunigung verliert Uke sein Gleichgewicht und kann mit einer gegenläufigen Bewegung des Schwertes um ca. 180 Grad gedreht werden (Abb. 616, 617).
Nage tritt erneut mit einem Doppelschritt in die geöffnete Stellung ein, erfaßt Uke mit der freien Hand am Nacken und führt einen schulmäßigen Eingangswurf (Irimi-Nage) aus. Dabei wird die Schwertspitze kreisförmig in Richtung auf den Boden geführt. Uke fällt nach rückwärts ab und muß seine Hände vom Griff der Waffe lösen (Abb. 618–622).
Sollte sich der Angreifer nach einer Rolle wieder erheben, kann er von Nage mit dem Schwert kontrolliert werden.

Shomen-uchi – Kote-mawashi
(Tenkan)
(Gerader Schlag von oben –
Armdrehhebel-Haltegriff)

Mit dieser Technik läßt sich besonders eindrucksvoll demonstrieren, daß die vom Angreifer ausgehende Kraft nach Ergänzung und Umlenkung verstärkt in sein Zentrum zurückfließt.
Die Ausführungen zum vorstehenden Irimi-Nage gelten auch bei dieser Technik für den Angriff, die eintretende Köperdrehung, das Erfassen des Schwertes und die Führung des Angreifers (Abb. 623–626).
Ist die in Abb. 627 dargestellte Stellung erreicht, vollzieht Nage jedoch eine Schrittdrehung (Tenkan-ashi) auf dem Ballen des vorderen Beines nach außen, umfaßt Ukes Hände und führt den Schwertgriff (Klinge nach unten!) erneut in eine diagonale Kreisbahn. Dabei wird der Angreifer um das Zentrum des Verteidigers geführt; der Ellenbogen und das Handgelenk seines linken Armes sind in natürlicher Weise gebeugt (Abb. 627–629).
Befinden sich Nages Schwerthände (Tegatana) wieder vor dem eigenen Körperzentrum, führt er damit eine gegen Ukes linkes Handgelenk gerichtete Gegenbewegung aus – eine wirksame Variante des Kote-mawashi (nikyo) (Abb. 630, 631).
Der Angreifer fällt auf den Rücken und wird in der Bodenlage durch die Verstärkung des Hebels entwaffnet (Abb. 632, 633).
Für den Erfolg ist ausschlaggebend, daß der Angreifer stets in einer fließenden und kontrollierten Bewegung geführt wird.

Zu 8.5

Angriff:
Shomen-uchi (Katana)

Abwehr:
Irimi-Nage

Prinzip:
Irimi

Zu 8.5

Angriff:
Shomen-uchi (Katana)

Abwehr:
Kote-mawashi (nikyo)

Prinzip:
Tenkan

628

631

629

632

630

633

8.6 Abwehr eines bewaffneten Angreifers durch eine Waffe

Shomen-uchi (Katana) –
Kokyu-Nage (Stab)
(Gerader Schlag von oben / Schwert –
Atemkraftwurf / Stab)

Durch die Verwendung des Stabes verlängert Nage seine Schwerthände (Tegatana) und kann so aus größerer Distanz (Ma-ai) auf Uke einwirken. Der Stab muß jedoch in alle Bewegungen des Körpers einbezogen werden und darf kein »Eigenleben« entwickeln. Konzentriert Nage sich auf die Zusammenführung der Waffen, mißlingt diese Technik!

Nage weicht dem Schwertschlag von oben mit einer weiträumigen – eintretenden – Schrittdrehung nach vorn aus (größere Distanz beachten!). Er führt den Stab locker vor seinem Zentrum und von dort zwischen Ukes Arme hindurch auf den Schwertgriff, wenn die Waffe den tiefsten Punkt erreicht hat (Abb. 634–637).

Nun verstärkt Nage den Druck nach unten, so daß Ukes Gleichgewicht gestört wird. Will dieser sich wieder aufrichten, beschleunigt der Verteidiger die Bewegung durch einen schnellen Richtungswechsel und den zwingenden Einsatz seiner Atemkraft (Abb. 638–640).

Das Schwert wird mit Hilfe des Stabes in einem großen Kreis unter Ukes Körperzentrum geführt. Der Angreifer verliert sein Gleichgewicht, läßt die Waffe los und rollt nach vorn ab (Abb. 641–644).

Zu 8.6

Angriff:
Shomen-uchi (Katana)

Abwehr:
Kokyu-Nage (Stab)

Prinzip:
Irimi

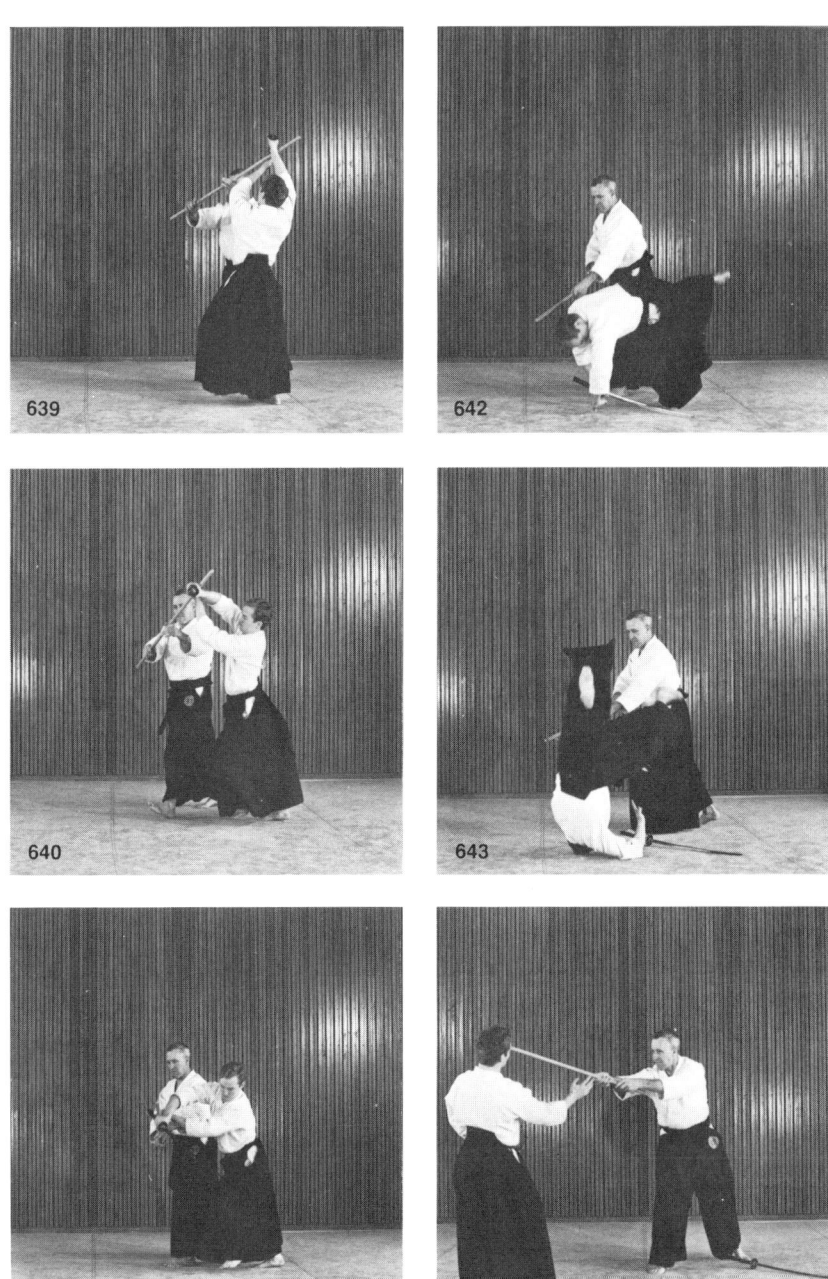

9 Verkettung von Aikido-Techniken

*Eisblumen bestehen nur aus zwei
Elementen und sind doch von
unendlicher Vielfalt!*

9.1 Vorbemerkung

Die in Abschnitt 6 vorgestellten Grundtechniken des klassischen Aikido können in vielen Variationen zur wirksamen
Abwehr unterschiedlich angreifender
oder bewaffneter Gegner eingesetzt
werden. Diese Tatsache ist für den
Schüler im Anfangsstadium zunächst
noch sehr verwirrend, denn er bewertet
alle Elemente, Vorübungen und Techniken als in sich geschlossene Aufgaben
und Übungsteile. Durch fleißiges Training vergrößert sich im Laufe der Jahre
jedoch sein Erfahrungshorizont, bis ihm

eines Tages deutlich wird, daß die Einheit in der Vielfalt begründet liegt. Das
mit dem intensiven Studium des Aikido
verbundene Bemühen und Erleben
führte ihn zum Ursprung zurück, jedoch
befindet er sich dann auf einer höheren
Erkenntnisstufe. Der Aikidoka erfüllt
nun alle Voraussetzungen, die einen
guten Lehrer auszeichnen. Ob und in
welchem Umfang er dieses Kapital jedoch zur Förderung anderer Menschen
einsetzt, hängt von seinen charakterlichen Qualitäten ab.

9.2 Schlüsselposition

Jedem Meister ist bewußt, daß alle
Grundtechniken des Aikido aus den
gleichen Elementen bestehen. Relativ
selten wird hingegen erkannt, daß es
auch Bewegungsverwandschaften oder

Übereinstimmungen in den durchlaufe-
nen Positionen gibt, die Zusammenhänge deutlich machen und nützliche
Rückschlüsse erlauben.
Die bei der Analyse gewonnenen Er-

kenntnisse lassen eine Einordnung der Elemente oder Techniken nach Anwendungshäufigkeit oder nach anderen Kriterien zu. So ergibt sich eine Wertigkeitsskala, die Einfluß auf den Trainingsumfang hat und die Bildung von Übungsschwerpunkten oder methodischen Reihen erlaubt. Durch die Vermittlung des so aufbereiteten Lehrstoffes wird der Aikidounterricht transparenter und effektiver. Erkennen und Verstehen der Zielvorgabe fördern das Interesse sowie die Anstrengungsbereitschaft der Schüler, und dem Lehrer werden neue Möglichkeiten der kreativen und abwechslungsreichen Gestaltung seines Unterrichts geboten.

Als Beispiel für die vorstehenden Ausführungen soll die relativ häufig auftretende Schlüsselposition »Katate-tori (ai-hanmi)« dienen. Sie ist im nachfolgenden Diagramm gleichsam Neutralisationspunkt für drei verschiedene Angriffe und Ausgangsstellung für drei differenzierte Verteidigungstechniken im Stand, so daß sich insgesamt neun Variationen ergeben.

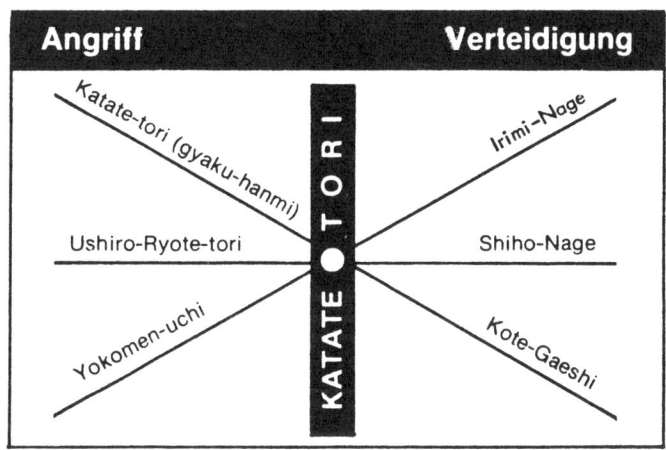

Das Diagramm könnte z.B. Grundlage für die Unterrichtung einer Gruppe mit unterschiedlichen Graden sein. Alle gemeinsam durchgeführten Vorübungen und methodischen Reihen müssen sich dann jedoch auf die Schlüsselposition stützen.

Die bei der kurzen Erläuterung gewonnenen Erkenntnisse lassen sich auf das folgende Zentralthema übertragen.

9.3 Verkettungen (Allgemeines)

In Übereinstimmung mit der Prüfungsordnung für Aikido-Dan-Grade der Europäischen Aikido-Union sind bei der Prüfung zum 3. Dan die vom Begründer des Aikido, O-Sensei Morihei Uyeshiba, vorgegebenen sieben Verkettungen beidseitig zu demonstrieren. Bei Anwärtern auf den 4. und 5. Dan steigen die Anforderungen, denn sie müssen im Verlauf der Vorbereitungszeit sechs beziehungsweise zehn frei gewählte Verkettungen unter Wahrung der Elemente und Prinzipien entwickeln und bei ihrer Prüfung vorführen. Die Bewältigung dieser Aufgabe setzt nicht nur analytisches und kreatives Vermögen voraus, sondern zwingt den Meister auch zu einer langjährigen konzentrierten Zuwendung, die für seine eigene Entwicklung sehr wertvoll ist.

Der suchende Meister muß alle Grundtechniken in starker Form (Kakari-geiko) sicher beherrschen und ihre wirksamen Schwerpunkte und Schwachstellen kennen. Dies setzt ein intensives praktisches Forschen nach den Möglichkeiten und Grenzen voraus.

Eine Verkettung im Sinne der folgenden Ausführungen ist die zweckmäßige Verbindung von mindestens zwei Aikidotechniken unter Wahrung der Elemente und Prinzipien des klassischen Aikido nach einem einleitenden Angriff. Es handelt sich dabei um komplexe Übungsformen, die an das Vermögen der ausführenden Aikidoka hohe Anforderungen stellen. Dazu zählen:

● Sichere Beherrschung des eigenen Körperzentrums, dabei Wahrung des statischen und dynamischen Gleichgewichts auch unter äußeren Einwirkungen.

● Gutes Reaktionsvermögen und ausgeprägtes Gefühl für den »rechten Augenblick«, da sich die Ansatzpunkte im Verlauf einer fließenden Bewegung nur «momentan« ergeben.

● Vermögen zur zielstrebigen und sicheren Ausführung der Folgetechnik in guter Stellung und mit konzentrierter Atemkraft (Kokyu).

● Verständnis für die Einheit von Angriff und Verteidigung, da die hieraus resultierende Emotionslosigkeit zur geistigen Gelassenheit und körperlichen Entspannung führt.

● Gediegene Beherrschung der Elemente und Prinzipien des Aikido.

● Gute technische Fertigkeiten hinsichtlich der Ausführung aller in den Verkettungen enthaltenen Grundtechniken und ihrer freien Anwendung (Randori).

Zum Zwecke einer klaren Abgrenzung ist es notwendig, die wesentlichen Voraussetzungen und charakteristischen Grundlagen zu fixieren. Nur so lassen sich vorgegebene beziehungsweise bekannte Verkettungen reproduzieren und neue Formen entwickeln.

● Sinnvolle Angriffsarten gemäß Prüfungsordnung für Aikido-Kyu-Grade im Deutschen Aikido-Bund e.V. – siehe Abschnitt 6.1 – sind im ersten Glied der Verkettung zwingend vorgeschrieben und nur hier erlaubt. Im anderen Fall würden Charakter und

Reinheit der Verkettungen eingeschränkt (Übergang zu speziellen Formen des Randori).

● Vom einleitenden Angriff an müssen alle Glieder der Verkettungen aus Elementen, Techniken und Prinzipien des klassischen Aikido bestehen.

● Der Angreifer muß seine Aktionen nach Art, Stärke und Richtung beibehalten, solange ihm dies ungehindert möglich ist.

● Uke darf sich gegebenenfalls dem Einfluß der auf ihn wirkenden Techniken durch natürliche Abwehrreaktionen zu entziehen versuchen.

● Ändert sich ein Glied der Verkettung, handelt es sich um eine differenzierte Form der Ausführung.

● Die Verkettungen dürfen keine unnatürlichen oder akrobatischen Übungsteile enthalten; alle Verbindungen müssen dem natürlichen Bewegungsfluß der Techniken entsprechen.

Unter Fachleuten besteht sicher kein Zweifel daran, daß fehlerlos und in starker Form (Kakari-geiko) ausgeführte Aikidotechniken immer zum beabsichtigten Erfolg (Wurf oder Neutralisation des Angreifers) führen, so daß Gegenreaktionen unmöglich sind. Ansatzpunkte für die Einleitung und Ausführung von Verkettungen ergeben sich daher nur unter folgenden Voraussetzungen:

● Fehler des Partners bei Ausführung einer Aikido-Technik in qualitativer Hinsicht und damit verbundene Aufgabe der Kontrolle.

● Durch die Technik vorgegebene oder von Nage herbeigeführte Rich-

tungswechsel im Bewegungsfluß (Wendephasen).

● Momentanes »Vakuum« beim Wechsel der Prinzipien Irimi und Tenkan (Aktionsphasen).

● Bewegungstotpunkte bei Änderung der Stellung, Ausführung oder Angriffsart als Folge notwendiger Korrekturen oder aufgetretener Unsicherheit (Neutralisationsphasen).

● Gezielte oder unbeabsichtigte Ablenkung des Partners und damit verbundene Störung der Konzentration oder des Flusses der Atemkraft (Desorganisationsphasen).

● Gleichschaltung von Bewegungen oder Teilbewegungen – zum Beispiel der Schwerthände – im Verlauf einer Technik (Koordinationsphasen).

Verkettungen nehmen die Form einer »Kombination« an, wenn die ursprüngliche Rollenverteilung beibehalten wird. Hierbei wendet Nage eine Aikidotechnik an, um nach natürlicher Reaktion von Uke eine günstige Ausgangsposition und gute Wirkungsmöglichkeiten für die folgende Aikidotechnik zu gewinnen.

Verkettungen nehmen die Form einer »Gegentechnik« an, wenn sich die ursprüngliche Rollenverteilung im Verlauf der Ausführung ändert (Nage wird Uke und umgekehrt). Dies ist bei längeren Verkettungen wiederholt möglich. Der jeweilige Nage nutzt hierbei die sich im Verlauf der Ausführung einer – meist fehlerhaften – Aikidotechnik bei seinem Partner ergebenden Bewegungsabläufe, Stellungen oder Abwehrreaktionen zum Ansatz oder zur Ausführung der eigenen Aikidotechnik.

Es ist unbedingt notwendig, das Rollenspiel wertneutral zu betrachten und – auch gedanklich – keine Polarität zwischen Angreifer und Verteidiger herzustellen. Die Verkettungen sind im Aikido also eine Übungsform mit besonderen Lehrinhalten und *ohne* kämpferischen Charakter.

Beide Partner demonstrieren die Aufhebung der Gegensätze, den ständigen Wechsel zwischen Irimi und Tenkan, die Möglichkeit der freien Entscheidung in allen Situationen und den Übergang von der einleitenden Polarität zur abschließenden Harmonie.

Unter Berücksichtigung der möglichen Rollenverteilung (Nage und Uke) sowie der angewandten Techniken ergibt sich die in der nachfolgenden Übersicht gewählte Gliederung. Diese und die freien Verkettungen entwickelte der Verfasser für die Zulassungsarbeit zum 4. Dan. (Die mit ■ gekennzeichneten klassischen Verkettungen sind Bestandteil der Prüfungsordnung für den 3. Dan.)

Gleiche Rollenverteilung,
gleiche Technik:
■ *.Yokomen-uchi – Shiho-Nage –*
   Shiho-Nage
   Katate-tori – Kaiten-Nage (uchi) –
   Kaiten-Nage (uchi)
   Katate-tori – Kote-Gaeşhi – Kote-Gaeşhi
   Ushiro-ryote-tori – Koshi-Nage-
   kote-hineri – Koshi-Nage-kote-hineri
   Shomen-uchi – Ude-osae – Ude-osae
   (Tenkan)

Wechselnde Rollenverteilung,
gleiche Technik:
■ *Shomen-tsuki – Kote-Gaeshi –*
   Kote-Gaeshi

Ushiro-ryote-tori – Irimi-Nage –
Irimi-Nage
Shomen-uchi – Kaiten-Nage (uchi) –
Kaiten-Nage (uchi)
Yokomen-uchi – Shiho-Nage –
Shiho-Nage
■ *Shomen-uchi – Ude-osae – Ude-osae*

Gleiche Rollenverteilung,
wechselnde Technik:
■ *Yokomen-uchi – Shiḫo-Nage –*
   Kote-Gaeshi
   Katate-tori – Kaiten-Nage (uchi) –
   Irimi-Nage
   Ushiro-ryote-tori – Shiho-Nage –
   Ude-Kime-Nage
   Shomen-tsuki - Kote-mawashi –
   Tekubi-osae
   Katate-tori – Kote-mawashi –
   Kote-hineri

Wechselnde Rollenverteilung,
wechselnde Technik:
■ *Shomen-tsuki – Kote-Gaeshi –*
   Irimi-Nage
■ *Shomen-uchi – Kote-Gaeshi –*
   Ude-hishigi
   Yokomen-uchi – Shiho-Nage –
   Irimi-Nage
   Ushiro-ryote-tori – Irimi-Nage –
   Ude-osae (Tenkan)
■ *Mune-tori – Kote-mawashi – Kote-hineri*

Nachfolgend werden je zwei klassische und freie Verkettungen vorgestellt und beschrieben.

9.3.1 Klassische Verkettungen

Shomen-tsuki – Kote-Gaeshi –
Irimi-Nage
(Gerader Stoß – Handgelenkaußen-
drehwurf –
Eingangswurf)

Uke greift mit einem (Messer-) Stoß von
unten (Gedan) an und bewegt sich dabei nach vorn (Abb. 645). Sofort nach
Überschreiten der Distanz (Ma-ai) vollzieht Nage eine Schrittdrehung nach
außen (Tenkan-ashi) und leitet damit
konsequent den vorgesehenen Handgelenkaußendrehwurf (Kote-Gaeshi)
ein (Abb. 646–648).
Im Augenblick der zur Beugung des
Handgelenks notwendigen – eintretenden – Gegenbewegung verlagert Uke
seine Körpermitte extrem nach vorn
und entzieht sich dem schmerzhaften
Druck auf das Handgelenk durch die
damit verbundene Drehung des bisher
geführten Armes (Abb. 649, 650).
In dieser Phase werden zwischen den
Ausübenden Rolle und Technik gewechselt!
Nage (bisher Uke!) führt nun eine Doppelschrittdrehung (Tai-sabaki) aus, tritt
dabei hinter den Partner und führt diesen in eine Kreisbewegung (Abb.
651–653). Anschließend vollendet er
die Technik mit einem schulmäßigen
Eingangswurf (Irimi-Nage) und wirft
Uke nach rückwärts ab (Abb. 654, 655).

Mune-tori – Kote-mawashi –
Kote-hineri
(Griff zum Revers –
Armdrehhebel-Haltegriff –
Handdrehhebel-Haltegriff)

Uke überwindet die Distanz (Ma-ai)
durch Fußgehen (Ayumi-ashi) und ergreift Nage am vorderen Revers (Abb.
656, 657).
Nage führt auf dem hinteren Bein eine
Schrittdrehung nach rückwärts (Tenkan-ashi) aus, leitet den Griffansatz zum
Armdrehhebel-Haltegriff (Kote-mawashi) ein und zieht den Angreifer in
seine Bewegung (Abb. 658). Anschließend führt er die genannte Technik
ohne Verzögerung weiter aus (Abb.
659).
Uke entzieht sich der schmerzhaften
Verhebelung des Handgelenkes, indem
er sein Körperzentrum – dem Druck folgend – zunächst entspannt absenkt und
dann nach vorn aus der senkrechten
Wirkungsebene verschiebt. Dabei konzentriert er sich auf den Ansatzpunkt
der wirkenden Kräfte (Handgelenk!)
und windet den angebeugten vorderen
Arm in Übereinstimmung mit der Bewegung des Körpers aus dem Griff (Abb.
660, 661).
Wie bei der ersten Verkettung werden
auch hier Rolle und Technik gewech-
selt!
Nage (bisher Uke!) übernimmt nun die
Initiative durch Doppelschrittdrehung
(Tai-sabaki) und bewegt sich um den
noch in starker Stellung stehenden
Partner herum in eine günstige Position.
Dabei leitet er die Folgetechnik ein
(Abb. 662–663). Anschließend wird der
Handdrehhebel-Haltegriff (Kote-hineri)
in positiver Form (Irimi) ausgeführt
(Abb. 664–666). Andere Prinzipien oder
Variationen sind möglich.

Zu 9.3.1

Klassische Verkettung

Shomen-tsuki -
Kote-Gaeshi –
Irimi-Nage

(wechselnde Rollenverteilung)

647

645

648

646

649

650

653

651

654

652

655

Zu 9.3.1

Klassische Verkettung

Mune-tori –
Kote-mawashi –
Kote-hineri

(wechselnde Rollenverteilung)

658

656

659

657

660

661

664

662

665

663

666

9.3.2 Freie Verkettungen

Katate-tori – Kaiten-Nage (uchi) –
Irimi-Nage
(Griff einer Hand – Schleuderwurf
[innen] – Eingangswurf)

Uke ergreift aus der Bewegung Nages
vordere Schwerthand (Tegatana) und
wird von diesem durch ausweichende
Schrittdrehung (Tenkan-ashi) beschleunigt auf eine Kreisbahn geführt
(Abb. 667–669).
Nage stoppt die Drehbewegung seines
kontrollierten Köperzentrums plötzlich
ab und nutzt das dadurch entstehende
»Kräftevakuum« für den gegenläufigen
Eingang zum Schleuderwurf (Abb.
670–672).
Die beabsichtigte Gleichgewichtsbrechung erfolgt jedoch nicht, da Uke sofort Front zum Partner macht und so
sein Zentrum wieder unter Kontrolle
bekommt (Abb. 673, 674).
Nage leitet den Wechsel der Technik
spontan durch die Verkürzung der Distanz (Ma-ai) ein und löst dabei den
noch bestehenden Griff der Hand (Abb.
675). Durch eine Doppelschrittdrehung
(Tai-sabaki) gelangt er bei korrekter
Weiterführung des Angriffsarmes
schnell hinter Uke und kann diesen
durch den Griffansatz zum Eingangswurf (Irimi-Nage) erneut auf eine Kreisbahn um das eigene Körperzentrum
führen (Abb. 676–678).
Die Technik wird durch einen schulmäßigen Abwurf des Partners nach rückwärts beendet. Sie zeichnet sich durch
einen schönen Bewegungsablauf und
weiche Richtungswechsel aus. Diese
Verkettung kann auch von Schülern der

unteren Grade geübt werden und vermittelt ihnen ein besonderes Bewe-
gungserlebnis (Abb. 679, 680).

Zu 9.3.2

Freie Verkettung

Katate-tori –
Kaiten-Nage (uchi) –
Irimi-Nage

(gleiche Rollenverteilung)

669

667

670

668

671

672

675

673

676

674

677

678

679

680

Ushiro-ryote-tori – Irimi-Nage –
Ude-osae (Tenkan)
(Griff beider Hände von hinten – Ein-
gangswurf – Armstreckhebel-Haltegriff)

Uke umfaßt aus der Bewegung zunächst die vordere Schwerthand in
gleichseitiger Stellung (ai-hanmi), geht
um Nage herum und bemüht sich, die
zweite Hand von hinten zu ergreifen
(Abb. 681, 682).
Der Verteidiger verbessert seine Stellung sofort durch Absenken des Körperzentrums und kommt dem Angriff
scheinbar entgegen (Abb. 683). Tatsächlich läßt er seine Ki jedoch verstärkt
in die zuerst erfaßte Schwerthand fließen, führt den Angreifer dadurch an seiner Rückseite vorbei und gewinnt nach
Zurücknahme der linken Hüfte die Ausgangsstellung zum Eingangswurf (Abb.
684–686). Dieser wird durch die weiterführende Schrittdrehung (Tenkan-ashi)
und die sich anschließende – eintretende – Bewegung fortgeführt (Abb.
687–689).
In dieser Bewegungsphase wechseln
Rolle und Technik!
Nage (bisher Uke!) stabilisiert sein Körperzentrum, führt Ukes freien Arm nach
oben und leitet den Armstreckhebel-
Haltegriff (Ude-osae) in negativer Form
(Tenkan oder Ura) als Folgetechnik ein
(Abb. 690, 691). Die durch seine zen-
trierte Doppelschrittdrehung (Tai-sabaki) freigestellte Energie wird auf Uke
übertragen, stört dessen Gleichgewicht
empfindlich und bringt ihn zu Fall (Abb.
692–694). Anschließend erfolgt die für
den Armstreckhebel-Haltegriff charakteristische »Armnagelung« in der Bodenlage (Abb. 695–697).

Zu 9.3.2

Freie Verkettung

Ushiro-ryote-tori –
Irimi-Nage –
Ude-osae

(wechselnde Rollenverteilung)

683

681

684

682

685

686

689

687

690

688

691

692

695

693

696

694

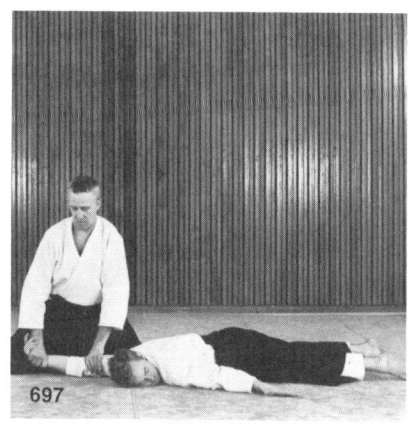

697

9.4 Schlüsseltechnik

Beim Studium der Verkettungen kann man feststellen, daß sich einige Grundtechniken des Aikido besonders als »Bindeglieder« eignen. Sie werden als »Schlüsseltechniken« bezeichnet und erlauben die Bildung von Mehrfachverkettungen gemäß folgendem Schema:

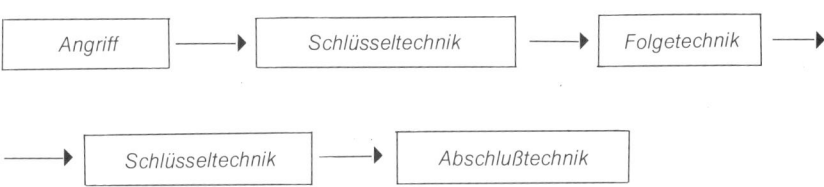

Damit ist ihre Bedeutung und Anwendungsbreite jedoch noch nicht erschöpft. Durch die Auswahl sinnvoller Angriffsarten und Abschlußtechniken lassen sich auch Verkettungsvarianten mit gleichem oder wechselndem Rollenspiel entwickeln, wie die nachfolgenden Beispiele zeigen. Durch die Anwendung der Schlüsseltechniken – im vorliegenden Fall wurden Ude-osae und Irimi-Nage gewählt – können alle Angriffe mit den Abschlußtechniken »verkettet« werden. Bei Berücksichtigung der in Abschnitt 9.3 festgelegten Voraussetzungen ergeben sich im vorliegenden Fall jeweils mindestens 36 Varianten.

Beispiel 1:

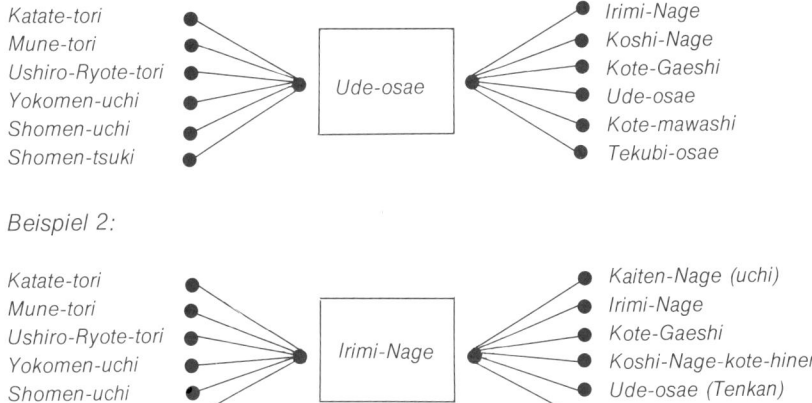

9.5 Zusammenfassung

Durch die Verkettung der Techniken des klassischen Aikido entstehen komplexe Übungsformen, die an den Ausübenden hohe Anforderungen stellen. Ihr Studium kann für den Aikidoka nur dann nützlich sein, wenn er die in Abschnitt 9.3 aufgezählten Voraussetzungen erfüllt. Das regelmäßige Training der Verkettungen sollte erst ab 2. Dan erfolgen.

Abschließend sei darauf hingewiesen, daß sich die Techniken auch im Rahmen der besonderen Übungsformen (Hanmi-hantachi und Suwari-Waza) miteinander verbinden lassen.

10 Prüfungen im Aikido

*Im Aikido ist eine Prüfung nicht das
Ende der Ausbildung, sondern gesicherter
Ausgangspunkt für das weitere Studium
des Weges.
Wer alle Grade durchlaufen hat, kehrt
zum Ursprung zurück; der Kreis ist ge-
schlossen.*

10.1 Zur Problematik der Prüfungen

Entsprechend dem Willen des Begrün-
ders, O-Sensei Morihei Uyeshiba, wird
im Aikido jede Form des *Kampfes* als
Mittel zur Konfliktlösung oder Leistungsbewertung kategorisch und ohne
Einschränkung abgelehnt. Die Ausübenden sind beim Studium der technischen Inhalte des Aikido daher zur
Kooperation gezwungen, denn es gibt,
abgesehen von der Gymnastik und einigen Vorübungen, keine Lernformen
ohne Partner. Dies bedeutet, daß sich
mindestens zwei Menschen gemeinsam um die Erreichung des Zieles bemühen müssen; sie sind auf gegenseitige Unterstützung angewiesen.
Bei konsequenter Anwendung dieses
Grundsatzes verbietet sich eigentlich
auch eine Durchführung von Prüfungen, denn es kann sich dabei um eine
versteckte Form des Wettbewerbs handeln, die nach – wenn auch noch so ver-
feinerten – Regeln des Kampfes durchgeführt wird. Hier setzen denn auch die
Kritiker der bestehenden Aikido-Organisationen an. Sie fordern, im Aikido auf
die Durchführung von Prüfungen zu
verzichten, weil Prüfungen die Beteilig-
ten zur Rivalität zwingen und zu einer
leistungsorientierten Hierarchie führen.
Es gibt jedoch gute Gründe für die Ab-
haltung von Prüfungen:
Die Prüfungsordnungen für Schüler-
(Kyu-) und Meister-(Dan-) Grade werden durch die Technischen Kommis-
sionen nationaler bzw. internationaler
Fachverbände geschaffen und in Übereinstimmung mit der Entwicklung des
Aikido ständig verbessert. Sie sind folglich vom Können und von der Erfahrung

vieler ranghoher Aikido-Meister getragen. Die Prüfungsordnungen werden im gesamten Geltungsbereich auch als Stoffpläne für den gradbezogenen Unterricht verwendet. Sie sind folglich Leitlinien für jeden Lehrer und sichern die einheitliche Ausbildung sowie den Fortschritt aller Aikidoka.

Da das Programm für jeden Grad in sich abgeschlossen ist, entstehen zwangsläufig überschaubare Ausbildungsabschnitte, die dem Prinzip des »Stufe um Stufe« entsprechen. Wie beim Bau eines Hauses ist es auch im Aikido erforderlich, zunächst ein solides Fundament zu schaffen. Es wäre daher falsch, einem Schüler, der die Elemente des Aikido noch nicht beherrscht, zum Beispiel Abwehrtechniken gegen Angriffe mit dem Messer vermitteln zu wollen. Diese Feststellung schließt natürlich nicht aus, daß Aikidoka aller Grade miteinander trainieren, jedoch muß sich der Fortgeschrittene seinem Partner dann besonders rücksichtsvoll zuwenden. Jede Überforderung gefährdet den Ausbildungserfolg und ist mit einem hohen Verletzungsrisiko verbunden. Der Betroffene gibt die für ihn nutzlosen Anstrengungen dann meist auf und wendet sich vom Aikido ab, was für den einzelnen und die Gemeinschaft der Aikidoka gleichermaßen nachteilig ist.

Aus den genannten Gründen und wegen der immer begrenzten Mattenkapazität ist es besonders in großen Verbänden unvermeidbar, bei Lehrgängen auf regionaler, nationaler und internationaler Ebene eine gradbezogene Teilnehmerbegrenzung vorzunehmen. Andernfalls wären die jungen Aikidoka überfordert, und die bei höheren Graden zu fordernden Ausbildungs- und Prüfungsinhalte können nicht auf breiter Basis vermittelt werden. Dies würde die Ausstrahlung bedeutender Lehrer und die Entwicklung des Aikido erheblich einschränken.

Da die in den Lehrgängen geschulten Meister und Übungsleiter ihre Erfahrungen an die eigenen Schüler weitergeben, garantiert das beschriebene Verfahren die Einheitlichkeit von Lehre und Technik des Aikido ebenso wie den wirksamen Einsatz der vorhandenen finanziellen Mittel.

Die Befürworter der Prüfungen sehen in ihnen auch wichtige Orientierungspunkte in Richtung auf das entfernte Ziel.

Es entspricht im Aikido einer guten Sitte, daß der Meister bzw. Übungsleiter seinem Schüler die Teilnahme an der nächsten Prüfung empfiehlt. Dieses Verfahren entbindet den Betroffenen von eigenen Überlegungen, die sich bei falscher innerer Einstellung oder fehlendem Vermögen zur objektiven Selbstbeurteilung nachteilig auswirken können, und ist Ausdruck für das zwischen dem Schüler und seinem Lehrer bestehende Vertrauen. Falls der Ausübende dem Wunsch seines Lehrers folgt, wird ihm von autorisierten Meistern bestätigt, daß er sich auf dem richtigen Weg befindet und das nächste Teilziel erreicht hat. Er kann folglich von Zweifeln befreit in seinen Bemühungen fortfahren und den langen Weg (Do) weiter erforschen. Gegebenenfalls erhält der Aikidoka auch Korrekturen, die für seine weitere Entwicklung nützlich sind.

Der moderne Mensch lebt in einer Leistungsgesellschaft und ist einem ständigen Druck ausgesetzt, der zur körperlichen und geistig-seelischen Verkrampfung führen kann. Bei den ersten Graden ist dieser Umstand manchmal auch in der Prüfungssituation gegeben. Der Aikidoka kann hier also feststellen, ob und inwieweit er unter äußerer Belastung noch intuitiv, gelöst und sicher reagiert. Das Ergebnis läßt sich auf die reale Selbstverteidigungssituation übertragen und erlaubt die richtige Einschätzung der eigenen Möglichkeiten. Dadurch werden verhängnisvolle Fehlreaktionen im Ernstfall ausgeschlossen.

Die bei den Prüfungen vergebenen farbigen Gürtel sind keine Leistungsabzeichen. Sie sollen dem Partner und Lehrer lediglich signalisieren, wo man steht. So werden Mißverständnisse ausgeschlossen, und es entfällt das ständige Forschen nach dem Vermögen des unbekannten Partners oder Schülers.

Die Gürtel fördern bei Lehrgängen auch die Bereitschaft zur Zusammenarbeit fremder Aikidoka. Dadurch werden trennende Schranken überwunden, und die Menschen entdecken ihre Gemeinsamkeiten schneller; neue Bindungen entstehen. Dies entspricht einem wesentlichen Ziel des Aikido.

Bei sachgerechter Durchführung von Aikido-Prüfungen, objektiver Bewertung der Techniken und vertraulicher Behandlung aller Noten können sich die eingangs aufgezeigten negativen Begleiterscheinungen nicht einstellen. So haben die Erfahrungen auch bewiesen, daß die mit der Durchführung von Aikido-Prüfungen verbundenen Vorteile überwiegen. Insbesondere motivieren sie die Ausübenden, stärken ihr Selbstvertrauen, vermeiden Fehlentwicklungen und fördern Freundschaften durch gemeinsame Arbeit. Deshalb werden Schüler-(Kyu-) und Meister-(Dan-) Prüfungen weltweit von den Aikido-Organisationen durchgeführt. In einzelnen Verbänden nehmen die Schüler zwar regelmäßig an Kyu-Prüfungen teil, verzichten dann jedoch auf das Tragen der farbigen Gürtel, um die subjektiv empfundene Bedeutungslosigkeit der Grade zu unterstreichen. Dies offenbart jedoch keine konsequente Einstellung zum Problem.

Die Verfahrens- und Prüfungsordnungen der Aikido-Verbände unterscheiden sich zum Teil erheblich, was natürlich Einfluß auf die Qualität der vergebenen Grade haben kann. Da jedoch jeder Aikidoka seinen Weg selbst gehen muß, sind Vergleiche auch hier unangebracht. Der aufgezeigte Umstand ist insofern ohne praktische Bedeutung.

10.2 Schülergrade (6. bis 1. Kyu)

Bedenke, daß viele Aikido-Schüler auf anderen Gebieten bereits Meister sind. Behandle sie daher alle mit Achtung und Respekt, wie dies unter Meistern gute Sitte ist!

Im Aikido werden Schüler-(Kyu-)Grade gemäß nachstehender Übersicht vergeben:

Schüler-(Kyu-)Grade

Deutsche Bezeichnung	Japanische Bezeichnung	Gürtelfarbe
6. Schülergrad	Rok-Kyu	weiß
5. Schülergrad	Go-Kyu	gelb
4. Schülergrad	Shi-Kyu	orange
3. Schülergrad	San-Kyu	grün
2. Schülergrad	Ni-Kyu	blau
1. Schülergrad	Ik-Kyu	braun

Schüler können einen weißen Hakama (traditioneller japanischer Hosenrock) zum Keikogi (Übungsanzug) mit farbigem Gürtel tragen.

Für die Vergabe von Kyu-(Schüler-) Graden sind die nationalen Aikido-Verbände zuständig. Sie legen den Prüfungsumfang fest, regeln das Verfahren durch Herausgabe entsprechender Ordnungen und beauftragen lizenzierte Aikido-Meister mit Durchführung der von den Mitgliedsvereinen nach Bedarf ausgerichteten Kyu-Prüfungen. Die Teilnahme an einer Kyu-Prüfung ist nur möglich, wenn die festgelegte Vorbereitungszeit von 6 Monaten intensiv genutzt wurde und der zuständige Verein (Lehrer) sein Einverständnis schriftlich erklärt hat. Mit dem Genehmi-

gungsvermerk wird bestätigt, daß der allgemeine Trainingsfleiß, die technische Leistung und das allgemeine Verhalten des Aikidoka eine Graduierung rechtfertigen.

Jeder Prüfung ab 4. Kyu (orangener Gürtel) geht das Fach »Überprüfung« voraus. Hier wird festgestellt, ob der Anwärter die technischen Inhalte der bereits erworbenen Grade entsprechend den steigenden Anforderungen beherrscht. Ist dies nicht der Fall, wird die Prüfung abgebrochen und gilt als nicht bestanden.

Diese auch bei den Dan-Graden vorgeschriebene »Rückkopplung« garantiert bei steigendem Niveau eine kontinuierliche Verstärkung der Basis, denn der Aikidoka darf den einzelnen Grad nicht isoliert betrachten, sondern muß ihn als ergänzenden Abschnitt des ganzen Systems bewerten. Jeder Ausübende ist folglich unabhängig von seinem Grad gezwungen, die Elemente und Grundtechniken des Aikido ständig zu verbessern. Diese »Rückkehr zu den Quellen« fördert seine positiven Charaktereigenschaften ebenso wie die Geschlossenheit seiner technischen Entwicklung.

Erbringt ein Aikidoka in allen Fächern und bei allen Prüfern mindest gute Leistungen, kann er auf Wunsch sofort zum nächsthöheren Grad geprüft werden, jedoch ist das Überspringen weiterer Grade dann unzulässig. Durch diese Regelung erhalten strebsame Aikidoka eine Chance der leistungsgerechten Bewertung und verkürzen die für jeden Grad erforderliche Vorbereitungszeit von 6 Monaten indirekt um die Hälfte. Bei Meistergraden ist diese Regelung nicht möglich.

Selbstverständlich ist streng darauf zu achten, daß die Prüfungen und Grade nicht zu Zwecken des Leistungsvergleiches mißbraucht werden. Es verbietet sich daher eine Bekanntgabe der von den Aikidoka erreichten Punkte.

Die lizenzierten Prüfer sind berechtigt, den 5. und 4. Kyu auch ohne formelle Prüfung zu verleihen, wenn Haltung und Leistungen des Aikidoka diese Maßnahme rechtfertigen.

Die quantitativen und qualitativen Anforderungen bei Kyu-Prüfungen können den nachstehend aufgeführten Übersichten entnommen werden. Sie entsprechen der Prüfungsordnung des Deutschen Aikido-Bundes e.V. und haben im Zuständigkeitsbereich uneingeschränkte Gültigkeit.

Aufteilung der Prüfungsfächer für den 5. bis 1. Kyu-Aikido

		PRÜFUNGSFÄCHER					
1	**2**				**3**	**4**	**5**
	UKEMI						
Überprüfung bereits vorhandener Grade	Ushiro – Ukemi	Mae – Ukemi	Yoko – Ukemi	Freies Fallen (Rollen) alle Seiten	Nage – Waza¹	Katame – Waza¹	Randori mit vorgegebenem Angriff (weiche Form)²
5. Kyu-Grad (gelber Obi)	⊗				⊗	⊗	
4. Kyu-Grad (orangener Obi)	⊗	⊗	⊗			⊗	⊗	
3. Kyu-Grad (grüner Obi)	⊗	⊗	⊗	⊗		⊗	⊗	
2. Kyu-Grad (blauer Obi)	⊗	⊗	⊗	⊗	⊗	⊗	⊗	⊗
1. Kyu-Grad (brauner Obi)	⊗					⊗	⊗	⊗

ANGESTREBTE GRADE

¹ *gemäß nachfolgender Prüfungsordnung für den 5. bis 1. Kyu-Aikido.*
² *Angriffsart: 2. Kyu: Katate-tori, Ryote-tori oder Katate-Ryote-tori*
   1. Kyu: Yokomen-uchi, Shomen-uchi oder Shomen-tsuki.

Die Bewertungskriterien sind bei Kyu-Prüfungen natürlich in Abhängigkeit vom Grad des Ausübenden zu relativieren. Wird zum Beispiel der Shiho-Nage (Schwertwurf) eines Anwärters auf den 5. Kyu mit »gut« beurteilt, so kann diese von einem 2. Kyu in gleicher Ausführung demonstrierte Technik keine ausreichende Punktzahl mehr erbringen. Die Abstufung ist auch gerecht, wenn man bedenkt, daß sich ein 5. Kyu etwa 6 Monate und ein 2. Kyu etwa 24 Monate »auf dem Weg« befindet. Das in der längeren Zeit absolvierte Training hat

Einfluß auf die Qualität der in den Techniken enthaltenen Elemente des Aikido. Zum Zwecke einer einheitlichen Ausbildung der lizenzierten Prüfer wurden die qualitativen Anforderungen bei Kyu-Prüfungen von der Technischen Kommission des Deutschen Aikido-Bundes e.V. festgelegt. Die nachfolgende Übersicht gibt wichtige Trainingshinweise und fördert eine gleichmäßige Bewertung der Leistungen durch die eingesetzten Prüfer.

Bewertungs-Kriterien / angestrebter Grad	Sabaki	Zentrum	Tegatana	Distanz	Harmonie	Sicherheit	Wirksamkeit	Persönliche Ausstrahlung	Bemerkungen
5. Kyu-AIKIDO	■	■	■	○	□	□	■	□	Geringe Bewegungs- und Haltungsmängel sind entschuldbar!
4. Kyu-AIKIDO	○	■	○	○	■	□	■	□	Die Techniken sind aus der Bewegung vorzuführen!
3. Kyu-AIKIDO	○	○	○	○	○	■	○	■	Die Techniken sind bei guter Haltung aus der Bewegung vorzuführen!
2. Kyu-AIKIDO	○	○	○	●	○	○	○	○	Ukemi muß gut beherrscht werden! Bewegung, Haltung u. Griffsicherheit sollen gut sein!
1. Kyu-AIKIDO	●	●	●	●	○	●	●	○	Wie bei 2. Kyu! Atemi-Waza (Schlag- u. Stoßtechniken sind bereits sinnvoll anzuwenden!)

● = sehr wichtig   ■ = weniger wichtig
○ = wichtig   □ = ohne Bewertung

Prüfungsordnung für den 5. Kyu bis 1. Dan-Aikido

Die nachfolgende Prüfungsordnung des Deutschen Aikido-Bundes e.V. vermittelt einen Gesamteindruck. Alle gekennzeichneten Techniken sind in Abschnitt 6 dieses Buches in *einer* Ausführungsform behandelt (■ = Irimi / □ = Tenkan).
Bei den Prüfungen sind die Techniken beidseitig sowie in den möglichen Positionen (ai-hanmi / gyaku-hanmi) und Prinzipien (Irimi/Tenkan) zu demonstrieren. Mit steigendem Grad sollen auch unterschiedliche Formen des Eingangs beziehungsweise der Neutralisation gezeigt werden. Die Prüfung zum 1. Dan umfaßt weitere Fächer (siehe hierzu Abschnitt 10.3).

Prüfungsordnung für den
5. Kyu bis 1. Dan-Aikido
(Stand- und Bodentechniken)

VERTEIDIGUNGSTECHNIKEN

Angriffsart	V Ude-nobashi (gokyo)	IV Kote-mawashi (nikyo)	III Tekubi-osae (yonkyo)	II Kote-hineri (sankyo)	I Ude-osae (ikkyo)	13 Kokyu-Nage	12 Sumi-Otoshi	11 Tenchi-Nage	10 Juji-Garami	9 Koshi-Nage-kote-hineri	8 Koshi-Nage-hiji-garami	7 Kote-Gaeshi	6 Koshi-Nage	5 Kaiten-Nage (soto)	4 Aiki-Otoshi	3 Irimi-Nage	2 Kaiten-Nage (uchi)	1 Shiho-Nage
1 Katate-tori	1	2	3	**5**	5			**10**	1				2		4		**4**	**5**
2 Ryote-tori	1	2	**3**		5	1.D.	1.D.	**10**	1				**2**		4			5
3 Katate-Ryote-tori	1	2	3		5	**1.D.**						**1**					**3**	5
4 Mune-tori	**1**	2	3		5			1.D					2					5
5 Yoko-kubi-shime													2			3		5
6 Ushiro-ryokata-tori	1	**2**	3	4		**1.D.**							2				**3**	
7 Ushiro-Kakae-tori						1.D.							2			3		
8 Ushiro-ryote-tori	1	2	3	4					1		**1**	**1**	1		4	3		
9 Ushiro-eri-tori	1	2	3	4				1.D.					1	2			2	
10 Ushiro-katate-tori-kubi-shime	**1**	2	**3**	4		1.D.					**1**			**2**				
11 Ushiro-kubi-shime													2			3		
12 Yokomen-uchi	**1**	1	2	3	4	1.D.	1.D.						1	2		**3**	4	**4**
13 Shomen-uchi	1	**2**	3	**4**		1.D.	1.D						1	2		3	**2**	
14 Shomen-tsuki	1	2	3	4		1.D.						**1**	2	2		3		
15 Kubi-shime-Yokomen-uchi																		
16 Ushiro-kubi-shime-Yokomen-uchi																		

ANGRIFFSARTEN 1 – 16

KATAME-WAZA　　　　　　　NAGE - WAZA

10.3 Meistergrade (1. bis 10. Dan)

Die wahre Meisterschaft erwächst nicht allein aus der sicheren Beherrschung des Handwerklichen.
Meister ist, wer von Meistern und Schülern als solcher erkannt und geachtet wird!

Entsprechend ihrer Bedeutung werden Meister-(Dan-)Prüfungen unter Aufsicht und Verantwortung der übernationalen Aikido-Verbände durchgeführt. Die erforderlichen drei Prüfer stellt nach Möglichkeit jedoch der ausrichtende nationale Verband. Im Bereich der Europäischen Aikido-Union gilt für die Meistergrade folgende Abstufung:

Meistergrade

Deutsche Bezeichnung	Japanische Bezeichnung	Gürtelfarbe
1. Meistergrad	Sho-Dan	schwarz
2. Meistergrad	Ni-Dan	schwarz
3. Meistergrad	San-Dan	schwarz
4. Meistergrad	Shi-Dan (Yon-Dan)	schwarz
5. Meistergrad	Go-Dan	schwarz
6. Meistergrad	Roku-Dan	rot-weiß
7. Meistergrad	Shichi-Dan	rot-weiß
8. Meistergrad	Hachi-Dan	rot-weiß
9. Meistergrad	Ku-Dan	rot
10. Meistergrad	Ju-Dan	rot

Bei den Aikido-Meistern gehört der traditionelle schwarze Hosenrock (Hakama) zur Übungskleidung (Keikogi). Sie tragen in der Regel auch ab 6. Dan den schwarzen Gürtel ohne Unterscheidungszeichen.

Die Technik ist nicht Selbstzweck, sondern dient in erster Linie dazu, Charakter und Persönlichkeit des Ausübenden positiv zu entwickeln. Alle Inhalte des Aikido können aber nur dann wirken, wenn sie durch Menschen vorgelebt und über viele Generationen hinweg von selbstlosen Meistern an ihre guten Schüler weitergegeben werden. Die Aikido-Dane müssen entsprechend ihrem technischen und geistigen Vermögen selbstlose Beiträge zur Entwicklung des Aikido und zur Förderung der Ausübenden leisten. Dabei sollen sie ihre persönlichen Interessen der Sache und der Gemeinschaft unterordnen.

Die Erfüllung aller Pflichten setzt neben der Fachkunde auch bestimmte Charaktereigenschaften und Persönlichkeitswerte voraus. Sie sind in der Prüfungsordnung für Aikido-Dan-Grade verankert und werden in nachstehender Übersicht aufgezeigt:

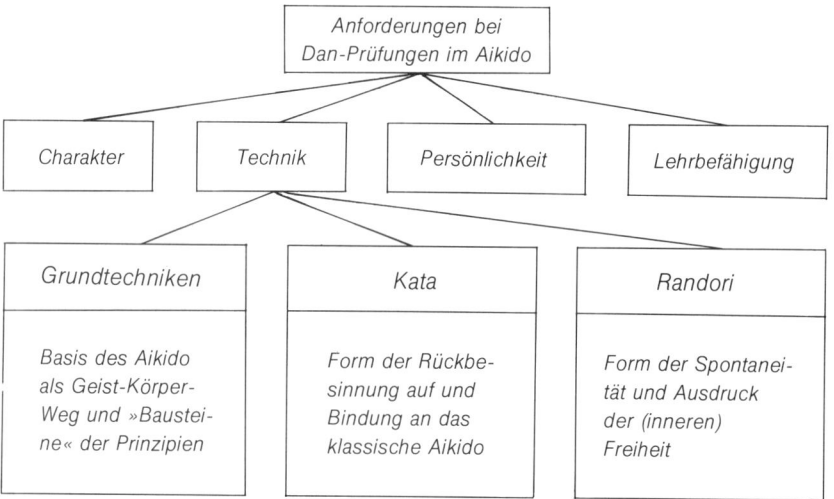

Beim Studium der in den Prüfungs- und Verfahrensordnungen festgelegten allgemeinen und besonderen Anforderungen kann man sofort feststellen, daß sich die Beurteilungsschwerpunkte mit steigendem Grad zunehmend mehr von der Technik auf die anderen Bereiche verlagern. Dadurch ist auch der gradbezogene Maßstab festgelegt, an dem die Entwicklung des Ausübenden gemessen wird.

Der Charakter eines Menschen zeigt sich in seinen Reaktionen auf wechselnde Umweltbedingungen, insbesondere unter Belastung. Eine gerechte Beurteilung ist nur möglich, wenn man den Betroffenen über längere Zeit in vielen Situationen beobachtet hat.
Dem ständigen Lehrer eines Meisters oder Meisteranwärters muß bei Dan-Prüfungen daher ein gewichtiges Mitspracherecht eingeräumt werden.

Schüler, die das Wesen des Do (Weges) verstanden haben, werden sich ohnehin nicht selbst zu den Prüfungen drängen, sondern abwarten, bis ihr Lehrer in freier Entscheidung eine Teilnahme vorschlägt.

Austrahlung, Auftreten und Verhalten des Aikidoka lassen Rückschlüsse auf seine Persönlichkeit zu. Im Rahmen einer belastenden Dan-Prüfung ist ihre Bewertung durch erfahrene Meister möglich.

Im Fach »Lehrbefähigung« hat der Bewerber eine Aufgabe zu lösen, die mit steigendem Grad immer schwieriger wird. Der zeitliche Umfang und das Niveau der ab 3. Dan im Rahmen einer Lehrprobe zu unterrichtenden Schüler nehmen zu.

Das Prüfungsprogramm für Aikido-Meister ist sehr umfangreich und vielseitig. Es kann an dieser Stelle daher nur in seinen Grundzügen behandelt werden. Interessenten wird ein weiterführendes Studium der entsprechenden Ordnungen empfohlen.

Im Bereich der Europäischen Aikido-Union müssen die Dan-Anwärter theoretische Kenntnisse und praktische Fertigkeiten nachweisen, die in den folgenden Übersichten nach Fächern aufgeschlüsselt sind:

Theoretische Kenntnisse

	Geistige und philosophische Grundlagen des AIKIDO	Lehrbefähigung / pädagogische Kenntnisse	Erste Hilfe[1]
1. Dan-AIKIDO	▲	▲	▲
2. Dan-AIKIDO	▲	▲	
3. Dan-AIKIDO	▲	▲	
4. Dan-AIKIDO	▲	▲	
5. Dan-AIKIDO	▲	▲	

[1] Zertifikat

Praktische Fertigkeiten

	Überprüfung	Grundtechnik	Kata	Randori	Abwehr bewaffneter Angreifer	Hanmi-hantachi	Suwari-Waza	Kombinationen
1. Dan-AIKIDO	♦	♦	♦	♦			♦	
2. Dan-AIKIDO	♦	♦	♦	♦	♦	♦	♦	
3. Dan-AIKIDO	♦	♦	♦	♦	♦	♦		♦
4. Dan-AIKIDO	♦	♦	♦	♦	♦			♦
5. Dan-AIKIDO	♦	♦	♦	♦	♦			♦

Hinsichtlich der Bewertung ist dabei von Bedeutung, daß die von den Prüfern vergebenen Punkte nur innerhalb der beiden Gebiete Theorie und Praxis ergänzungsfähig sind. Im Endergebnis zählt also das arithmetische Mittel der Noten aller Prüfer und Fächer. Ein Austausch von Punkten zwischen den Gebieten ist nicht möglich, so daß der Bewerber sowohl in Theorie als auch in Praxis mindestens ausreichende Leistungen erbringen muß, um die Prüfung zu bestehen. Dadurch werden die Prüfungsanwärter veranlaßt, sich gleichermaßen mit den geistigen und praktischen Inhalten des Aikido zu befassen. Die Erfüllung dieser Forderung kann bei einseitiger Veranlagung zwar mit Schwierigkeiten verbunden sein, führt jedoch immer zu einer ausgewogenen Geist-Körper-Bildung. Es läßt sich feststellen, daß den einzelnen Meistergraden oft gleiche Prüfungsfächer zugeordnet sind. Dies darf jedoch nicht über die Tatsache hinwegtäuschen, daß die Anforderungen in jedem Fach mit steigendem Grad in quantitativer und qualitativer Hinsicht ständig zunehmen. Diese Progression findet ihren Niederschlag auch in der folgenden Übersicht »Mindestalter und Vorbereitungszeit bei Aikido-Dan-Prüfungen«:

Grad	Mindestalter	Mindest-Vorbereitungszeit
1. Dan-AIKIDO	18 Jahre	1 Jahr
2. Dan-AIKIDO	21 Jahre	2 Jahre
3. Dan-AIKIDO	26 Jahre	3 Jahre
4. Dan-AIKIDO	32 Jahre	4 Jahre
5. Dan-AIKIDO	40 Jahre	5 Jahre

Entsprechend der bereits getroffenen Feststellung, daß Aikido eher ein Weg zur menschlichen Vervollkommnung als eine körperliche Trainingsform ist, steigen auch die allgemeinen Anforderungen wie folgt:

1. Dan-Aikido:
Der Anwärter für den 1. Meistergrad muß das Programm für Aikido-Kyu-Grade sicher beherrschen und erkennen lassen, daß er seine Ki einzusetzen versteht. Er muß in der Vorbereitungszeit als Trainer beziehungsweise Assistent bei einem Aikido-Dan in der Anfängerausbildung tätig gewesen sein.

2. Dan-Aikido:
Der Anwärter auf den 2. Meistergrad muß eine zunehmende technische Reife und Vielseitigkeit erkennen lassen. Er muß während der Vorbereitungszeit eigenverantwortlicher Übungsleiter in der Anfängerausbildung gewesen sein.

3. Dan-Aikido:
Der Anwärter muß alle bisherigen Aikido-Techniken auch in starker Form (Kakari-geiko) sicher beherrschen und die geistigen Prinzipien des Aikido umfassend interpretieren können. Er muß während der Vorbereitungszeit einen eigenen Aikido-Verein oder eine eigene Aikido-Abteilung verantwortlich geleitet haben.

4. Dan-Aikido:
Der Anwärter muß auf nationaler Ebene hohes Niveau und Ansehen besitzen und Aktivitäten entwickelt haben, die der nationalen Verbreitung des Aikido förderlich waren. Seine positiven Persönlichkeitsmerkmale müssen ausgeprägt und seine Charaktereigenschaften ohne Tadel sein.

5. Dan-Aikido:
Der Anwärter muß auf internationaler Ebene hohes Niveau und Ansehen besitzen und Aktivitäten entwickelt haben, die der internationalen Verbreitung des

Aikido förderlich waren. Er muß nach Charakter, Haltung und Leistung ein Vorbild für die Aikidoka sein.

Bei allen Dan-Prüfungen werden – wie bei den Kyu-Graden – Alter, Geschlecht und physische Konstitution des Bewerbers angemessen berücksichtigt. Soweit keine krankheitsbedingten Behinderungen vorliegen, erbringen auch ältere Aikidoka bei Prüfungen häufig gute (auch sehr gute) Leistungen. Sie verfügen insbesondere über eine langjährige Erfahrung und die daraus resultierende Intuition, bereiten sich sehr sorgfältig vor und setzen ihre körperlichen und geistigen Kräfte koordiniert und ökonomisch ein. Nicht zuletzt beherrschen diese Aikidoka ein Repertoire an wirksamen Techniken und die Kunst der richtigen Atmung und vollkommenen Entspannung. Sie können ihre Kräfte auch in kurzen Pausen, wie sie bei Prüfungen und Lehrgängen immer auftreten, optimal regenerieren. Schon mancher übermütige junge Aikidoka hat bei Lehrgängen verblüfft feststellen müssen, daß der Umgang mit seinem erheblich älteren Partner gar nicht so leicht war, wie er es sich vorgestellt hatte. Eine sicher für beide Seiten nützliche Erfahrung! In den letzten Jahren begannen immer mehr Kinder ab 10 Jahre mit dem Studium des Aikido. Sie sind oft sehr trainingsfleißig und erwerben aufgrund ihrer Leistungen bereits mit 14 Jahren den 1. Kyu-Aikido (brauner Gürtel). Diese Ausübenden können im Bereich des Deutschen Aikido-Bundes e.V. mit 16 Jahren eine Prüfung zum »Jugenddan« ablegen. Geprüft werden dabei nur die für den 1. Dan vorgeschriebenen praktischen Fertigkeiten. Durch hervorragende Ergebnisse bei den bisherigen Prüfungen fand sich die Richtigkeit dieser im Interesse der Jugend und des Aikido liegenden Maßnahme bestätigt.

Man kann davon ausgehen, daß ein 5. Dan die Technik des Aikido in Vollendung beherrscht. Es ist daher nicht mehr erforderlich, seine Fertigkeiten im Umgang mit den »Werkzeugen« zu überprüfen.

Das Ergebnis des Wirkens dieser Meister sowie ihre charakterlichen Qualitäten und Persönlichkeitswerte sind ohnehin weit über die Grenzen ihres Heimatlandes hinaus bekannt. Sie sind in der Regel geachtete Repräsentanten und vorbildliche Botschafter des Aikido, potenzieren sich in vielen guten Schülern und leisten anerkannte Beiträge zur Erhaltung des klassischen Aikido als Weg des Friedens und der Völkerverständigung. Bei formalen Prüfungen könnten die Leistungen und das Format dieser Meister nicht gerecht beurteilt werden. Ab 6. Dan-Aikido wird daher folgerichtig auf ihre Durchführung verzichtet. Dieser und die höheren Grade werden von den übernationalen Verbänden auf Vorschlag ihrer Technischen Kommission – sie besteht aus den ranghöchsten Meistern der Mitgliedsverbände – verliehen und im Rahmen internationaler Lehrgänge vor den teilnehmenden Aikidoka feierlich überreicht.

11 Ausblick

Wir sind alle auf dem Weg!

Der Weg des Aiki ist natürlich und einfach. Gerade darin sind jedoch alle Schwierigkeiten begründet, die wohl jeder Mensch beim intensiven Studium hat. Wenn ein Ausübender die Elemente und Techniken des Aikido zufriedenstellend beherrscht, ist er nicht am Ende des Studiums, sondern hat nur die Voraussetzungen für einen neuen Anfang geschaffen.

Diese Methode des Fortschrittes durch Bewältigung von Teilaufgaben ist hilfreich und verwirrend zugleich. Hilfreich, weil sie dem Aikidoka nur solche Probleme zur Lösung anbietet, die seinem persönlichen Leistungsvermögen angemessen sind. Er vermag sie zu meistern, ist mit Zuversicht erfüllt und für den neuen Anfang motiviert. Es wird ihm aber auch deutlich, daß es im Aikido keinen Leistungswettbewerb gibt, denn sein Fortschritt wird nicht absolut oder am Vermögen anderer Menschen gemessen – eine in der heutigen Zeit sicher wohltuende Tatsache.

Verwirrend ist die Methode, weil der suchende Aikidoka bald erkennt, daß er zwar immer tiefer in die Geheimnisse des »harmonischen Weges« eindringen kann, sie aber niemals ganz auszuloten vermag. Diese Tatsache zwingt bald zur Besinnung und führt zur meisterlichen Tugend der Bescheidenheit. Das im Verlauf des Studiums ständig steigende technische Niveau und die damit in der Regel verbundene umfassendere Kenntnis der geistigen Inhalte des Aikido sind eine Verpflichtung. Wer als Meister kein Verständnis mehr für die Probleme und Schwierigkeiten eines bemühten Schülers aufbringt oder der selbstlosen Hingabe unfähig ist, hat Wesen und Ziel des Aikido nicht verstanden.

Aikido unterscheidet sich durch seine Methoden und gewaltfreien Aktionen sehr wesentlich von anderen Kampfkünsten. Bei allem Streben nach wertvollen geistigen Erkenntnissen darf man jedoch niemals vergessen, daß es vom Ursprung und Wesen her ein System der Selbstverteidigung ohne Waffen ist. Im praktischen Training muß daher die wirksame Abwehr realistischer Angriffe absoluten Vorrang haben.

Voraussetzung für den Erfolg ist eine auf langer und ernsthafter Übung basierende, von geistiger Stärke und körperlicher Gewandtheit getragene reflexartige Reaktion.

Von großer Bedeutung ist ferner die Tatsache, daß im Ernstfall nur die sichere Beherrschung eines geschlossenen Systems und niemals die kurzzeitig geübte Einzeltechnik nützlich sein kann. Der Interessent findet im Aikido daher zwar einen vollkommenen, aber keinen schnellen Weg der Selbstverteidigung. Dies sei deutlich gesagt, um Enttäuschungen vorzubeugen.

Aufgrund seiner geistigen, philosophischen und erzieherischen Inhalte wird Aikido besonders jene Menschen begeistern, die rücksichtslose Gewalt als Mittel zur Konfliktlösung ablehnen und an den Sieg der Liebe über das Böse glauben.

Da alle aufrichtigen Schüler und Meister nicht wollen, daß Aikido entweder nur von einer elitären Minderheit in exklusiven Zirkeln betrieben oder zu einer primitiven Kampfkunst erniedrigt wird, müssen sie sich ständig um die Erhaltung und Verbreitung seiner wertvollen Inhalte bemühen. Die beste Werbung für diesen »harmonischen Weg« ist das vorbildliche Verhalten der Aikidoka in allen Bereichen ihres Lebens!

Auf den vorstehenden Seiten habe ich mich aufrichtig bemüht, den Leser mit den Lehren und Techniken des klassischen Aikido vertraut zu machen, das meiner Ansicht nach ein bedeutendes System zur menschlichen Vervoll-

kommnung ist. Die erschöpfende Behandlung aller geistigen Grundlagen und praktischen Inhalte des Aikido sowie der Methoden ihrer Vermittlung war in diesem Buch nicht möglich. Das große Gebiet der Anwendung des Aikido zur Abwehr bewaffneter Angreifer sowie die Verkettungen und besonderen Übungsformen sollen in einem Folgeband ausführlich behandelt werden, wenn das Interesse der Leser am vorliegenden Band dies rechtfertigt.

Ob und in welchem Umfang meine mit der Abfassung dieses Buches verfolgten Absichten erreicht wurden, läßt sich wohl kaum feststellen. Dies beunruhigt mich aber nicht, denn in einem Mosaik hat auch ein kleines Steinchen seine Bedeutung. Sicher scheint jedoch, daß die intensive Auseinandersetzung mit dem Thema meine Entwicklung im Sinne des Weges gefördert hat.

Der von allen aufrichtigen Schülern in der ganzen Welt verehrte Begründer des Aikido, O-Sensei Morihei Uyeshiba, hat uns ein Erbe von unschätzbarem Wert hinterlassen. Er stellte fest:

»Es gibt keine Geheimlehren; der wahre Fortschritt wird nur durch die beharrliche Arbeit an sich selbst erreicht!«

Ich hoffe und wünsche, daß in allen Generationen gute Aikido-Meister leben und wirken.

Kurze Definition der für den Aikido-Schüler (Kyu) wichtigen Begriffe

Nage (Tori)	Verteidiger; vollzieht die Verteidigungstechniken unter Beachtung der Aikido-Prinzipien.
Uke	Angreifer; vollzieht festgelegte oder frei gewählte Angriffe.
Ki	In der Persönlichkeit zum Ausdruck kommende Willenskraft, Energie, geistig-seelische Kraft. Philosophischer Begriff mit vielen Interpretationsmöglichkeiten. Grundlage des Aikido als Geist-Körper-Weg. Körperlich versteht man darunter auch Atemkraft.
Kokyu	In der Technik wirksam werdendes, zum Ausdruck gebrachtes oder in Bewegung umgesetztes Ki.
Kokyu-ho	Die Kunst des Einsatzes von Ki, um damit den Angreifer zu führen (körperlich) oder zu beeinflussen (geistig). Auch Bezeichnung für Atemkraftübungen.
Kokyu-Nage	Die Kunst, einen Angreifer durch Kokyu zu werfen oder durch Ki zu leiten.
Kamae	Stand, Stellung oder Position; Aikido-Grundstellung in T-Form. *Unterscheide:* **Migi-Kamae** = Grundstellung *rechts*-vorwärts. **Hidari-Kamae** = Grundstellung *links*-vorwärts.
Ma-ai	Abstand (Distanz) zum Angreifer zur Ausführung korrekter Aikido-Techniken. *Unterscheide:* **ai-hanmi** = beide Partner nehmen die *gleiche* Stellung (Migi-Kamae bzw. Hidari-Kamae) ein und stehen sich gegenüber. Daraus ergibt sich eine diagonale Handstellung. **gyaku-hanmi** = beide Partner nehmen die *umgekehrte* Stellung ein Nage: Migi-Kamae und Uke: Hidari-Kamae *oder* Nage: Hidari-Kamae und Uke: Migi-Kamae.
Tegatana	Schwerthand (Kleinfingerseite, vom Handgelenk bis zur Fingerspitze). Wird bei vielen Aikido-Techniken zum Schneiden, Drehen, Ziehen, Stoßen oder Schlagen benutzt. Die Schwerthand wird durch Kokyu (Atemkraft) geführt!

Sabaki	Aikido ist Bewegung! Sabaki wird als Oberbegriff für alle Bewegungsformen und -übungen verwendet. *Unterscheide:* **Ashi-sabaki** = geradlinige Bewegung durch Gleitschritte in Hidari- oder Migi-Kamae. **Tai-sabaki** = Kreisbewegungen durch Wendungen und Körperdrehungen. *Merke:* Ashi und Tai-sabaki werden miteinander verbunden, um Ma-ai (korrekten Abstand) herzustellen und die Aikido-Techniken auszuführen. Uke unterliegt hinsichtlich seiner Bewegungen nur dem eigenen Willen, während Nage durch Sabaki eine gute Stellung (Ma-ai) zum Angreifer bezieht.
Irimi (Omote)	Innerer (direkter oder auch positiver) Eingang zur Einleitung der Aikido-Technik (Angreifer zieht, trete ein!) *oder* Art der Ausführung (z. B. geradliniger Abwurf in der Endphase einer Aikido-Technik).
Tenkan (Ura)	Äußeres (negatives) Ausweichen durch Anwendung von Tai-sabaki (Körperdrehung) zur Einleitung der Aikido-Technik (Angreifer schiebt, weiche aus!) *oder* Art der Ausführung (z. B. kreisförmiger Abwurf in der Endphase einer Aikido-Technik).
Irimi-ho oder **Kokyu-ho Irimi**	Vorübung zur Erlernung des *inneren* Einganges, dabei Führen von *Uke* durch Kokyu (Atemkraft).
Tenkan-ho oder **Kokyu-ho Tenkan**	Vorübung zur Erlernung des *äußeren* Ausweichens, dabei Einleitung der Kreis-(Ausweich-) Bewegung durch Kokyu.
Za-ho	Konzentrationssitz (Aikido-Sitz).
Agura	Gelöster Sitz (»Schneidersitz«).
Kyu	Schüler.
Dan	Meister, Lehrer; (nur der Begründer des Aikido, Morihei Uyeshiba, wird O-Sensei = großer Meister (Lehrer) genannt.
Dojo	Übungsraum (mit Matten).
Keikogi	Aikido-Übungskleidung (Jacke, Hose, Hakama und Gürtel).
Aikidoka	Sammelbegriff für Aikido-Sportlerinnen und -Sportler.
Shikko	Bewegungen (Drehungen) auf den Knien zur Balanceschulung und als Vorübung für Techniken im Aikido-Sitz (Suwari-Waza).
Ukemi	Fallschule = Verteidigung durch gutes (unterbewußt richtiges) Fallen und Rollen. = Umsetzung einer auf Nage oder Uke wirkenden Kraft oder Technik in gefahrlose (Kreis-) Bewegungen bei Rollen. = Verteilung der Wucht des fallenden Körpers auf eine große Fläche (Druck/Fläche wird geringer), um Verletzungen (Stauchungen, Prellungen) zu vermeiden.

Unterscheide:

Mae-Ukemi = Vorwärtsfallen (-rollen) aus Hidari- oder Migi-Kamae.
Ushiro-Ukemi = Rückwärtsfallen (-rollen), rechts und links.
Yoko-Ukemi = Seitwärtsfallen (-rollen), rechts und links.

Anmerkungen zur Prüfung:

Nach Aufruf betritt der Aikidoka die Matte (Tatami) und grüßt den Prüfer im Stand (Ritsu-rei). Bei den Fächern Stand- und Bodentechnik folgt Uke dem Beispiel von Nage (Tori). Anschließend wenden sich beide Partner zueinander und wiederholen den Gruß. Nage geht dann sofort in Kamae!

Sagt der Prüfer eine Technik an, so erfolgt die Vorführung beiseitig unter ständigem Wechsel der Position (ai-hanmi und gyaku-hanmi) und des Einganges (Irimi und Tenkan), bis ein Zeichen zur Beendigung gegeben wird. Falls erforderlich, verlangt der Prüfer besondere Vorführungsformen.

Nach Beendigung der Prüfung bzw. des Teilfaches verbeugen sich die Partner (Nage und Uke) erst zueinander und dann gemeinsam zum Prüfer.

Die erste Prüfung erstreckt sich auf das Programm des 5. Aikido-Kyu-Grades (gelber Gürtel).

Weitere Informationen erhalten Sie bei:

Deutscher Aikido-Bund e.V.
– Präsident –
Herrn Rolf Brand
Claudiusring 4 L
2400 Lübeck

Nunchaku
Waffe – Sport – Selbstverteidigung
(0373) von Albrecht Pflüger, 144 S., 247
Abbildungen, kartoniert, DM 16,80

Shuriken – Tonfa – Sai
Stockfechten und andere bewaffnete
Kampfsportarten aus Fernost.
(0397) von Andreas Schulz, 96 S., 253
s/w-Fotos, kartoniert, DM 12,80

Taekwon-Do
Koreanischer Kampfsport
(0347) von Konstantin Gil, 152 S., 408
Abbildungen. kartoniert, DM 12,80

BO-Karate
Kukishin-Ruy –
die Techniken des Stockkampfes
(0447) von Georg Stiebler, 176 S., 424
s/w-Fotos, 38 Zeichnungen, kartoniert,
DM 16,80

FALKEN VERLAG

**Neue Lehrmethoden
der Judo-Praxis**
(0424) von Pierre Herrmann,
224 S., 475 Abbildungen, kartoniert, DM 16,80

**Karate für Frauen
und Mädchen**
Sport und Selbstverteidigung
(0425) von Albrecht Pflüger,
168 S., 259 s/w-Fotos, kartoniert, DM 9,80

Karate für alle
Karate-Selbstverteidigung
in Bildern
(0314) Von Albrecht Pflüger,
112 S., 356 Fotos, kartoniert,
DM 8.80

Dynamische Tritte
Grundlagen für den Freikampf
(0438) Von Chong Lee, übersetzt von Manfred Pabst,
96 S., 398 Fotos, 10 Zeichnungen, kart., DM 9,80

Hap Ki Do
Grundlagen und Techniken
koreanischer Selbstverteidigung
(0379) von Kim Sou Bon,
112 S., 153 Abbildungen, kartoniert, DM 14,80

Fußwürfe
für Judo, Karate und
Selbstverteidigung
(0439) Von Hayward Nishioka,
übersetzt von Hans Jürgen
Hesse, 96 S., 260 Abb., kart.,
DM 9,80

Gesamt-Programm

Frühjahr 1982

Hobby

Hobby Porträtzeichnen (0603) Von Rita Jovy, ca. 96 S., ca. 20 Farbfotos, 100 Zeichnungen, kartoniert. — ca.* DM/Fr 16.80 S 134,–

Aquarellmalerei leicht gemacht. (5099) Von Thomas Hinz, 64 S., 79 Farbfotos, Pappband. — DM/Fr 11.80 S 94,–

Naive Malerei leicht gemacht. (5083) Von Felizitas Krettek, 64 S., 76 Farbfotos, Pappband. — DM/Fr 11.80 S 94,–

Ölmalerei leicht gemacht. (5073) Von Heiner Karsten, 64 S., 62 Farbfotos, Pappband. — DM/Fr 12.80 S 98,–

Zeichnen Sie mal – malen Sie mal (5095) Von Ferry Ahrlé und Volker Kühn, 112 S., 16 Farbtafeln, viele Zeichnungen, kartoniert. — DM/Fr 14.80 S 118,–

Bauernmalerei als Kunst und Hobby. (4057) Von Arbo Gast und Hannie Stegmüller, 128 S., 239 Farbfotos, 26 Riß-Zeichnungen, gebunden. — DM/Fr 36,– S 288,–

Hobby-Bauernmalerei (0436) Von Senta Ramos und Jo Roszak, 80 S., 116 Farbfotos und 28 Motivvorlagen, kartoniert. — DM/Fr 19.80 S 158,–

Bauernmalerei – leicht gemacht. (5039) Von Senta Ramos, 64 S., 78 Farbfotos, Pappband. — DM/Fr 11.80 S 94,–

Glasmalerei als Kunst und Hobby. (4088) Von Felizitas Krettek und Suzanne Beeh-Lustenberger, 132 S., mit 182 Farbfotos, 38 Motivvorlagen, gebunden. — DM/Fr 36,– S 288,–

Transparente Glasmalerei leicht gemacht. (5064) Von Felizitas Krettek, 64 S., 62 Farbfotos, Pappband. — DM/Fr 12.80 S 98,–

Glasritzen – ein neues Hobby. (5109) Von Gerlind Mégroz, 64 S., 110 Farbfotos, 15 Zeichnungen, Pappband. — DM/Fr 14.80 S 118,–

Brandmalerei leicht gemacht. (5106) Von Klaus Reinhardt, 64 S., 68 Farbfotos, 23 Zeichnungen, Pappband. — DM/Fr 11.80 S 94,–

Töpfern als Kunst und Hobby. (4073) Von Johann Fricke, 132 S., 37 Farbfotos, 222 s/w-Fotos, gebunden. — DM/Fr 29.80 S 238,–

Arbeiten mit Ton (5048) Von Johann Fricke, 128 S., 15 Farbtafeln, 166 s/w-Fotos, kartoniert. — DM/Fr 14.80 S 118,–

Keramik kreativ gestalten (5072) Von Ewald Stark, 64 S., 117 Farbfotos, 2 Zeichnungen, Pappband. — DM/Fr 11.80 S 94,–

Fotografie – Das schöne als Ziel Zur Ästhetik und Psychologie der visuellen Wahrnehmung. (4122) Von Ewald Stark, 208 S., ca. 230 Farbfotos, 60 Zeichnungen, Ganzleinen, mit vierfarbigem Schutzumschlag. Voraussichtl. Erscheinungstermin: April 1982. — ca.* DM/Fr 78,– S 624,–

So macht man bessere Fotos Das meistverkaufte Fotobuch der Welt. (0614) Von Martin L. Taylor, 192 S., über 450 Farbfotos, kartoniert. Voraussichtl. Erscheinungstermin: April 1982. — ca.* DM/Fr 14.80 S 118,–

Schöne Sachen Selbermachen 88 Ideen zum Modellieren und Verschenken. (5117) Von Evelyn Guder-Thelen, 64 S., 73 Farbfotos, Pappband. — DM/Fr 11.80 S 94,–

Modellieren mit selbsthärtendem Material. (5085) Von Klaus Reinhardt, 64 S., 93 Farbfotos, Pappband. — DM/Fr 11.80 S 94,–

Hobby Seidenmalerei (0611) Von Renate Henge, 96 S., ca. 100 Farbfotos, Mustervorlagen, kartoniert. — DM/Fr 19.80 S 158,–

Hobby Holzschnitzen Von der Astholzfigur zur Vollplastik. (5101) Von Heinz-D. Wilden, 112 S., 16 Farbtafeln, 135 s/w-Fotos, kartoniert. — DM/Fr 14.80 S 118,–

Holzspielzeug selbst gebaut und bemalt. (5104) Von Mathias Kern, 64 S., 103 Farbfotos, 9 Zeichnungen, Pappband. — DM/Fr 12.80 S 98,–

Marionetten entwerfen · gestalten · führen. (5118) Von Axel Krause und Alfred Bayer, 64 S., 83 Farbfotos, 2 s/w-Fotos, 40 Zeichnungen, Pappband. — DM/Fr 14.80 S 118,–

Papiermachen ein neues Hobby. (5105) Von Ralf Weidenmüller, 64 S., 84 Farbfotos, 9 s/w-Fotos, 14 Zeichnungen, Pappband. — DM/Fr 14.80 S 118,–

Origami – die Kunst des Papierfaltens. (0280) Von Robert Harbin, 160 S., über 600 Zeichnungen, kartoniert. — DM/Fr 9.80 S 78,–

Papier-Basteleien (0406) Von Lena Nessle, 96 S., 84 Fotos, 70 Zeichnungen, teils zweifarbig, kartoniert. — DM/Fr 6.80 S 55,–

Phantasieblumen aus Strumpfgewebe, Tauchlack, Papier, Federn. (5091) Von Ruth Scholz-Peters, 64 S., 70 Farbfotos, Pappband. — DM/Fr 12.80 S 98,–

Neues farbiges Bastelbuch (4084) Von Friederike Baresel-Anderle, 248 S., 292 Farbtafeln, 123 Zeichnungen, kartoniert. — DM/Fr 19.80 S 158,–

Kerzen und Wachsbilder gießen · modellieren · bemalen. (5108) Von Christa Riess, 64 S., 110 Farbfotos, Pappband. — DM/Fr 11.80 S 94,–

Zinngießen leicht gemacht. (5076) Von Käthi Knauth, 64 S., 85 Farbfotos, Pappband. — DM/Fr 12.80 S 98,–

Das Herbarium Pflanzen sammeln, bestimmen und pressen. Gestalten mit Blüten, Blättern und Gräsern. (5113) Von Ingrid Gabriel, 96 S., 140 Farbtafeln, 6 farbige Zeichnungen, Pappband. — DM/Fr 16.80 S 134,–

Trockenblumen und Gewürzsträuße (5084) Von Gabriele Vocke, 64 S., 63 Farbfotos, Pappband. — DM/Fr 12.80 S 98,–

Flechten mit Bast, Stroh und Peddigrohr. (5098) Von Hanne Hangleiter, 64 S., 47 Farbfotos, 76 Zeichnungen, Pappband. — DM/Fr 12.80 S 98,–

Schmuck und Objekte aus Metall und Email (5078) Von Johann Fricke, 120 S., 183 Abbildungen, kartoniert. — DM/Fr 16.80 S 134,–

Makramee als Kunst und Hobby. (4085) Von Eva Andersen, 128 S., 114 Farbfotos, 157 s/w-Fotos, gebunden. — DM/Fr 34,– S 272,–

Makramee Knüpfarbeiten leicht gemacht. (5075) Von Birte Pröttel, 64 S., 95 Farbfotos, Pappband. — DM/Fr 11.80 S 94,–

Häkeln und Makramee Techniken – Geräte – Arbeitsmuster. (0320) Von Dr. Marianne Stradal, 104 S., 191 Abbildungen und Schemata, kartoniert. — DM/Fr 6.80 S 55,–

Postfach 1120 · D-6272 Niedernhausen/Ts. · Tel. 06127/3011-15 · Telex 04-186585 fves d

1

Strick mit! Ein Kurs für Anfänger. (5094) Von Birte Pröttel, 120 S., 72 Farbfotos, 188 s/w-Abbildungen, kartoniert. — DM/Fr 14.80 / S 118,–

Restaurieren von Möbeln Stilkunde, Materialien, Techniken, Arbeitsanleitungen. (4120) Von Ellinor Schnaus-Lorey, ca. 136 S., ca. 400 Zeichnungen, s/w- und Farbfotos, gebunden, mit vierfarbigem Schutzumschlag. Voraussichtl. Erscheinungstermin: April 1982. — ca.* DM/Fr 34,– / S 272,–

Stoff- und Kuscheltiere stricken, häkeln, nähen. (5090) Von Birte Pröttel, 64 S., 50 Farbfotos, Pappband. — DM/Fr 11.80 / S 94,–

Formen mit Backton trocknen · backen · bemalen · Neu: Töpfern ohne Brennofen. (0612) Von Angelika Köhler, 32 S., ca. 50 Farbfotos, Spiralbindung. — DM/Fr 6.80 / S 55,–

Gestalten mit Salzteig Formen · Bemalen · Lackieren. (0613) Von Wolf-Ulrich Cropp, 32 S., ca. 50 Farbfotos, kartoniert. — DM/Fr 6.80 / S 55,–

Leder schneiden · prägen · besticken. (5125) Von Karl-Heinz Bühler, 64 S., ca. 90 Farbfotos und Zeichnungen, Pappband. — DM/Fr 14.80 / S 118,–

Textiles Gestalten Spinnen · Weben · Stoffdruck · Batik · Makramee · Sticken. (5123) Von Johann Fricke, ca. 128 S., ca. 180 Farb- und s/w-Fotos, kartoniert. Voraussichtl. I. Halbjahr 1982. — ca.* DM/Fr 16.80 / S 134,–

Hobby Stoffdruck und Stoffmalerei (0555) Von Anneliese Ursin, 80 S., 68 Farbfotos, 68 Zeichnungen, kartoniert. — DM/Fr 19.80 / S 158,–

Stoffmalerei und Stoffdruck leicht gemacht. (5074) Von Heide Gehring, 64 S., 110 Farbfotos, Pappband. — DM/Fr 12.80 / S 98,–

Batik leicht gemacht. (5112) Von Arbo Gast, 64 S., 105 Farbfotos, Pappband. — DM/Fr 12.80 / S 98,–

Zugeschaut und mitgebaut Band 1 Helmut Scheuer im Hobby-Keller. (5031) Von Helmut Scheuer, 96 S., 218 Farb- und s/w-Fotos, kartoniert. — DM/Fr 14.80 / S 118,–

Zugeschaut und mitgebaut Band 2 Helmut Scheuer im Hobby-Keller. (5061) Von Helmut Scheuer, 120 S., 277 Farb- und s/w-Fotos, kartoniert. — DM/Fr 14.80 / S 118,–

Zugeschaut und mitgebaut Band 3 Helmut Scheuer im Hobby-Keller. (5077) Von Helmut Scheuer, 120 S., 291 Farb- und s/w-Fotos, kartoniert. — DM/Fr 14.80 / S 118,–

Zugeschaut und mitgebaut Band 4 Helmut Scheuer im Hobby-Keller. (5093) Von Helmut Scheuer, 120 S., 122 Farbfotos, 113 s/w-Abbildungen, kartoniert. — DM/Fr 14.80 / S 118,–

Falken-Handbuch **Heimwerken** Reparieren und selbermachen in Haus und Wohnung – über 1100 Farbfotos. Sonderteil: Praktisches Energiesparen. (4117) Von Thomas Pochert, 440 S., ca. 1103 Farbfotos, 100 ein- und zweifarbige Abbildungen, gebunden. — DM/Fr 49,– / S 392,–

Möbel aufarbeiten, reparieren, pflegen (0386) Von Ellinor Schnaus-Lorey, 96 S., 104 Fotos und Zeichnungen, kartoniert. — DM/Fr 6.80 / S 55,–

Mineralien und Steine erkennen und benennen. Farben · Formen · Fundorte. (0409) Von Rudolf Graubner, 136 S., 100 Farbfotos, kartoniert. — DM/Fr 14.80 / S 118,–

Findet den ersten Stein! Mineralien, Steine und Fossilien Grundkenntnisse für Hobbysammler. (0437) Von Dieter Stobbe, 96 S., 16 Farbtafeln, 14 s/w-Fotos, 10 Zeichnungen, kartoniert. — DM/Fr 9.80 / S 78,–

Der Verseschmied Kleiner Leitfaden für Hobbydichter. Mit Reimlexikon (0597) Von Theodor Parisius, ca. 96 S., kartoniert. Voraussichtl. Erscheinungstermin: März 1982. — ca.* DM/Fr 6.80 / S 55,–

Briefmarken sammeln für Anfänger. (0481) Von Dieter Stein, 120 S., 4 Farbtafeln, 98 s/w-Fotos, kartoniert. — DM/Fr 7.80 / S 65,–

Münzen Ein Brevier für Sammler. (0353) Von Erhard Dehnke, 128 S., 4 Farbtafeln, 17 s/w-Abbildungen, kartoniert. — DM/Fr 9.80 / S 78,–

Münzen sammeln nach Motiven (0480) Von Armin Haug, 176 S., 93 s/w-Fotos, kartoniert. — DM/Fr 14.80 / S 118,–

Papiergeld Ein Brevier für Sammler. (0501) Von Albert Pick, 116 S., 51 s/w-Fotos, kartoniert. — DM/Fr 9.80 / S 78,–

Modellflug-Lexikon (0549) Von Werner Thies, 280 S., 98 s/w-Fotos, 234 Zeichnungen, Pappband. — DM/Fr 31.50 / S 252,–

Flugmodelle bauen und einfliegen. (0361) Von Werner Thies und Willi Rolf, 160 S., 63 Abbildungen und 7 Faltpläne, kartoniert. — DM/Fr 12.80 / S 98,–

Ferngelenkte Motorflugmodelle bauen und fliegen. (0400) Von Werner Thies, 184 S., mit Zeichnungen und Detailplänen, kartoniert. — DM/Fr 12.80 / S 98,–

Das große Modell-Motorenbuch (0560) Von Roland Schwarz, 236 S., 142 s/w-Fotos, 120 Zeichnungen, kartoniert. — DM/Fr 29.80 / S 238,–

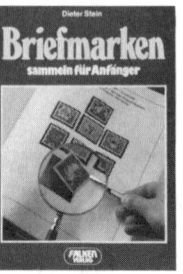

Ferngelenkte Segelflugmodelle bauen und fliegen. (0446) Von Werner Thies, 176 S., 22 s/w-Fotos, 115 Zeichnungen, kartoniert. — DM/Fr 14.80 / S 118,–

Schiffsmodelle selber bauen. (0500) Von Dietmar und Reinhard Lochner, 200 S., 93 Zeichnungen, 2 Faltpläne, kartoniert. — DM/Fr 14.80 / S 118,–

Moderne Fotopraxis Bildgestaltung · Aufnahmepraxis · Kameratechnik · Fotolexikon. (4030) Von Wolfgang Freihen, 304 S., davon 50 vierfarbig, gebunden. — DM/Fr 29.80 / S 238,–

Moderne Schmalfilmpraxis Ausrüstungen · Drehbuch · Aufnahme · Schnitt · Vertonung. (4043) Von Uwe Ney, 328 S., über 200 Abbildungen, gebunden. — DM/Fr 29.80 / S 238,–

Schmalfilmen Ausrüstung · Aufnahmepraxis · Schnitt · Ton. (0342) Von Uwe Ney, 108 S., 4 Farbtafeln, 25 s/w-Fotos, kartoniert. — DM/Fr 6.80 / S 55,–

Schmalfilme selbst vertonen (0593) Von Uwe Ney, ca. 96 S., ca. 30 Fotos, kartoniert. Voraussichtl. Erscheinungstermin: Februar 1982. — ca.* DM/Fr 7.80 / S 65,–

Falken-Handbuch **Videofilmen** Systeme, Kameras, Aufnahme, Ton und Schnitt. (4093) Von Peter Lanzendorf 288 S., 8 Farbtafeln, 165 s/w-Fotos, 25 Zeichnungen, gebunden. — DM/Fr 36,– / S 288,–

Gitarre spielen Ein Grundkurs für den Selbstunterricht. (0534) Von Atti Roßmann, 96 S., 1 Schallfolie, 150 Zeichnungen, durchgehend zweifarbig, kartoniert. — DM/Fr 19.80 / S 158,–

Sport

Die neue Tennis-Praxis Der individuelle Weg zu erfolgreichem Spiel. (4097) Von Richard Schönborn, 240 S., 202 Farbzeichnungen, gebunden. — DM/Fr 36,– / S 288,–

Erfolgreiche Tennis-Taktik (4086) Von Robert Ford Greene, übersetzt von Michael Rolf Fischer, 181 S., 87 Abbildungen, kartoniert. — DM/Fr 19.80 / S 158,–

Tennis kompakt Der erfolgreiche Weg zu Spiel, Satz und Sieg. (5116) Von Wilfried Taferner, 128 S., 82 s/w-Fotos, 67 Zeichnungen, kartoniert. **DM/Fr 12.80 S 98,–**

Frust und Freud beim Tennis Psychologische Studien der Spielertypen und Verhaltensweisen. (4079) Von H. Cath, A. Kahn und N. Cobb, 176 S., gebunden. **DM/Fr 19.80 S 158,–**

Tennis Technik – Taktik – Regeln. (0375) Von Harald Elschenbroich, 112 S., 81 Abbildungen, kartoniert. **DM/Fr 6.80 S 55,–**

Squash Ausrüstung – Technik – Regeln. (0539) Von Dietrich von Horn und Hein-Dirk Stünitz, 96 S., 55 s/w-Fotos, 25 Zeichnungen, kartoniert. **DM/Fr 8.80 S 70,–**

Golf Ausrüstung – Technik – Regeln. (0343) Von J.C. Jessop, übersetzt von Heinz Biemer, mit einem Vorwort von H. Krings, Präsident des Deutschen Golf-Verbandes, 160 S., 65 Abbildungen, Anhang Golfregeln des DGV, kartoniert. **DM/Fr 16.80 S 134,–**

Tischtennis modern gespielt mit TT-Quiz 17:21. (0363) Von Ossi Brucker und Tibor Harangozo, 120 S., 65 Abbildungen, kartoniert. **DM/Fr 9.80 S 78,–**

Basketball Technik und Übungen für Schule und Verein. (0279) Von Chris Kyriasogiou, 116 S., mit 252 Übungen zur Basketballtechnik, 186 s/w-Fotos und 164 Zeichnungen, kartoniert. **DM/Fr 12.80 S 98,–**

Fußball Training und Wettkampf. (0448) Von Holger Obermann und Peter Walz, 166 S., 93 s/w-Fotos, 56 Zeichnungen, kartoniert. **DM/Fr 9.80 S 78,–**

Mein bester Freund, der Fußball (5107) Von Detlev Brüggemann und Dirk Albrecht, 144 S., 171 Abbildungen, kartoniert. **DM/Fr 16.80 S 134,–**

Handball Technik – Taktik – Regeln. (0426) Von Fritz und Peter Hattig, 128 S., 91 s/w-Fotos, 121 Zeichnungen, kartoniert. **DM/Fr 9.80 S 78,–**

Volleyball Technik – Taktik – Regeln. (0351) Von Henner Huhle, 102 S., 330 Abbildungen, kartoniert. **DM/Fr 9.80 S 78,–**

Segeln (4207) Von Claus Hehner, 96 S., 106 großformatige Farbfotos, Pappband. **DM/Fr 24.80 S 198,–**

Segeln Ein Kurs für Anfänger. (0316) Von H. und L. Blasy, 112 S., 92 Abbildungen, kartoniert. **DM/Fr 7.80 S 65,–**

Falken-Handbuch Tauchsport Theorie · Geräte · Technik · Training. (4062) Von Wolfgang Freihen, 264 S., 252 Farbfotos, gebunden. **DM/Fr 36,– S 288,–**

Wasser-Volleyball (0456) Von Karl-Friedrich Schwarz und Laszlo Sarossi, 80 S., 54 Abbildungen, kartoniert. **DM/Fr 12.80 S 98,–**

Windsurfing Lehrbuch für Grundschein und Praxis. (5028) Von Calle Schmidt, 64 S., 60 Farbfotos, Pappband. **DM/Fr 12.80 S 98,–**

Falken-Handbuch Angeln in Binnengewässern und im Meer. (4090) Von Helmut Oppel, 344 S., 24 Farbtafeln, 66 s/w-Fotos, 151 Zeichnungen, gebunden. **DM/Fr 39,– S 312,–**

Angeln Kleine Fibel für den Sportfischer. (0198) Von E. Bondick, 96 S., 116 Abbildungen, kartoniert. **DM/Fr 6.80 S 55,–**

Sportfischen Fische – Geräte – Technik. (0324) Von Helmut Oppel, 144 S., 49 s/w-Fotos, 8 Farbtafeln, kartoniert. **DM/Fr 9.80 S 78,–**

Skilanglauf für jedermann. Lernen – Üben – Anwenden. (5036) Von Heiner Brinkmann, Sporthochschule Köln, 116 S., 133 s/w-Fotos, kartoniert. **DM/Fr 12.80 S 98,–**

Skischule Ausrüstung · Technik · Gymnastik. (0369) Von Richard Kerler, 128 S., 100 Abbildungen, kartoniert. **DM/Fr 7.80 S 65,–**

Ski-Gymnastik Fit für Piste und Loipe. (0450) Von Hannelore Pilss-Samek, 104 S., 67 s/w-Fotos, 20 Zeichnungen, kartoniert. **DM/Fr 6.80 S 55,–**

Reiten Vom ersten Schritt zum Reiterglück. (5033) Von Herta F. Kraupa-Tuskany, 64 S., 34 Farbfotos, 2 Zeichnungen, Pappband. **DM/Fr 12.80 S 98,–**

Reiten Dressur · Springen · Gelände. (0415) Von Ute Richter, 168 S., 235 Abbildungen, kartoniert. **DM/Fr 9.80 S 78,–**

Voltigieren Pflicht – Kür – Wettkampf. (0455) Von Josephine Bach, 120 S., 4 Farbtafeln, 88 s/w-Fotos, kartoniert. **DM/Fr 12.80 S 98,–**

Fechten Florett – Degen – Säbel. (0449) Von Emil Beck, 88 S., 219 Fotos und Zeichnungen, kartoniert. **DM/Fr 11.80 S 94,–**

Hockey Technische und taktische Grundlagen. (0398) Von Horst Wein, 152 S., mit vielen Zeichnungen und Fotos, kartoniert. **DM/Fr 16.80 S 134,–**

Fibel für Kegelfreunde Sport- und Freizeitkegeln · Bowling. (0191) Von G. Bocsai, 72 S., mit über 60 Abbildungen, kartoniert. **DM/Fr 5.80 S 49,–**

Beliebte und neue Kegelspiele (0271) Von Georg Bocsai, 92 S., 62 Abbildungen, kartoniert. **DM/Fr 4.80 S 39,–**

Pool-Billard (0484) Herausgegeben vom Deutschen Pool-Billard-Bund, von Manfred Bach, Karl-Werner Kühn, 88 S., mit über 80 Abbildungen, kartoniert. **DM/Fr 7.80 S 65,–**

Radsport Radtouristik und Rennen, Technik, Typen. (0550) Von Karl Ziegler und Rolf Lehmann, 120 S., 55 Abbildungen, kartoniert. **DM/Fr 9.80 S 78,–**

Roller-Skating Roller-Jogging · Disco-Rolling. (0518) Von Christa-Maria und Richard Kerler, 80 S., 64 s/w-Fotos, 15 Zeichnungen, kartoniert. **DM/Fr 7.80 S 65,–**

Die Erben Lilienthals Sportfliegen heute (4054) Von Günter Brinkmann, 240 S., 32 Farbtafeln, 176 s/w-Fotos, 33 Zeichnungen, gebunden. **DM/Fr 39,– S 312,–**

Sportschießen für jedermann. (0502) Von Anton Kovacic, 124 S. 116 s/w-Fotos, kartoniert. **DM/Fr 14.80 S 118,–**

Isometrisches Training Übungen für Muskelkraft und Entspannung. (0529) Von Lothar M. Kirsch, 140 S., 164 s/w-Fotos, kartoniert. **DM/Fr 9.80 S 78,–**

Spaß am Laufen Jogging für die Gesundheit. (0470) Von Werner Sonntag, 128 S., 36 Abbildungen, kartoniert. **DM/Fr 6.80 S 55,–**

Falken-Handbuch Schach Das Handbuch für Anfänger und Könner. (4051) Von Theo Schuster, 360 S., über 340 Diagramme, gebunden. **DM/Fr 26,– S 208,–**

Einführung in das Schachspiel (0104) Von W. Wollenschläger und K. Colditz, 92 S., 65 Diagramme, kartoniert.
DM/Fr 5.80
S 49,–

Spielend Schach lernen (2002) Von Theo Schuster, 128 S., kartoniert.
DM/Fr 6.80
S 55,–

Schach für Fortgeschrittene Taktik und Probleme des Schachspiels. (0219) Von Rudolf Teschner, 96 S., 85 Schachdiagramme, kartoniert.
DM/Fr 5.80
S 49,–

Schach-WM '81 Karpow – Kortschnoi. Mit ausführlichem Kommentar zu allen Partien. (0583) Von Großmeister H. Pfleger, O. Borik, 179 S., zahlreiche Diagramme und Fotos, kartoniert.
DM/Fr 16.80
S 134,–

Schach dem Weltmeister Karpow (0433) Von Theo Schuster, 164 S., 19 Abbildungen, 83 Diagramme, kartoniert.
DM/Fr 12.80
S 98,–

Neue Schacheröffnungen (0478) Von Theo Schuster, 108 S., 100 Diagramme, kartoniert.
DM/Fr 8.80
S 70,–

Kinder- und Jugendschach Offizielles Lehrbuch zur Erringung der Bauern-, Turm- und Königsdiplome des Deutschen Schachbundes. (0561) Von B.J. Withuis und Dr. H. Pfleger, 144 S., 11 s/w-Fotos, 223 Abbildungen, kartoniert.
DM/Fr 12.80
S 98,–

Schachstrategie Ein Intensivkurs mit Übungen und ausführlichen Lösungen. (0584) Von Alexander Koblenz, dt. Bearb. von Karl Colditz, ca. 144 S., ca. 130 Diagramme, kartoniert. Voraussichtl. Erscheinungstermin: April 1982.
ca.*
DM/Fr 14.80
S 118,–

Bodybuilding Anleitung zum Muskel- und Konditionstraining für sie und ihn. (0604) Von Reinhard Smolana, 160 S., 172 Fotos, kartoniert.
DM/Fr 9.80
S 78,–

Walking Fit, schlank und gesund durch Sportgehen. (0602) Von Gary D. Yanker, ca. 112 S., ca. 50 Fotos, kartoniert. Voraussichtl. Erscheinungstermin: März 1982.
ca.*
DM/Fr 9.80
S 78,–

Budo

Budo-Lexikon 1700 Fachausdrücke fernöstlicher Kampfsportarten. (0383) Von Herbert Velte, 152 S., 95 Abbildungen, kartoniert.
DM/Fr 12.80
S 98,–

Judo Grundlagen des Stand- und Bodenkampfes. (4013) Von Wolfgang Hofmann, 244 S., 589 Fotos, gebunden.
DM/Fr 29.80
S 238,–

Neue Lehrmethoden der Judo-Praxis (0424) Von Pierre Herrmann, 223 S., 475 Abbildungen, kartoniert.
DM/Fr 16.80
S 134,–

Judo Grundlagen – Methodik. (0305) Von Mahito Ohgo, 208 S., 1025 Fotos, kartoniert.
DM/Fr 14.80
S 118,–

Wir machen Judo (5069) Von Riccardo Bonfranchi und Ulrich Klocke, 92 S., mit Bewegungsabläufen in cartoonartigen zweifarbigen Zeichnungen, kartoniert.
DM/Fr 12.80
S 98,–

Fußwürfe für Judo, Karate und Selbstverteidigung. (0439) Von Hayward Nishioka, übersetzt von Hans-Jürgen Hesse, 96 S., 260 Abbildungen, kartoniert.
DM/Fr 9.80
S 78,–

Das Karate-Buch-Ereignis seit Jahren! Alles Wissen über KARATE – diese hohe Kunst der Selbstverteidigung – erscheint in einer 8bändigen Buchserie.

Nakayamas Karate perfekt 1 Einführung. (0487) Von Masatoshi Nakayama, 136 S., 605 s/w-Fotos, kartoniert.
DM/Fr 19.80
S 158,–

Nakayamas Karate perfekt 2 Grundtechniken. (0512) Von Masatoshi Nakayama, 354 s/w-Fotos, 53 Zeichnungen, kartoniert.
DM/Fr 19.80
S 158,–

Nakayamas Karate perfekt 3 Kumite 1: Kampfübungen. (0538) Von Masatoshi Nakayama, 128 S., 424 s/w-Fotos, kartoniert.
DM/Fr 19.80
S 158,–

Nakayamas Karate perfekt 4 Kumite 2: Kampfübungen. (0547) Von Masatoshi Nakayama, 128 S., 394 s/w-Fotos, kartoniert.
DM/Fr 19.80
S 158,–

Nakayamas Karate perfekt 5 Kata 1: Heian, Tekki. (0571) Von Masatoshi Nakayama, 144 S., 1229 s/w-Fotos, kartoniert.
DM/Fr 19.80
S 158,–

Nakayamas Karate perfekt 6 Kata 2: Bassai-Dai, Kanku-Dai. (0600) Von Masatoshi Nakayama, Übers. Hans-Jürgen Hesse, 144 S., ca. 1300 Fotos, kartoniert.
DM/Fr 19.80
S 158,–

Karate für Frauen und Mädchen Sport und Selbstverteidigung. (0425) Von Albrecht Pflüger, 168 S., 259 s/w-Fotos, kartoniert.
DM/Fr 9.80
S 78,–

Karate I Einführung · Grundtechniken (0227) Von Albrecht Pflüger, 148 S., 195 s/w-Fotos und Zeichnungen, kartoniert.
DM/Fr 9.80
S 78,–

Karate II Kombinationstechniken · Katas. (0239) Von Albrecht Pflüger, 176 S., 452 s/w-Fotos und Zeichnungen, kartoniert.
DM/Fr 9.80
S 78,–

Karate-Do Das Handbuch des modernen Karate. (4028) Von Albrecht Pflüger, 360 S., 1159 Abbildungen, gebunden.
DM/Fr 29.80
S 238,–

Karate für alle Karate-Selbstverteidigung in Bildern. (0314) Von Albrecht Pflüger, 112 S., 356 s/w-Fotos, kartoniert.
DM/Fr 8.80
S 70,–

Kontakt-Karate Ausrüstung · Technik · Training. (0396) Von Albrecht Pflüger, 112 S., 238 s/w-Fotos, kartoniert.
DM/Fr 12.80
S 98,–

Der König des Kung-Fu Bruce Lee Sein Leben und Kampf. (0392) Von seiner Frau Linda. Deutsch von W. Nottrodt, 136 S., 104 s/w-Fotos, mit großem Bruce-Lee-Poster, kartoniert.
DM/Fr 19.80
S 158,–

Bo-Karate Kukishin-Ryu – die Techniken des Stockkampfes. (0447) Von Georg Stiebler, 176 S., 424 s/w-Fotos, 38 Zeichnungen, kartoniert.　DM/Fr 16.80　S 134,–

Bruce Lees Jeet Kune Do (0440) Von Bruce Lee übersetzt von Hans-Jürgen Hesse, 192 S., mit 105 eigenhändigen Zeichnungen von Bruce Lee, kartoniert.　DM/Fr 19.80　S 158,–

Bruce Lees Kampfstil 1 Grundtechniken. (0473) Von Bruce Lee und M. Uyehara, 109 S., 220 Abbildungen, kartoniert.　DM/Fr 9.80　S 78,–

Bruce Lees Kampfstil 2 Selbstverteidigungstechniken. (0486) Von Bruce Lee und M. Uyehara, 128 S., 310 Abbildungen, kartoniert.　DM/Fr 9.80　S 78,–

Bruce Lees Kampfstil 3 Trainingslehre. (0503) Von Bruce Lee und M. Uyehara, 112 S., 246 Abbildungen, kartoniert.　DM/Fr 9.80　S 78,–

Bruce Lees Kampfstil 4 Kampftechniken. (0523) Von Bruce Lee und M. Uyehara, 104 S., 211 Abbildungen, kartoniert.　DM/Fr 9.80　S 78,–

Kung-Fu und Tai-Chi Grundlagen und Bewegungsabläufe. (0367) Von Bruce Tegner, 182 S., 370 s/w-Fotos, kartoniert.　DM/Fr 14.80　S 118,–

Kung-Fu II Theorie und Praxis klassischer und moderner Stile. (0376) Von Manfred Pabst, 160 S., 330 Abbildungen, kartoniert.　DM/Fr 12.80　S 98,–

Shaolin-Kempo – Kung-Fu Chinesisches Karate im Drachenstil. (0395) Von Ronald Czerni und Klaus Konrad, 236 S., 723 Abbildungen, kartoniert.　DM/Fr 19.80　S 158,–

Ju-Jutsu Grundtechniken – Moderne Selbstverteidigung. (0276) Von Werner Heim und Franz J. Gresch, 160 S., 460 s/w-Fotos, kartoniert.　DM/Fr 9.80　S 78,–

Ju-Jutsu 2 für Fortgeschrittene und Meister. (0378) Von Werner Heim und Franz J. Gresch, 164 S., 798 s/w-Fotos, kartoniert.　DM/Fr 19.80　S 158,–

Ju-Jutsu 3 Spezial-, Gegen- und Weiterführungstechniken. (0485) Von Werner Heim und Franz J. Gresch, 214 S., über 600 s/w-Fotos, kartoniert.　DM/Fr 19.80　S 158,–

Nunchaku Waffe · Sport · Selbstverteidigung. (0373) Von Albrecht Pflüger, 144 S., 247 Fotos, kartoniert.　DM/Fr 16.80　S 134,–

Shuriken · Tonfa · Sai Stockfechten und andere bewaffnete Kampfsportarten aus Fernost. (0397) Von Andreas Schulz, 96 S., 253 s/w-Fotos, kartoniert.　DM/Fr 12.80　S 98,–

Illustriertes Handbuch des Taekwon-Do Koreanische Kampfkunst und Selbstverteidigung. (4053) Von Konstantin Gil, 248 S., 1026 Abbildungen, gebunden.　DM/Fr 29.80　S 238,–

Taekwon-Do Koreanischer Kampfsport. (0347) Von Konstantin Gil, 152 S., 408 Abbildungen, kartoniert.　DM/Fr 12.80　S 98,–

Aikido Lehren und Techniken des harmonischen Weges. (0537) Von Rolf Brand, 280 S., 697 Abbildungen, kartoniert.　DM/Fr 19.80　S 158,–

Hap Ki Do Grundlagen und Techniken koreanischer Selbstverteidigung. (0379) Von Kim Sou Bong, 112 S., 153 Abbildungen, kartoniert.　DM/Fr 14.80　S 118,–

Dynamische Tritte Grundlagen für den Zweikampf. (0438) Von Chong Lee, übersetzt von Manfred Pabst, 96 S., 398 s/w-Fotos, 10 Zeichnungen, kartoniert.　DM/Fr 9.80　S 78,–

Wissen und Technik

Antiquitäten-(Ver)führer Stilkunde – Wert – Echtheitsbestimmung. (5057) Von Margot Lutze, 128 S., 191 Farbfotos, Pappband.　DM/Fr 19.80　S 158,–

Heiße Öfen Motorräder · Motorsport. (5008) Von Horst Briel, 64 S., 63 Farbfotos, Pappband.　DM/Fr 12.80　S 98,–

Dampflokomotiven (4204) Von Werner Jopp, 96 S., 134 großformatige Farbfotos, Pappband.　DM/Fr 24.80　S 198,–

Der Sklave Calvisius Alltag in einer römischen Provinz 150 n. Chr. (4058) Von Alice Ammermann, Tilmann Röhrig, Gerhard Schmidt, 120 S., 99 Farbfotos und farbige Zeichnungen, 47 s/w-Fotos und Zeichnungen, Pappband.　DM/Fr 19.80　S 158,–

ZDF · ORF · DRS **KOMPASS Jugend-Lexikon** (4096) Von Richard Kerler, Jochen Blum, unter Mitarbeit von Ursula Kopp, 336 S., 766 Farbfotos, 39 s/w-Fotos und Zeichnungen, Pappband.　DM/Fr 29.80　S 238,–

Freizeit mit dem Mikroskop (0291) Von Martin Deckart, 132 S., 69 s/w-Fotos, 4 Zeichnungen, kartoniert.　DM/Fr 9.80　S 78,–

Die schnellsten Motorboote der Welt (4210) Von Hans G. Isenberg, 96 S., 104 großformatige Farbfotos, Pappband.　DM/Fr 24.80　S 198,–

Keine Angst vorm Fliegen (0463) Von Rudolf Braunburg und R.J. Pieritz, 159 S., 15 Farbtafeln, 68 s/w-Fotos, kartoniert.　DM/Fr 12.80　S 98,–

Die tollsten Autos aller Zeiten (4208) Von Richard J. Höhn und Hans G. Isenberg, 96 S., 86 großformatige Farbfotos, Pappband.　DM/Fr 19.80　S 158,–

Zivilflugzeuge Vom Kleinflugzeug zum Überschall-Jet. (4218) Von Richard J. Höhn und Hans G. Isenberg, 96 S., 115 großformatige Farbfotos, Pappband.　DM/Fr 19.80　S 158,–

Die schnellsten Autos der Welt (4201) Von Hans G. Isenberg, und Dirk Maxeiner, 96 S., 110 meist vierfarbige Farbfotos, Pappband.　DM/Fr 19.80　S 158,–

CB-Code Wörterbuch und Technik. (0435) Von Richard Kerler, 120 S., mit technischen Abbildungen, kartoniert.　DM/Fr 7.80　S 65,–

Die rasantesten Rallyes der Welt (4213) Von Hans G. Isenberg und Dirk Maxeiner, 96 S., 116 großformatige Farbfotos, Pappband.　DM/Fr 19.80　S 158,–

Auto-Rallyes für jedermann Planen – ausrichten – mitfahren. (0457) Von Rüdiger Hagelberg, 104 S., kartoniert.　DM/Fr 9.80　S 78,–

Raketen auf Rädern Autos und Motorräder an der Schallgrenze. (4220) Von Hans G. Isenberg, 96 S., 112 großformatige Farbfotos, 21 s/w-Fotos, Pappband.　DM/Fr 19.80　S 158,–

Motorrad-Hits Chopper, Tribikes, Heiße Öfen (4221) Von Hans Georg Isenberg, 96 S., über 120 Farbfotos, Pappband.　DM/Fr 24.80　S 198,–

Die schnellsten Motorräder der Welt (4206) Von Hans G. Isenberg und Dirk Maxeiner, 96 S., 100 großformatige Farbfotos, Pappband.　DM/Fr 19.80　S 158,–

Energie aus Sonne, Wasser, Wind und Eis Alles über Wärmedämmung, Wärmepumpen, Sonnendächer und andere Systeme. (0552) Von Volker Petzold, 216 S., 124 Abbildungen, kartoniert.　DM/Fr 16.80　S 134,–

Der Obstgarten Pflanzung · Pflege · Baumschnitt · Neuheiten

Pflanzen, Garten, Tiere

Faszination Berg zwischen Alpen und Himalaya. (4214) Von Toni Hiebeler, 96 S., 100 großformatige Farbfotos, Pappband.　DM/Fr 22.80　S 182,–

Die bunte Welt der Wiesenblumen (4217) Von Friedrich Jantzen, 96 S., 121 großformatige Farbfotos, Pappband.　DM/Fr 19.80　S 158,–

Gefährdete und geschützte Pflanzen erkennen und benennen. (0596) Von Wieland Schnedler und Karl Wolfstetter, 160 S., ca. 120 Farbfotos, kartoniert. Voraussichtl. Erscheinungstermin: März 1982.　ca.*　DM/Fr 19.80　S 158,–

Großes Kräuter- und Gewürzbuch (4026) Von Heinz Görz, 584 S., 40 Farbtafeln, 152 Abbildungen, gebunden.　DM/Fr 36,–　S 288,–

Gesundes Leben im Naturgarten So wird man erfolgreicher Bio-Gärtner. (4124) Von Norbert Jorek, 136 S., ca. 75 Fotos, kartoniert. Voraussichtl. Erscheinungstermin: März 1982.　ca.*　DM/Fr 12.80　S 98,–

Arzneikräuter und Wildgemüse erkennen und benennen. (0459) Von Jörg Raithelhuber, 144 S., 108 Farbfotos, kartoniert.　DM/Fr 14.80　S 118,–

Die farbige Kräuterfibel (0245) Von Ingrid Gabriel, 196 S., 49 farbige und 97 s/w-Abbildungen, Pappband.　DM/Fr 14.80　S 118,–

Bäume und Sträucher erkennen und benennen. (0509) Von Jörg Raithelhuber, 116 S., 108 Farbfotos, kartoniert.　DM/Fr 16.80　S 134,–

Beeren und Waldfrüchte erkennen und benennen, eßbar oder giftig? (0401) Von Jörg Raithelhuber, 120 S., 94 Farbfotos, kartoniert.　DM/Fr 16.80　S 134,–

Falken-Handbuch Pilze Mit über 250 Farbfotos und Rezepten. (4061) Von Martin Knoop, 276 S., 250 Farbfotos, 28 Zeichnungen, gebunden.　DM/Fr 36,–　S 288,–

Pilze erkennen und benennen. (0380) Von Jörg Raithelhuber, 136 S., 110 Farbfotos, kartoniert.　DM/Fr 14.80　S 118,–

Falken-Handbuch Der Garten Das moderne illustrierte Standardwerk. (4044) Von Gerhard Bambach, unter Mitarbeit von Ulrich Kaiser, Wolfgang Velte und Joachim Zech, 854 S., 46 Farbtafeln, 972 s/w-Fotos, 85 Zeichnungen, gebunden.　DM/Fr 46,–　S 368,–

Das Gartenjahr Arbeitsplan für draußen und drinnen. (4075) Von Gerhard Bambach, 152 S., 16 Farbtafeln, viele Abbildungen, kartoniert.　DM/Fr 12.80　S 98,–

Gärtnern (5004) Von Inge Manz, 64 S., 38 Farbfotos, Pappband.　DM/Fr 11.80　S 94,–

Steingärten Anlage – Pflanzen – Pflege. (5092) Von Martin Haberer, 64 S., 90 Farbfotos, Pappband.　DM/Fr 12.80　S 98,–

Gartenteiche und Wasserspiele planen, anlegen und pflegen. (4083) Von Horst R. Sikora, 160 S., 16 Farbtafeln, über 100 Skizzen und Abbildungen, Pappband.　DM/Fr 29.80　S 238,–

Ziersträucher und -bäume im Garten (5071) Von Inge Manz, 64 S., 91 Farbfotos, Pappband.　DM/Fr 12.80　S 98,–

Blumenpracht im Garten (5014) Von Inge Manz, 64 S., 93 Farbfotos, Pappband.　DM/Fr 12.80　S 98,–

Rosen Arten – Pflanzung – Pflege. (5065) Von Inge Manz, 64 S., 60 Farbfotos, Pappband.　DM/Fr 11.80　S 94,–

Frühbeet und Kleingewächshaus (5055) Von Gustav Schoser, 64 S., 43 Farbfotos, Pappband.　DM/Fr 12.80　S 98,–

Gemüse und Kräuter frisch und gesund aus eigenem Anbau. (5024) Von Mechthild Hahn, 64 S., 71 Farbfotos, Pappband.　DM/Fr 12.80　S 98,–

Der Obstgarten Pflanzung · Pflege · Baumschnitt · Neuheiten. (5100) Von Joachim Zech, 64 S., 54 Farbfotos, Pappband.　DM/Fr 12.80　S 98,–

Balkons in Blütenpracht zu allen Jahreszeiten. (5047) Von Nikolaus Uhl, 64 S., 82 Farbfotos, Pappband.　DM/Fr 12.80　S 98,–

Grabgestaltung Bepflanzung und Pflege zu jeder Jahreszeit. (5120) Von Nikolaus Uhl, 64 S., 77 Farbfotos, 2 Zeichnungen, Pappband.　DM/Fr 14.80　S 118,–

Bonsai Japanische Miniaturbäume und Miniaturlandschaften. Anzucht, Gestaltung und Pflege. (4091) Von Benedikt Lesniewicz, 160 S., 106 Farbfotos, 46 s/w-Fotos, 115 Zeichnungen, gebunden.　DM/Fr 58,–　S 549,–

Falken-Handbuch Zimmerpflanzen 1600 Pflanzenporträts. (4082) Von Rolf Blaich, 432 S., 480 Farbfotos, 84 Zeichnungen, 1600 Pflanzenbeschreibungen, gebunden.　DM/Fr 39,–　S 312,–

Zimmerpflanzen in Farbe. (5010) Von Inge Manz, 64 S., 98 Farbfotos, Pappband.　DM/Fr 11.80　S 94,–

Zimmerbäume, Palmen und andere Blattpflanzen (5111) Von Gustav Schoser, 96 S., 98 Farbfotos, 7 Zeichnungen, Pappband.　DM/Fr 16.80　S 134,–

Hydrokultur Pflanzen ohne Erde – mühelos gepflegt. (4080) Von Hans-August Rotter, 120 S., 67 farbige und s/w-Abbildungen sowie Zeichnungen, gebunden.　DM/Fr 19.80　S 158,–

Blütenpracht in Grolit 2000 Der neue, mühelose Weg zu farbenprächtigen Zimmerpflanzen. (5127) Von Gabriele Vocke, 64 S., 50 Farbfotos, Pappband.　DM/Fr 9.80　S 78,–

Faszinierende Formen und Farben Kakteen (4211) Von Katharina und Franz Schild, 96 S., 127 großformatige Farbfotos, Pappband.　DM/Fr 19.80　S 158,–

Kakteen Herkunft, Anzucht, Pflege, Klimabedingungen. (5021) Von Werner Hoffmann, 64 S., 70 Farbfotos, Pappband.　DM/Fr 11.80　S 94,–

Fibel für Kakteenfreunde (0199) Von H. Herold, 102 S., 8 Farbtafeln, kartoniert.　DM/Fr 7.80　S 65,–

Kakteen und andere Sukkulenten 300 Arten mit über 500 Farbfotos (4116) Von Günter Andersohn, ca. 320 S., gebunden, mit vierfarbigem Schutzumschlag. Voraussichtl. Erscheinungstermin: März 1982.　ca.*　DM/Fr 36,–　S 288,–

Sukkulenten Mittagsblumen, Lebende Steine, Wolfsmilchgewächse u.a. (5070) Von Werner Hoffmann, 64 S., 82 Farbfotos, Pappband.　DM/Fr 11.80　S 94,–

Orchideen (4215) Von Gustav Schoser, 96 S., 143 großformatige Farbfotos, Pappband. — DM/Fr 24.80 / S 198,–

Orchideen Eigenart – Schnittblumen – Topfkultur – Pflege. (5038) Von Gustav Schoser, 64 S., 75 Farbfotos, Pappband. — DM/Fr 14.80 / S 118,–

Sag's mit Blumen Pflege und Arrangieren von Schnittblumen. (5103) Von Peter Möhring ca. 64 S., ca. 70 Farbfotos, Pappband. Voraussichtl. Erscheinungstermin: 1. Halbjahr 82 — ca.* DM/Fr 9.80 / S 78,–

Ikebana Einführung in die japanische Kunst des Blumensteckens. (0548) Von Gabriele Vocke, 152 S., 47 Farbfotos, kartoniert. — DM/Fr 19.80 / S 158,–

Blumengestecke im Ikebanastil (5041) Von Gabriele Vocke, 64 S., 37 Farbfotos, viele Zeichnungen, kartoniert. — DM/Fr 14.80 / S 118,–

Dauergestecke mit Zweigen, Trocken- und Schnittblumen. (5121) Von Gabriele Vocke, 64 S., ca. 50 Farbfotos, Pappband. Voraussichtl. Erscheinungstermin: 1. Halbjahr 82 — ca.* DM/Fr 14.80 / S 118,–

Schmetterlinge Tagfalter Mitteleuropas erkennen und benennen. (0510) Von Thomas Ruckstuhl, 156 S., 136 Farbfotos, kartoniert. — DM/Fr 16.80 / S 134,–

Insekten Mitteleuropas erkennen und benennen. (0588) Von Helmut Bechtel, ca. 144 S., ca. 120 Farbfotos, 15 Zeichnungen, kartoniert. Voraussichtl. Erscheinungstermin: März 1982. — ca.* DM/Fr 16.80 / S 134,–

Ponys Rassen, Haltung, Reiten. (4205) Von Stefan Braun, 96 S., 84 großformatige Farbfotos, Pappband. — DM/Fr 19.80 / S 158,–

Dinosaurier und andere Tiere der Urzeit. (4219) Von Gerolf Alschner, 96 S., 81 großformatige Farbzeichnungen, 4 s/w-Fotos, Pappband. — DM/Fr 19.80 / S 158,–

Süßwasser-Aquaristik Exotische Welt im Glas. (5080) Von Lothar Scheller, 64 S., 67 Farbfotos und Zeichnungen, Pappband. — DM/Fr 14.80 / S 118,–

Das Süßwasser-Aquarium Einrichtung – Pflege – Fische – Pflanzen (0153) Von H.J. Mayland, 132 S., 163 Zeichnungen, 8 Farbtafeln, kartoniert. — DM/Fr 8.80 / S 70,–

Aquarienfische des tropischen Süßwassers. (5003) Von Hans J. Mayland, 64 S., 98 Farbfotos, Pappband. — DM/Fr 12.80 / S 98,–

Das Meerwasser-Aquarium Einrichtung – Pflege – Fische und niedere Tiere. (0281) Von Hans J. Mayland, 146 S., 30 farbige und 228 s/w-Abbildungen, kartoniert. — DM/Fr 14.80 / S 118,–

Falken-Handbuch Hunde (4118) Von Horst Bielfeld, 176 S., 222 Farbfotos und Farbzeichnungen, gebunden. — DM/Fr 39,– / S 312,–

Hunde Rassen · Erziehung · Haltung. (4209) Von Horst Bielfeld, 96 S., 101 großformatige Farbfotos, Pappband. — DM/Fr 19.80 / S 158,–

Das neue Hundebuch Rassen · Aufzucht · Pflege. (0009) Von W. Busack, überarbeitet von Dr. med. vet. A.H. Hacker, 104 S., viele Abbildungen, kartoniert. — DM/Fr 8.80 / S 70,–

Falken-Handbuch Der Deutsche Schäferhund (4077) Von Ursula Förster, 228 S., 160 farbige und s/w-Abbildungen sowie Zeichnungen, gebunden. — DM/Fr 29.80 / S 238,–

Der Deutsche Schäferhund (0073) Von Alfred Hacker, 104 S., 24 Abbildungen, kartoniert. — DM/Fr 7.80 / S 65,–

Dackel, Teckel, Dachshund Aufzucht · Pflege · Ausbildung. (0508) Von Marianne Wein-Gysae, 112 S., 4 Farbtafeln, 43 s/w-Fotos, 2 Zeichnungen, kartoniert. — DM/Fr 9.80 / S 78,–

Hunde-Ausbildung Verhalten – Gehorsam – Abrichtung. (0346) Von Prof. Dr. R. Menzel, 96 S., 18 Fotos, kartoniert. — DM/Fr 7.80 / S 65,–

Hundekrankheiten Erkennung und Behandlung · Steuerung des Sexualverhaltens. (0570) Von Dr. med. vet. Rolf Spangenberg, 128 S., 68 s/w-Fotos, 10 Zeichnungen, kartoniert. — DM/Fr 9.80 / S 78,–

Ziervögel in Haus und Voliere. Arten – Verhalten – Pflege. (0377) Von Horst Bielfeld, 144 S., 32 Farbfotos, kartoniert. — DM/Fr 9.80 / S 78,–

Papageien und Sittiche Arten · Pflege · Sprechunterricht. (0591) Von Horst Bielfeld, ca. 112 S., über 30 Farbfotos, kartoniert. Voraussichtl. Erscheinungstermin: April 1982. — ca.* DM/Fr 9.80 / S 78,–

Vögel Die wichtigsten Arten Mitteleuropas. Erkennen und benennen. (0554) Von Joachim Zech, 152 S., 135 Farbfotos, 4 s/w-Fotos, 5 Zeichnungen, kartoniert. — DM/Fr 16.80 / S 134,–

Falken-Handbuch Das Terrarium (4069) Von Burkhard Kahl, Paul Gaupp, Dr. Günter Schmidt, 336 S., 215 Farbfotos, gebunden. — DM/Fr 48,– / S 384,–

Katzen Rassen · Haltung · Pflege. (4216) Von Brigitte Eilert-Overbeck, 96 S., 82 großformatige Farbfotos, Pappband. — DM/Fr 19.80 / S 158,–

Das neue Katzenbuch Rassen – Aufzucht – Pflege. (0427) Von Brigitte Eilert-Overbeck, 136 S., 14 Farbfotos, 26 s/w-Fotos, kartoniert. — DM/Fr 8.80 / S 70,–

Das Aquarium Einrichtung, Pflege und Fische für Süß- und Meerwasser. (4029) Von Hans J. Mayland, 334 S., über 415 Farbfotos und Farbtafeln, 150 Zeichnungen, gebunden. — DM/Fr 39,– / S 312,–

Süßwasser-Aquarienfische (4212) Von Burkhard Kahl, 96 S., 108 großformatige Farbfotos, Pappband. — DM/Fr 22.80 / S 182,–

Essen und Trinken

Kochen, was allen schmeckt 1700 Koch- und Backrezepte für jede Gelegenheit. (4098) Von Anneliese und Gerhard Eckert, 796 S., 60 Farbtafeln, Pappband.
DM/Fr 19.80
S 158,–

Max Inzingers 111 beste Rezepte (4041) Von Max Inzinger, 124 S., 35 Farbtafeln, kartoniert.
DM/Fr 19.80
S 158,–

Omas Küche und unsere Küche heute (4089) Von J. Peter Lemcke, 160 S., 8 Farbtafeln, 95 Zeichnungen, Pappband.
DM/Fr 24.80
S 198,–

Der lachende Feinschmecker Fred Metzlers Rezepte mit Pointen. (0475) Von Fred Metzler, 136 S., mit Zeichnungen von Ferry Ahrlé, Pappband.
DM/Fr 12.80
S 98,–

Was koche ich heute? Neue Rezepte für Fix-Gerichte. (0608) Von Annette Badelt-Vogt, 112 S., 16 Farbtafeln, kartoniert.
DM/Fr 9.80
S 78,–

Kulinarische Genüsse für Verliebte (4071) Von Claus Arius, 128 S., 16 Farbtafeln, gebunden.
DM/Fr 24.80
S 198,–

Schnelle Küche (4095) Von Anneliese und Gerhard Eckert, 136 S., 15 Farbtafeln, 61 Zeichnungen, kartoniert.
DM/Fr 9.80
S 78,–

Kochen für 1 Person Rationell wirtschaften, abwechslungsreich und schmackhaft zubereiten. (0586) Von M. Nicolin, ca. 144 S., 8 Farbtafeln, 12 Zeichnungen, kartoniert. Voraussichtl. Erscheinungstermin: März 1982.
ca.*
DM/Fr 9.80
S 78,–

Die besten Eintöpfe und Aufläufe (5079) Von Anneliese und Gerhard Eckert, 64 S., 49 Farbfotos, Pappband.
DM/Fr 11.80
S 94,–

Kalte und warme Vorspeisen einfach · herzhaft · raffiniert. (5045) Von Karin Iden, 64 S., 43 Farbfotos, Pappband.
DM/Fr 12.80
S 98,–

Süße Nachspeisen (0601) Von Petra Lohmann, ca. 96 S., 8 Farbtafeln, kartoniert. Voraussichtl. Erscheinungstermin: März 1982.
ca.*
DM/Fr 7.80
S 65,–

Nudelgerichte – lecker, locker, leicht zu kochen. (0466) Von Christiane Stephan, 80 S., 8 Farbtafeln, kartoniert.
DM/Fr 6.80
S 55,–

Weltmeister-Soßen Die Krönung der feinen Küche. (0357) Von Giovanni Cavestri, 100 S., 14 Farbtafeln, kartoniert.
DM/Fr 9.80
S 78,–

Köstliche Suppen für jede Tages- und Jahreszeit. (5122) Von Elke Fuhrmann, 64 S., 38 Farbfotos, Pappband.
DM/Fr 11.80
S 94,–

Desserts (5020) Von Margrit Gutta, 64 S., 38 Farbfotos, Pappband.
DM/Fr 12.80
S 98,–

Gesund kochen wasserarm · fettfrei · aromatisch. (4060) Von Margrit Gutta, 240 S., 16 Farbtafeln, Pappband.
DM/Fr 19.80
S 158,–

Alternativ essen Die gesunde Sojaküche. (0553) Von Uwe Kolster, 112 S., 8 Farbtafeln, kartoniert.
DM/Fr 9.80
S 78,–

Gesunde Kost aus dem Römertopf (0442) Von Jutta Kramer, 128 S., 8 Farbtafeln, 13 Zeichnungen, kartoniert.
DM/Fr 7.80
S 65,–

Ganz und gar mit Mikrowellen (4094) Von Tina Peters, 208 S., 24 Farbtafeln, 12 Zeichnungen, Pappband.
DM/Fr 29.80
S 238,–

Das neue Mikrowellen-Kochbuch (0434) Von Hermann Neu, 64 S., 4 Farbtafeln, kartoniert.
DM/Fr 5.80
S 49,–

Kochen und backen im Heißluftherd Vorteile, Gebrauchsanleitung, Rezepte. (0516) Von Katharina Kölner, 72 S., 8 Farbtafeln, kartoniert.
DM/Fr 7.80
S 65,–

Schnell gekocht – gut gekocht mit vielen Rezepten für Schnellkochtöpfe und Schnellbratpfannen. (0265) Von Irmgard Pérsy, 96 S., 8 Farbtafeln, kartoniert.
DM/Fr 7.80
S 65,–

Das neue Fritieren geruchlos, schmackhaft und gesund. (0365) Von Petra Kühne, 96 S., 8 Farbtafeln, kartoniert.
DM/Fr 7.80
S 65,–

Hobby-Kochbuch für Tiefkühlkost (0302) Von Ruth Vollmer-Ruprecht, 104 S., 8 Farbtafeln, kartoniert.
DM/Fr 8.80
S 70,–

Alles über Einkochen, Einlegen, Einfrieren Gesund und herzhaft. (4055) Von Birgit Müller, 152 S., 16 Farbtafeln, kartoniert.
DM/Fr 12.80
S 98,–

Einkochen nach allen Regeln der Kunst. (0405) Von Birgit Müller, 96 S., 8 Farbtafeln kartoniert.
DM/Fr 6.80
S 55,–

Natursammlers Kochbuch Wildfrüchte und -gemüse, Pilze, Kräuter – finden und zubereiten. (4040) Von Christa-Maria Kerler, 140 S., 12 Farbtafeln, gebunden.
DM/Fr 19.80
S 158,–

Kräuter- und Heilpflanzen-Kochbuch für eine gesunde Lebensweise. (4066) Von Pia Pervenche, 143 S., 15 Farbtafeln, kartoniert.
DM/Fr 12.80
S 98,–

Miekes Kräuter- und Gewürzkochbuch (0323) Von Irmgard Persy und Klaus Mieke, 96 S., 8 Farbtafeln, kartoniert.
DM/Fr 6.80
S 55,–

Wildgerichte einfach bis raffiniert. (5115) Von Margrit Gutta, 64 S., 43 Farbfotos, Pappband.
DM/Fr 12.80
S 98,–

Wild und Geflügel (4056) Von Christine Schönherr, 256 S., 122 großformatige Farbfotos, gebunden.
DM/Fr 48,–
S 384,–

Geflügel Die besten Rezepte aus aller Welt. (5050) Von Margrit Gutta, 64 S., 32 Farbfotos, Pappband.
DM/Fr 12.80
S 98,–

Grillen – drinnen und draußen. (4047) Von Claus Arius, 152 S., 30 Farbtafeln, kartoniert.
DM/Fr 12.80
S 98,–

Grillen Fleisch · Fisch · Beilagen · Soßen. (5001) Von Elke Fuhrmann, 64 S., 8 Farbfotos, Pappband.
DM/Fr 11.80
S 94,–

Die neue Grillküche Garen und backen im Quarz-Grill. (0419) Von Marianne Bormio, 80 S., 8 Farbtafeln, kartoniert.
DM/Fr 7.80
S 65,–

Raffinierte Steaks und andere Fleischgerichte. (5043) Von Gerhard Eckert, 64 S., 37 Farbfotos, Pappband.
DM/Fr 12.80
S 98,–

Fondues und fritierte Leckerbissen. (0471) Von Stefanie Stein, 80 S., 8 Farbtafeln, kartoniert. — DM/Fr **6.80** S 55,–

Fondues (5006) Von Eva Exner, 64 S., 50 Farbfotos, Pappband. — DM/Fr **11.80** S 94,–

Der schön gedeckte Tisch (5005) Von Rolf Stender, 64 S., 60 Farbfotos, Pappband. — DM/Fr **11.80** S 94,–

Fondues · Raclettes · Flambiertes (4081) Von Renate Peiler und Marie-Louise Schult, 136 S., 15 Farbtafeln, 28 Zeichnungen, kartoniert. — DM/Fr **12.80** S 98,–

Rezepte rund um Raclette und Hobby-Rechaud (0420) Von Jack W. Hochscheid, 72 S., 8 Farbtafeln, kartoniert. — DM/Fr **7.80** S 65,–

Neue, raffinierte Rezepte mit dem Raclettegrill (0558) Von Lutz Helger, 56 S., 8 Farbtafeln, kartoniert. — DM/Fr **7.80** S 65,–

Falken-Kombi-Kochbuch Die Kochidee mit neuem Dreh **Fleischgerichte** (4099) Von Alfred Berliner, 48 S., 69 Farbfotos, Spiralbindung, Pappband. — DM/Fr **19.80** S 158,–

Fischküche kalt und warm · mild und herzhaft. (5052) Von Heidrun Gebhardt, 64 S., 36 Farbfotos, Pappband. — DM/Fr **12.80** S 98,–

Chinesisch kochen Rezepte für die häusliche Küche. (5011) Von Karl-Heinz Haß, 64 S., 36 Farbfotos, Pappband. — DM/Fr **11.80** S 94,–

Chinesisch kochen mit dem WOK-Topf und dem Mongolen-Topf. (0557) Von Christiane Korn, 64 S., 8 Farbtafeln, kartoniert. — DM/Fr **7.80** S 65,–

Dänische Küche Nordische Tafelfreuden. (5086) Von Holger Hofmann, 64 S., 39 Farbfotos, Pappband. — DM/Fr **11.80** S 94,–

Deutsche Spezialitäten (5025) Von R. Piwitt, 64 S., 37 Farbfotos, Pappband. — DM/Fr **11.80** S 94,–

Exotisches Obst und Gemüse Rezepte für Vorspeisen, Hauptgerichte und Desserts. (5114) Von Christiane Stephan, 64 S., 58 Farbfotos, Pappband. — DM/Fr **12.80** S 98,–

Französisch kochen (5016) Von Margrit Gutta, 64 S., 35 Farbfotos, Pappband. — DM/Fr **11.80** S 94,–

Italienische Küche (5026) Von Margrit Gutta 64 S., 35 Farbfotos, Pappband. — DM/Fr **12.80** S 98,–

Japanische Küche schmackhaft und bekömmlich. (5087) Von Hiroko Toi, 64 S., 36 Farbfotos, Pappband. — DM/Fr **12.80** S 98,–

Nordische Küche Speisen und Getränke von der Küste. (5082) Von Jutta Kürtz, 64 S., 44 Farbfotos, Pappband. — DM/Fr **11.80** S 94,–

Ostasiatische Küche schmackhaft und bekömmlich. (5066) Von Taki Sozuki, 64 S., 39 Farbfotos, Pappband. — DM/Fr **11.80** S 94,–

Portugiesische Küche und Weine Kulinarische Reise durch Portugal. (0607) Von Enrique Kasten, ca. 96 S., 16 Farbtafeln, kartoniert. Voraussichtl. Erscheinungstermin: Februar 1982. — ca.* DM/Fr **9.80** S 78,–

Köstliche Pizzas, Toasts, Pasteten (5081) Von Anneliese und Gerhard Eckert, 64 S., 48 Farbfotos, Pappband. — DM/Fr **11.80** S 94,–

Raffinierte Rezepte mit Oliven (5119) Von Lutz Helger, 64 S., 53 Farbfotos, 4 Zeichnungen, Pappband. — DM/Fr **14.80** S 118,–

Kalte Platten (4064) Von Maître Pierre Pfister, 240 S., 135 großformatige Farbfotos, gebunden. — DM/Fr **48,–** S 384,–

Kalte Platten – Kalte Büfetts (5015) Von Margrit Gutta, 64 S., 34 Farbfotos, Pappband. — DM/Fr **11.80** S 94,–

Kleine Kalte Küche für Alltag und Feste. (5097) Von Anneliese und Gerhard Eckert, 64 S., 45 Farbfotos, Pappband. — DM/Fr **11.80** S 94,–

Kalte Happen und Partysnacks. (5029) Von Dolly Peters, 64 S., 35 Farbfotos, Pappband. — DM/Fr **11.80** S 94,–

Salate (4119) Von Christine Schönherr, 240 S., 115 Farbfotos, gebunden, mit vierfarbigem Schutzumschlag. Voraussichtl. Erscheinungstermin: März 1982. — ca.* DM/Fr **48,–** S 384,–

Salate für alle Gelegenheiten. (5002) Von Elke Fuhrmann, 64 S., 47 Farbfotos, Pappband. — DM/Fr **11.80** S 94,–

88 köstliche Salate Erprobte Rezepte mit Pfiff. (0222) Von Christine Schönherr, 104 S., 8 Farbtafeln, kartoniert. — DM/Fr **8.80** S 70,–

Kuchen und Torten (5067) Von Klaus Groth, 64 S., 42 Farbfotos, Pappband. — DM/Fr **11.80** S 94,–

Schönes Hobby: Backen Erprobte Rezepte mit modernen Backformen. (0451) Von Elke Blome, 96 S., 8 Farbtafeln, kartoniert. — DM/Fr **6.80** S 55,–

Kleingebäck Plätzchen · Kekse · Guetzli. (5089) Von Margrit Gutta, 64 S., 50 Farbfotos, Pappband. — DM/Fr **11.80** S 94,–

Waffeln süß und pikant. (0522) Von Christiane Stephan, 64 S., 4 Farbtafeln, kartoniert. — DM/Fr **6.80** S 55,–

Backen

Margrit Gutta

Gesundheit und Schönheit

Die Frau als Hausärztin (4072) Von Dr. med. Anna Fischer-Dückelmann, 808 S., 16 Farbtafeln, 174 s/w-Fotos, 238 Zeichnungen, gebunden. — DM/Fr 58,– / S 460,–

Die Frau als Hausärztin

Backen (4113) Von Margrit Gutta, 240 S., 123 Farbfotos, gebunden. — DM/Fr 48,– / S 384,–

Brotspezialitäten backen und kochen. (5088) Von Jack W. Hochscheid und Lutz Helger, 64 S., 50 Farbfotos, Pappband. — DM/Fr 11.80 / S 94,–

Selbst Brotbacken Über 50 erprobte Rezepte. (0370) Von Jens Schiermann, 80 S., 6 Zeichnungen, 4 Farbtafeln, kartoniert. — DM/Fr 6.80 / S 55,–

Mixen mit und ohne Alkohol (5017) Von Holger Hofmann, 64 S., 35 Farbfotos, Pappband. — DM/Fr 11.80 / S 94,–

Cocktails und Mixereien (0075) Von Jonny Walker, 104 S., 25 Zeichnungen, kartoniert. — DM/Fr 6.80 / S 55,–

Neue Cocktails und Drinks mit und ohne Alkohol. (0517) Von Siegfried Späth, 128 S., 4 Farbtafeln, Pappband. — DM/Fr 9.80 / S 78,–

Rund um den Rum Von der Feuerzangenbowle zum Karibiksteak. (5053) Von Holger Hofmann, 64 S., 32 Farbfotos, Pappband. — DM/Fr 12.80 / S 98,–

Die besten Punsche, Grogs und Bowlen (0575) Von Friedel Dingden, 64 S., 2 Farbtafeln, kartoniert. — DM/Fr 6.80 / S 55,–

Kaffee für Genießer (0492) Von Christiane Barthel, 88 S., 8 Farbtafeln, kartoniert. — DM/Fr 6.80 / S 55,–

HEISSGELIEBTER TEE

Heißgeliebter Tee Sorten, Rezepte und Geschichten. (4114) Von Curt Maronde, 153 S., 16 Farbtafeln, 93 Zeichnungen, gebunden. — DM/Fr 24.80 / S 198,–

Tee für Genießer Sorten · Riten · Rezepte. (0356) Von Marianne Nicolin, 64 S., 4 Farbtafeln, kartoniert. — DM/Fr 5.80 / S 49,–

Tee Herkunft · Mischungen · Rezepte. (0515) Von Sonja Ruske, 96 S., 4 Farbtafeln, viele Abbildungen, Pappband. — DM/Fr 9.80 / S 78,–

Heiltees und Kräuter für die Gesundheit (4123) Von Gerhard Leibold, ca. 136 S., 15 Farbtafeln, kartoniert. Voraussichtl. Erscheinungstermin: März 1982. — ca.* DM/Fr 12.80 / S 98,–

Der praktische Hausarzt (4100) Von Dr. med. R. Jäkel, 608 S., 201 s/w-Fotos, 118 Zeichnungen, Pappband. — DM/Fr 24.80 / S 198,–

Das große Hausbuch der Naturheilkunde (4052) Von Gerhard Leibold, 386 S., 18 Farbfotos, 8 s/w-Fotos, 196 Zeichnungen, gebunden. — DM/Fr 34,– / S 272,–

Autogenes Training Anwendung · Heilwirkungen · Methoden. (0541) Von Rolf Faller, 128 S., 3 Zeichnungen, kartoniert. — DM/Fr 9.80 / S 78,–

Eigenbehandlung durch Akupressur Heilwirkungen – Energielehre – Meridiane. (0417) Von Gerhard Leibold, 152 S., 78 Abbildungen, kartoniert. — DM/Fr 9.80 / S 78,–

Hypnose und Autosuggestion Methoden – Heilwirkungen – praktische Beispiele. (0483) Von Gerhard Leibold, 116 S., kartoniert. — DM/Fr 7.80 / S 65,–

Tanz und Spiele für Bewegungsbehinderte Ein Anfängerkurs für alle, die mitmachen wollen. Empfohlen vom Bundesverband für Tanztherapie e.V. (0581) Von Wally Kaechele, 96 S., 105 s/w-Fotos, 9 Zeichnungen, kartoniert, Spiralbindung. — DM/Fr 19.80 / S 158,–

Die Brot-Diät ein Schlankheitsplan ohne Extreme. (0452) Von Prof. Dr. Erich Menden und Waltraute Aign, 92 S., 8 Farbtafeln, kartoniert. — DM/Fr 6.80 / S 55,–

Neue Rezepte für Diabetiker-Diät Vollwertig-abwechslungsreich-kalorienarm (0418) Von Monika Oehlrich, 120 S., 8 Farbtafeln, kartoniert. — DM/Fr 9.80 / S 78,–

Wer schlank ist, lebt gesünder Tips und Rezepte zum Schlankwerden und -bleiben. (0562) Von Renate Mainer, 80 S., 8 Farbtafeln, kartoniert. — DM/Fr 7.80 / S 65,–

Die 4444-Joule-Diät Schlankessen mit Genuß. (0530) Von Hans J. Fahrenkamp, 160 S., 8 Farbtafeln, kartoniert. — DM/Fr 9.80 / S 78,–

Rohkost abwechslungsreich · schmackhaft · gesund. (5044) Von Ingrid Gabriel, 64 S., 40 Farbfotos, Pappband. — DM/Fr 12.80 / S 98,–

Alles mit Joghurt tagfrisch selbstgemacht mit vielen Rezepten. (0382) Von Gerda Volz, 88 S., 8 Farbtafeln, kartoniert. — DM/Fr 7.80 / S 65,–

Falken-Handbuch Heilkräuter Modernes Lexikon der Pflanzen und Anwendungen. (4076) Von Gerhard Leibold, 392 S., 183 Farbfotos, gebunden. — DM/Fr 36,– / S 288,–

Kalorien – Joule Eiweiß · Fett · Kohlenhydrate tabellarisch nach gebräuchlichen Mengen. (0374) Von Marianne Bormio, 88 S., kartoniert. — DM/Fr 4.80 / S 39,–

Schönheitspflege Kosmetische Tips für jeden Tag. (0493) Von Heide Zander, 180 S., 25 Abbildungen, kartoniert. — DM/Fr 7.80 / S 65,–

10 Minuten täglich Tele-Gymnastik (5102) Von Beate Manz und Kafi Biermann, 128 S., 381 Abbildungen, kartoniert. **DM/Fr 12.80 S 98,–**

Gesund und fit durch Gymnastik (0366) Von Hannelore Pilss-Samek, 132 S., 150 Abbildungen, kartoniert. **DM/Fr 7.80 S 65,–**

Yoga für jeden (0341) Von Kareen Zebroff, 156 S., 135 Abbildungen, kartoniert. **DM/Fr 20.– S 160,–**

Gesundheit und Spannkraft durch Yoga (0321) Von Lothar Frank und Ursula Ebbers, 112 S., 50 s/w-Fotos, kartoniert. **DM/Fr 7.80 S 65,–**

Yoga gegen Haltungsschäden und Rückenschmerzen (0394) Von Alois Raab, 104 S., 215 Abbildungen, kartoniert. **DM/Fr 6.80 S 55,–**

Buchführung leicht gefaßt. Ein Leitfaden für Handwerker und Gewerbetreibende. (0127) Von H.R. Pohl, 104 S., kartoniert. **DM/Fr 7.80 S 65,–**

Briefsteller

Moderne Korrespondenz (4014) Von Hans Kirst und Wolfgang Manekeller, 568 S., gebunden. **DM/Fr 39,– S 312,–**

Der neue Briefsteller (0060) Von I. Wolter-Rosendorf, 112 S., kartoniert. **DM/Fr 5.80 S 49,–**

Geschäftliche Briefe des Privatmanns, Handwerkers und Kaufmanns. (0041) Von Alfred Römer, 96 S., kartoniert. **DM/Fr 5.80 S 49,–**

Behördenkorrespondenz Musterbriefe – Anträge – Einsprüche. (0412) Von Elisabeth Ruge, 120 S., kartoniert. **DM/Fr 6.80 S 55,–**

Musterbriefe für alle Gelegenheiten. (0231) Herausgegeben von Olaf Fuhrmann, 240 S., kartoniert. **DM/Fr 9.80 S 78,–**

Privatbriefe Muster für alle Gelegenheiten. (0114) Von Irmgard Wolter-Rosendorf, 132 S., kartoniert. **DM/Fr 6.80 S 55,–**

Worte und Briefe der Anteilnahme (0464) Von Elisabeth Ruge, 128 S., mit vielen Abbildungen, kartoniert. **DM/Fr 6.80 S 55,–**

Großes Buch der Reden und Ansprachen für jeden Anlaß. (4009) Herausgegeben von F. Sicker, 454 S., Lexikonformat, gebunden. **DM/Fr 39,– S 312,–**

Die Redekunst · Rhetorik · Rednererfolg (0076) Von Kurt Wolter, überarbeitet von Dr. W. Tappe, 80 S., kartoniert. **DM/Fr 4.80 S 39,–**

Festreden und Vereinsreden Ansprachen für festliche Gelegenheiten. (0069) Von K. Lehnhoff und E. Ruge, 88 S., kartoniert. **DM/Fr 4.80 S 39,–**

In Anerkennung Ihrer..., Lob und Würdigung in Briefen und Reden (0535) Von Hans Friedrich, 136 S., kartoniert. **DM/Fr 7.80 S 65,–**

Erfolgreiche Kaufmannspaxis Wirtschaftliche Grundlagen, Geld, Kreditwesen, Steuern, Betriebsführung, Recht, EDV. (4046) Von Wolfgang Göhler, Herbert Gölz, Manfred Heibel, Dr. Detlev Machenheimer, mit einem Vorwort von Dr. Karl Obermayr, 544 S., gebunden. **DM/Fr 34,– S 272,–**

Erfolgreiche Bewerbungsbriefe und Bewerbungsformen. (0138) Von W. Manekeller, 88 S., kartoniert. **DM/Fr 4.80 S 39,–**

Die erfolgreiche Bewerbung Bewerbung und Vorstellung. (0173) Von Wolfgang Manekeller, 156 S., kartoniert. **DM/Fr 8.80 S 70,–**

Lebenslauf und Bewerbung Beispiele für Inhalt, Form und Aufbau. (0428) Von Hans Friedrich, 112 S., kartoniert. **DM/Fr 5.80 S 49,–**

Zeugnisse im Beruf richtig schreiben richtig verstehen. (0544) Von Hans Friedrich, 112 S., kartoniert. **DM/Fr 9.80 S 78,–**

Fortbildung und Beruf

Schülerlexikon der Mathematik Formeln, Übungen und Begriffserklärungen für die Klassen 5-10. (0430) Von Robert Müller, 176 S., 96 Zeichnungen, kartoniert. **DM/Fr 9.80 S 78,–**

Mathematische Formeln für Schule und Beruf Mit Beispielen und Erklärungen. (0499) Von Robert Müller, 156 S., 210 Zeichnungen, kartoniert. **DM/Fr 9.80 S 78,–**

Rechnen aufgefrischt für Schule und Beruf. (0100) Von Helmut Rausch, 144 S., kartoniert. **DM/Fr 6.80 S 55,–**

So lernt man leicht und schnell Maschinenschreiben (0568) Lehrbuch für Selbstunterricht und Kurse. Von Jean W. Wagner, 80 S., 31 s/w-Fotos, 36 Zeichnungen, kartoniert, Spiralbindung. **DM/Fr 19.80 S 158,–**

Maschinenschreiben durch Selbstunterricht Teil 1. (0170) Von A. Fonfara, 84 S., mit vielen Abbildungen, kartoniert. **DM/Fr 5.80 S 49,–**

Maschinenschreiben durch Selbstunterricht Teil 2. (0252) Von Hanns Kaus, 84 S., kartoniert. **DM/Fr 5.80 S 49,–**

Stenografie – leicht gemacht im Kursus oder Selbstunterricht. (0266) Von Hanns Kaus, 64 S., kartoniert. **DM/Fr 5.80 S 49,–**

Mehr Erfolg in der Schule und Beruf Besseres Deutsch mit Übungen und Beispiele für: Rechtschreibung, Diktate, Zeichensetzung, Aufsätze, Grammatik, Literaturbetrachtung, Stil, Briefe, Fremdwörter, Reden. (4115) Von Kurt Schreiner, 444 S., 7 s/w-Fotos, 27 Zeichnungen, Pappband. **DM/Fr 29.80 S 238,–**

Richtiges Deutsch Rechtschreibung · Zeichensetzung · Grammatik · Stilkunde. (0551) Von Kurt Schreiner, 128 S., kartoniert. **DM/Fr 9.80 S 78,–**

Aufsätze besser schreiben Förderkurs für die Klassen 4-10. (0429) Von Kurt Schreiner, 144 S., 4 s/w-Fotos, 27 Zeichnungen, kartoniert. **DM/Fr 9.80 S 78,–**

Diktate besser schreiben Übungen zur Rechtschreibung für die Klassen 4-8. (0469) Von Kurt Schreiner, 149 S., kartoniert. **DM/Fr 9.80 S 78,–**

Glückwünsche

Großes Buch der Glückwünsche (0255) Herausgegeben von Olaf Fuhrmann, 240 S., 64 Zeichnungen und viele Gestaltungsvorschläge, kartoniert. **DM/Fr 9.80 S 78,–**

Neue Glückwunschfibel für Groß und Klein. (0156) Von Reneé Christian-Hildebrandt, 96 S., kartoniert. **DM/Fr 4.80 S 39,–**

Glückwunschverse für Kinder (0277) Von Bettina Ulrici, 80 S., kartoniert. **DM/Fr 4.80 S 39,–**

Verse fürs Poesiealbum (0241) Von Irmgard Wolter, 96 S., 20 Abbildungen, kartoniert. **DM/Fr 4.80 S 39,–**

Rosen, Tulpen, Nelken... Beliebte Verse fürs Poesiealbum (0431) Von Waltraud Pröve, 96 S., mit Faksimile-Abbildungen, kartoniert. **DM/Fr 5.80 S 49,–**

Von der Verlobung zur Goldenen Hochzeit Vorbereitung · Festgestaltung · Glückwünsche. (0393) Von Elisabeth Ruge, 120 S., kartoniert. **DM/Fr 6.80 S 55,–**

Hochzeitsalbum Muster, Tips und Anregungen. (0288) Von Hans-Jürgen-Winkler, mit vielen Text- und Gestaltungsanregungen, 116 S., 15 Abbildungen, 1 Musterzeitung, kartoniert. **DM/Fr 6.80 S 55,–**

Die Silberhochzeit Vorbereitung · Einladung · Geschenkvorschläge · Festablauf · Menüs · Reden · Glückwünsche. (0542) Von Karin F. Merkle, 120 S., 41 Zeichnungen, kartoniert. — DM/Fr **9.80** S 78,–

Poesiealbumverse Heiteres und Besinnliches. (0578) Von Anne Göttling, 112 S., 20 Abbildungen, Pappband. — DM/Fr **14.80** S 118,–

Kindergedichte zur Grünen, Silbernen und Goldenen Hochzeit (0318) Von Hans-Jürgen Winkler, 104 S., 20 Abbildungen, kartoniert. — DM/Fr **5.80** S 49,–

Ins Gästebuch geschrieben (0576) Von Kurt H. Trabeck, 96 S., 24 Zeichnungen, kartoniert. — DM/Fr **7.80** S 65,–

Trinksprüche, Richtsprüche, Gästebuchverse (0224) Von Dieter Kellermann, 80 S., kartoniert. — DM/Fr **4.80** S 39,–

Deutsch für Ausländer

Deutsch für Ausländer im Selbstunterricht Ausgabe für Spanier (0253) Von Juan Manuel Puente und Ernst Richter, 136 S., 62 Zeichnungen, kartoniert. — DM/Fr **9.80** S 78,–

Ausgabe für Italiener (0254) Von Italo Nadalin und Ernst Richter, 156 S., 62 Zeichnungen, kartoniert. — DM/Fr **9.80** S 78,–

Ausgabe für Jugoslawen (0261) Von I. Hladek und Ernst Richter, 132 S., 62 Zeichnungen, kartoniert. — DM/Fr **9.80** S 78,–

Ausgabe für Türken (0262) Von B.I. Rasch und Ernst Richter, 136 S., 62 Zeichnungen, kartoniert. — DM/Fr **9.80** S 78,–

Deutsch – Ihre neue Sprache. Grundbuch (0327) Von H.J. Demetz und J.M. Puente, 204 S., mit über 200 Abbildungen, kartoniert. — DM/Fr **14.80** S 118,–

Glossar Italienisch (0329) Von H.J. Demetz und J.M. Puente, 74 S., kartoniert. — DM/Fr **9.80** S 78,–

In gleicher Ausstattung:
Glossar Spanisch (0330) — DM/Fr **9.80** S 78,–

Glossar Serbokroatisch (0331) — DM/Fr **9.80** S 78,–

Glossar Türkisch (0332) — DM/Fr **9.80** S 78,–

Glossar Arabisch (0335) — DM/Fr **9.80** S 78,–

Glossar Englisch (0336) — DM/Fr **9.80** S 78,–

Glossar Französisch (0337) — DM/Fr **9.80** S 78,–

Deutsch – Ihre neue Sprache (0339) 2 Kompakt-Kassetten. — DM/Fr **36,–** S 288,–

Das Deutschbuch
Ein Sprachprogramm für Ausländer, Erwachsene und Jugendliche. Autorenteam: Juan Manuel Puente, Hans-Jürgen Demetz, Sener Sargut, Marianne Spohner.

Grundbuch Jugendliche (4915) Von Puente, Demetz, Sargut, Spohner, Hirschberger, Kersten, von Stolzenwaldt, 256 S., durchgehend zweifarbig, kartoniert. — DM/Fr **19.80** S 158,–

Grundbuch Erwachsene (4901) Von Puente, Demetz, Sargut, Spohner, 292 S., durchgehend zweifarbig, kartoniert. — DM/Fr **24.80** S 198,–

Arbeitsheft zum Grundbuch Erwachsene und Jugendliche. (4903) Von Puente, Demetz, Sargut, Spohner, 160 S., durchgehend zweifarbig, kartoniert. — DM/Fr **16.80** S 134,–

Aufbaukurs (4902) Von Puente, Sargut, Spohner, 230 S., durchgehend zweifarbig, kartoniert. — DM/Fr **22.80** S 182,–

Lehrerhandbuch Grundbuch Erwachsene (4904) 144 S., kartoniert. — DM/Fr **14.80** S 118,–

Lehrerhandbuch Grundbuch Jugendliche (4929) 120 S., kartoniert. — DM/Fr **14.80** S 118,–

Lehrerhandbuch Aufbaukurs (4930) 64 S., kartoniert. — DM/Fr **9.80** S 78,–

Glossare Erwachsene.
Türkisch (4906) 100 S., kartoniert. — DM/Fr **9.80** S 78,–

Englisch (4912) 100 S., kartoniert. — DM/Fr **9.80** S 78,–

Französisch (4911) 104 S., kartoniert. — DM/Fr **9.80** S 78,–

Spanisch (4909) 98 S., kartoniert. — DM/Fr **9.80** S 78,–

Italienisch (4908) 100 S., kartoniert. — DM/Fr **9.80** S 78,–

Serbokroatisch (4914) 100 S., kartoniert. — DM/Fr **9.80** S 78,–

Griechisch (4907) 102 S., kartoniert. — DM/Fr **9.80** S 78,–

Portugiesisch (4910) 100 S., kartoniert. — DM/Fr **9.80** S 78,–

Polnisch (4913) 102 S., kartoniert. — DM/Fr **9.80** S 78,–

Arabisch (4905) 100 S., kartoniert. — DM/Fr **9.80** S 78,–

Glossare Jugendliche
Türkisch (4927) 105 S., kartoniert. — DM/Fr **9.80** S 78,–

In Vorbereitung Glossare Jugendliche: Italienisch, Spanisch, Serbokroatisch, Griechisch.

Tonband Grundbuch Erwachsene (4916) Ø 18 cm. — DM/Fr **125,–** S 1000,–

Tonband Grundbuch Jugendliche (4917) Ø 18 cm. — DM/Fr **125,–** S 1000,–

Tonband Aufbaukurs (4918) Ø 18 cm. — DM/Fr **125,–** S 1000,–

Tonband Arbeitsheft (4919) Ø 18 cm. — DM/Fr **89,–** S 712,–

Kassetten Grundbuch Erwachsene (4920) 2 St. à 90 min. Laufzeit. — DM/Fr **39,–** S 312,–

Kassetten Grundbuch Jugendliche (4921) 2 St. à 90 min. Laufzeit. — DM/Fr **39,–** S 312,–

Kassetten Aufbaukurs (4922) 2 St. à 90 min. Laufzeit. — DM/Fr **39,–** S 312,–

Kassette Arbeitsheft (4923) 60 min. Laufzeit. — DM/Fr **19.80** S 158,–

Overhead folien Grundbuch Erwachsene (4924) 60 St. — DM/Fr 159,– S 1270,–

Overhead folien Grundbuch Jugendliche (4925) 59 St. — DM/Fr 159,– S 1270,–

Overhead folien Aufbaukurs (4931) 54 St. — DM/Fr 159,– S 1270,–

Diapositive Grundbuch Erwachsene (4926) 300 St. — DM/Fr 398,– S 3184,–

Bildkarten zum Grundbuch Jugendliche und Erwachsene, (4928) 200 St. — DM/Fr 159,– S 1270,–

Denksport

Denksport und Schnickschnack für Tüftler und fixe Köpfe. (0362) Von Jürgen Barto, 100 S., 45 Abbildungen, kartoniert. — DM/Fr 6.80 S 55,–

Quiz Mehr als 1500 ernste und heitere Fragen aus allen Gebieten. (0129) Von R. Sautter und W. Pröve, 92 S., 9 Zeichnungen, kartoniert. — DM/Fr 5.80 S 49,–

Der große Rätselknacker Über 100.000 Rätselfragen. (4022) Zusammengestellt von H.J. Winkler, 544 S., kartoniert. — DM/Fr 19.80 S 158,–

Großes Rätsel-ABC (0246) Von H. Schiefelbein, 416 S., Pappband. — DM/Fr 16.80 S 134,–

Rätsel lösen – ein Vergnügen Ein Lexikon für Rätselfreunde. (0182) Von Erich Maier, 240 S., kartoniert. — DM/Fr 9.80 S 78,–

Der Würfel Lösungswege (0565) Von Josef Trajber, 144 S., 887 Diagramme, kartoniert. — DM/Fr 6.80 S 55,–

Als Pappband. — DM/Fr 12.80 S 98,–

Der Würfel für Fortgeschrittene Neue Züge · Neue Muster · 3-D-Logik. Mit Lösungswegen für Walzenwürfel und Teufelstonne. (0590) Von Josef Trajber, 144 S., 879 Diagramme, kartoniert. — DM/Fr 6.80 S 55,–

Zauberturm, Teufelstonne und magische Pyramide (0606) Von Michael Mrowka, Wolfgang Weber, 128 S., 525 Zeichnungen, kartoniert. — DM/Fr 6.80 S 55,–

Die Zauberschlange (0609) Von Michael Balfour, 96 S., 170 Zeichnungen, kartoniert. — DM/Fr 6.80 S 55,–

Rätselspiele, Quiz- und Scherzfragen für gesellige Stunden. (0577) Von K.H. Schneider, 168 S., über 100 Zeichnungen, Pappband. — DM/Fr 16.80 S 134,–

Rate mal Scherzfragen, Ratespiele - und - geschichten. (2023) Von Felicitas Buttig, 112 S., 19 Zeichnungen, kartoniert. — DM/Fr 9.80 S 78,–

Knobeleien und Denksport (2019) Von Klas Rechberger, 142 S., mit vielen Zeichnungen, kartoniert. — DM/Fr 7.80 S 65,–

Geselligkeit

Die schönsten Wander- und Fahrtenlieder (0462) Herausgegeben von Franz R. Miller, empfohlen vom Deutschen Sängerbund, 80 S., mit Noten und Zeichnungen, kartoniert. — DM/Fr 5.80 S 49,–

Die schönsten Volkslieder (0432) Herausgegeben von Dietmar Walther, 128 S., mit Noten und Zeichnungen, kartoniert. — DM/Fr 4.80 S 39,–

Die schönsten Berg- und Hüttenlieder (0514) Herausgegeben von Franz R. Miller, empfohlen vom Deutschen Sängerbund, 104 S., mit Noten und Zeichnungen, kartoniert. — DM/Fr 5.80 S 49,–

Wir lernen tanzen Standard- und lateinamerikanische Tänze. (0200) Von Ernst Fern, 168 S., 118 s/w-Fotos, 47 Zeichnungen, kartoniert. — DM/Fr 9.80 S 78,–

Tanzstunde 1 Die 11 Tänze des Welttanzprogrammes. (5018) Von Gerd Hädrich, 120 S., 372 s/w-Fotos und Schrittskizzen, Pappband. — DM/Fr 15,– S 120,–

Disco-Tänze (0491) Von Barbara und Felicitas Weber, 104 S., 104 Abbildungen, kartoniert. — DM/Fr 6.80 S 55,–

So tanzt man Rock'n'Roll Grundschritte · Figuren · Akrobatik. (0573) Von Wolfgang Steuer und Gerhard Marz, 224 S., 303 Abbildungen, kartoniert. — DM/Fr 16.80 S 134,–

Wir geben eine Party (0192) Von Elisabeth Ruge, 88 S., 8 Farbtafeln, 23 Zeichnungen, kartoniert. — DM/Fr 6.80 S 55,–

Neue Spiele für Ihre Party (2022) Von Gerda Blechner, 120 S., 54 Zeichnungen von Fee Buttig, kartoniert. — DM/Fr 7.80 S 65,–

Partytänze · Partyspiele (5049) Von Wally Kaechele, 94 S., 104 Farbfotos, herausgegeben von der „tanzillustrierten", Pappband. — DM/Fr 12.80 S 98,–

Lustige Tanzspiele und Scherztänze für Parties und Feste. (0165) Von E. Bäulke, 80 S., 53 Abbildungen, kartoniert. — DM/Fr 4.80 S 39,–

Der Gute Ton Ein moderner Knigge. (0063) Von Irmgard Wolter, 168 S., 38 Zeichnungen, kartoniert. — DM/Fr 7.80 S 65,–

Tischkarten und Tischdekorationen (5063) Von Gabriele Vocke, 64 S., 79 Farbfotos, Pappband. — DM/Fr 12.80 S 98,–

Reden zum Jubiläum Mustersprachen für viele Gelegenheiten. (0595) Von Günter Georg, ca. 96 S., kartoniert. Voraussichtl. Erscheinungstermin: März 1982. — ca.* DM/Fr 6.80 S 55,–

Humor

Vergnügliches Vortragsbuch (0091) Von Joseph Plaut, 192 S., kartoniert. — DM/Fr 7.80 S 65,–

Lachen, Witz und gute Laune Lustige Texte für Ansagen und Vorträge. (0149) Von Erich Müller, 104 S., 44 Abbildungen, kartoniert. — DM/Fr 6.80 S 55,–

Vergnügliche Sketche (0476) Von Horst Pillau, 96 S., mit lustigen Zeichnungen, kartoniert. — DM/Fr 6.80 S 55,–

Heitere Vorträge (0528) Von Erich Müller, 182 S., 14 Zeichnungen, kartoniert. — DM/Fr 9.80 S 78,–

Die große Lachparade Neue Texte für heitere Vorträge und Ansagen. (0188) Von Erich Müller, 108 S., kartoniert. — DM/Fr 6.80 S 55,–

So feiert man Feste fröhlicher Heitere Vorträge und Gedichte. (0098) Von Dr. Allos, 96 S., 15 Abbildungen, kartoniert. — DM/Fr 5.80 S 49,–

Fidelitas und Trallala Vorschläge zur Gestaltung fröhlicher Abende. (0120) Von Dr. Allos, 104 S., viele Abbildungen, kartoniert. — DM/Fr 7.80 S 65,–

Lustige Vorträge für fröhliche Feiern Sketche, Vorträge und Conferencen für Karneval und fröhliche Feste. (0284) Von Karl Lehnhoff, 96 S., kartoniert. — DM/Fr 6.80 S 55,–

Humor und Stimmung Ein heiteres Vortragsbuch. (0460) Von Günter Wagner, 112 S., kartoniert. — DM/Fr 6.80 S 55,–

Tolle Sachen zum Schmunzeln und Lachen Lustige Ansagen und Vorträge. (0163) Von Erich Müller, 92 S., kartoniert. — DM/Fr 6.80 S 55,–

Humor für jedes Ohr Fidele Sketche und Ansagen. (0157) Von Heinz Ehnle, 96 S., kartoniert. — DM/Fr 6.80 S 55,–

Sketche und spielbare Witze für bunte Abende und andere Feste. (0445) Von Hartmut Friedrich, 120 S., 7 Zeichnungen, kartoniert. — DM/Fr 6.80 S 55,–

Sketche Kurzspiele zu amüsanter Unterhaltung. (0247) Von Margarete Gering, 132 S., 16 Abbildungen, kartoniert. — DM/Fr 6.80 S 55,–

Horror zum Totlachen **Gruselwitze** (0536) Von Franz Lautenschläger, 96 S., 44 Zeichnungen, kartoniert. DM/Fr **5.80** S 49,–

Ich lach mich kaputt! Die besten Kinderwitze (0545) Von Erwin Hannemann, 128 S., 15 Zeichnungen, kartoniert. DM/Fr **5.80** S 49,–

Lach mit! Witze für Kinder, gesammelt von Kindern. (0468) Herausgegeben von Waltraud Pröve, 128 S., 17 Zeichnungen, kartoniert. DM/Fr **5.80** S 49,–

Olympische Witze Sportlerwitze in Wort und Bild. (0505) Von Wolfgang Willnat, 112 S., 126 Zeichnungen, kartoniert. DM/Fr **5.80** S 49,–

Lach mit den Schlümpfen (0610) Von Peyo, 64 S., ca. 100 Zeichnungen, kartoniert. DM/Fr **6.80** S 49,–

Die besten Ostfriesenwitze (0495) Herausgegeben von Onno Freese, 112 S., 17 Zeichnungen, kartoniert. DM/Fr **5.80** S 49,–

Die besten Tierwitze (0496) Herausgegeben von Peter Hartlaub und Silvia Pappe, 112 S., 25 Zeichnungen, kartoniert. DM/Fr **5.80** S 49,–

Herrenwitze (0589) Von Georg Wilhelm, ca. 112 S., ca. 30 Zeichnungen, kartoniert. DM/Fr **5.80** S 49,–

Fred Metzlers Witze mit Pfiff (0368) Von Fred Metzler, 120 S., kartoniert. DM/Fr **5.80** S 49,–

O frivol ist mir am Abend Pikante Witze von Fred Metzler. (0388) Von Fred Metzler, 128 S., mit Karikaturen, kartoniert. DM/Fr **5.80** S 49,–

Robert Lembkes Witzauslese (0325) Von Robert Lembke, 160 S., mit 10 Zeichnungen von E. Köhler, gebunden. DM/Fr **14.80** S 118,–

Wilhelm-Busch-Album Jubiläumsausgabe mit 1700 farbigen Bildern. (3028) 408 S., Großformat, gebunden. DM/Fr **39,–** S 312,–

Non Stop Nonsens Sketche und Witze mit Spielanleitungen. (0511) Von Dieter Hallervorden, 160 S., gebunden. DM/Fr **14.80** S 118,–

Dalli-Dalli-Sketche aus dem heiteren Ratespiel von und mit Hans Rosenthal. (0527) Von Horst Pillau, 144 S., 18 Zeichnungen, kartoniert. DM/Fr **9.80** S 78,–

Gereimte Vorträge für Bühne und Bütt. (0567) Von Günter Wagner, 96 S., kartoniert. DM/Fr **7.80** S 65,–

Narren in der Bütt Leckerbissen aus dem rheinischen Karneval. (0216) Zusammengestellt von Theo Lücker, 112 S., kartoniert. DM/Fr **6.80** S 55,–

Rings um den Karneval Karnevalsscherze und Büttenreden. (0130) Von Dr. Allos, 136 S., kartoniert. DM/Fr **6.80** S 55,–

Helau + Alaaf Närrisches aus der Bütt. (0304) Von Erich Müller, 112 S., kartoniert. DM/Fr **6.80** S 55,–

Helau + Alaaf 2 Neue Büttenreden. (0477) Von Edmund Luft, 104 S., kartoniert. DM/Fr **7.80** S 65,–

Damen in der Bütt Scherze, Büttenreden, Sketche. (0354) Von Traudi Müller, 136 S., kartoniert. DM/Fr **6.80** S 55,–

Die besten Witze und Cartoons des Jahres 1 (0454) Herausgegeben von Karl Hartmann, 288 S., 125 Zeichnungen, gebunden. DM/Fr **14.80** S 118,–

Die besten Witze und Cartoons des Jahres 2 (0488) Herausgegeben von Karl Hartmann, 288 S., 148 Zeichnungen, gebunden. DM/Fr **14.80** S 118,–

Die besten Witze und Cartoons des Jahres 3 (0524) Herausgegeben von Karl Hartmann, 288 S., 105 Zeichnungen, Pappband. DM/Fr **14.80** S 118,–

Spielen

Kartenspiele (2001) Von Claus D. Grupp, 144 S., kartoniert. DM/Fr **7.80** S 65,–

Neues Buch der siebzehn und vier Kartenspiele (0095) Von Karl Lichtwitz, 96 S., kartoniert. DM/Fr **6.80** S 55,–

Falken-Handbuch Bridge Von den Grundregeln zum Turniersport. (4092) Von Wolfgang Voigt und Karl Ritz, 276 S., 792 Zeichnungen, gebunden. DM/Fr **39,–** S 312,–

Spielend Bridge lernen (2012) Von Josef Weiss, 108 S., kartoniert. DM/Fr **7.80** S 65,–

Spieltechnik im Bridge (2004) Victor Mollo und Nico Gardener, deutsche Adaption von Dirk Schröder, 216 S., kartoniert. DM/Fr **16.80** S 134,–

Besser Bridge spielen Reiztechnik, Spielverlauf und Gegenspiel. (2026) Von Josef Weiss, 143 S., mit vielen Diagrammen, kartoniert. DM/Fr **14.80** S 118,–

Alles über Pokern Regeln und Tricks. (2024) Von Claus D. Grupp, 120 S., 29 Kartenbilder, kartoniert. DM/Fr **6.80** S 55,–

Romeé und Canasta in allen Variationen. (2025) Von Claus D. Grupp, 124 S., 24 Zeichnungen, kartoniert. DM/Fr **7.80** S 65,–

Schafkopf, Doppelkopf, Binokel, Cego, Gaigel, Jaß, Tarock und andere „Lokalspiele". (2015) Von Claus D. Grupp, 152 S., kartoniert. DM/Fr **9.80** S 78,–

Die besten Witze und Cartoons des Jahres 4 (0579) Herausgegeben von Karl Hartmann, 288 S., 140 Zeichnungen, Pappband. DM/Fr **14.80** S 118,–

Das große Buch der Witze (0384) Von E. Holz, 320 S., 36 Zeichnungen, gebunden. DM/Fr **16.80** S 134,–

Witze am laufenden Band (0461) Von Fips Asmussen, 118 S., kartoniert. DM/Fr **5.80** S 49,–

Witzig, witzig (0507) Von Erich Müller, 128 S., 16 Zeichnungen, kartoniert. DM/Fr **5.80** S 49,–

Die besten Ärztewitze (0399) Zusammengestellt von Britta Zorn, 272 S., mit 42 Karikaturen von Ulrich Fleischhauer, gebunden. DM/Fr **14.80** S 118,–

Die besten Beamtenwitze (0574) Herausgegeben von Waltraud Pröve, 112 S., 61 Cartoons, kartoniert. DM/Fr **5.80** S 49,–

Gesellschaftspiele für drinnen und draußen. (2006) Von Heinz Görz, 128 S., kartoniert. — **DM/Fr 6.80** S 55,–

Spielen mit Rudi Carell 113 Spiele für Party und Familie. (2014) Von Rudi Carell, 160 S., 50 Abbildungen, gebunden. — **DM/Fr 14.80** S 118,–

Spiele für Theke und Stammtisch (2021) Von Claus D. Grupp, 104 S., 27 Zeichnungen, kartoniert. — **DM/Fr 6.80** S 55,–

Roulette richtig gespielt Systemspiele, die Vermögen brachten. (0121) Von M. Jung, 96 S., zahlreiche Tabellen, kartoniert. — **DM/Fr 6.80** S 55,–

Glücksspiele mit Kugel, Würfel und Karten. (2013) Von Claus D. Grupp, 116 S., kartoniert. — **DM/Fr 9.80** S 78,–

Würfelspiele für jung und alt. (2007) Von Friedrich Puss, 112 S., kartoniert. — **DM/Fr 7.80** S 65,–

Mini-Spiele für unterwegs und überall. (2016) Von Irmgard Wolter, 152 S., kartoniert. — **DM/Fr 9.80** S 78,–

Backgammon für Anfänger und Könner. (2008) Von G.W. Fink und G. Fuchs, 116 S., 41 Abbildungen, kartoniert. — **DM/Fr 9.80** S 78,–

Dame Das Brettspiel in allen Variationen. (2028) Von Claus D. Grupp, 104 S., viele Diagramme, kartoniert. — **DM/Fr 9.80** S 78,–

Das japanische Brettspiel GO (2020) Von Winfried Dörholt, 104 S., 182 Diagramme, kartoniert. — **DM/Fr 9.80** S 78,–

Das Skatspiel Eine Fibel für Anfänger. (0206) Von Karl Lehnhoff, überarbeitet von P.A. Höfges, 96 S., kartoniert. — **DM/Fr 5.80** S 49,–

Alles über Skat (2005) Von Günter Kirschbach, 144 S., kartoniert. — **DM/Fr 8.80** S 70,–

Patiencen in Wort und Bild. (2003) Von Irmgard Wolter, 136 S., kartoniert. — **DM/Fr 7.80** S 65,–

Kartentricks (2010) Von T.A. Rosee, 80 S., 13 Zeichnungen, kartoniert. — **DM/Fr 6.80** S 55,–

Neue Kartentricks (2027) Von Klaus Pankow, 104 S., 20 Abbildungen, kartoniert. — **DM/Fr 7.80** S 65,–

Mah-Jongg Das chinesische Glücks-, Kombinations- und Gesellschaftsspiel. (2030) Von Ursula Eschenbach, ca. 80 S., 25 Fotos, kartoniert. — **DM/Fr 9.80** S 78,–

Falken-Handbuch Zaubern Über 400 verblüffende Tricks. (4063) Von Friedrich Stutz, 368 S., über 1200 Zeichnungen, gebunden. — **DM/Fr 29.80** S 238,–

Zaubertricks Das große Buch der Magie. (0282) Von Jochen Zmeck, 244 S., 113 Abbildungen, kartoniert. — **DM/Fr 14.80** S 118,–

Zaubern einfach – aber verblüffend. (2018) Von Dieter Bouch, 84 S., mit Zeichnungen, kartoniert. — **DM/Fr 5.80** S 49,–

Kinderbeschäftigung

Das farbige Kinderlexikon von A–Z (4059) Herausgegeben von Felicitas Buttig, 392 S., 386 farbige Abbildungen, Pappband. — **DM/Fr 29.80** S 238,–

Punkt, Punkt, Komma, Strich (0564) Zeichenstunden für Kinder. Von Hans Witzig, 144 S., über 250 Zeichnungen, kartoniert. — **DM/Fr 6.80** S 55,–

Einmal grad und einmal krumm Zeichenstunden für Kinder. (0599) Von Hans Witzig, 144 S., ca. 500 Zeichnungen, kartoniert. Voraussichtl. Erscheinungstermin: März 1982. — ca.* **DM/Fr 6.80** S 55,–

Scherzfragen, Drudel und Blödeleien gesammelt von Kindern. (0506) Herausgegeben von Waltraud Pröve, 112 S., 57 Zeichnungen, kartoniert. — **DM/Fr 5.80** S 49,–

Kartenspiele für Kinder (0533) Von Claus D. Grupp, 136 S., 24 Abbildungen, kartoniert. — **DM/Fr 6.80** S 55,–

Kinder lernen spielend backen (5110) Von Margrit Gutta, 64 S., 50 Farbfotos, Pappband. — **DM/Fr 11.80** S 94,–

Kinder lernen spielend kochen (5096) Von Margrit Gutta, 64 S., 45 Farbfotos, Pappband. — **DM/Fr 11.80** S 94,–

Lirum, Larum, Löffelstiel Ein Kinder-Kochkurs. (5007) Von Ingeborg Becker, 64 S., mit vielen farbigen Abbildungen, Spiralbindung. — **DM/Fr 9.80** S 78,–

Kinderspiele die Spaß machen. (2009) Von Helen Müller-Stein, 112 S., 28 Abbildungen, kartoniert. — **DM/Fr 6.80** S 55,–

Spiele für Kleinkinder (2011) Von Dieter Kellermann, 80 S., kartoniert. — **DM/Fr 5.80** S 49,–

Kinderfeste daheim und in Gruppen. (4033) Von Gerda Blecher, 240 S., 320 Abbildungen, gebunden. — **DM/Fr 24.80** S 198,–

Kindergeburtstag Vorbereitung, Spiel und Spaß. (0287) Von Dr. Ilse Obrig, 104 S., 40 Abbildungen, 11 Zeichnungen, 9 Lieder mit Noten, kartoniert. — **DM/Fr 5.80** S 49,–

Tipps und Tapps Maschinenschreib-Fibel für Kinder. (0274) Von Hanns Kaus, 48 S., farbige Abbildungen, kartoniert. — **DM/Fr 5.80** S 49,–

Rat und Wissen für die ganze Familie

Advent und Weihnachten Basteln – Backen – Schmücken – Feiern. (4067) Von Margrit Gutta, Hanne Hangleiter, Felicitas Buttig, Ingeborg Rathmann, Gabriele Vocke, 152 S., 15 Farbtafeln, zahlreiche Abbildungen, kartoniert. — **DM/Fr 12.80** S 98,–

Alterssicherung Vorsorge nach Maß. Renten-Versicherungen – Geld und Wertanlagen. (0532) Von Johannes Beuthner, 224 S., kartoniert. — **DM/Fr 16.80** S 134,–

Die neue Lebenshilfe Biorhythmik Höhen und Tiefen der persönlichen Lebenskurven vorausberechnen und danach handeln. (0458) Von Walter A. Appel, 157 S., 63 Zeichnungen, Pappband. — **DM/Fr 9.80** S 78,–

So deutet man Träume Die Bildersprache des Unbewußten. (0444) Von Georg Haddenbach, 160 S., Pappband. — **DM/Fr 9.80** S 78,–

Sexualberatung (0402) Von Dr. Marianne Röhl, 168 S., 8 Farbtafeln, 17 Zeichnungen, kartoniert. — **DM/Fr 19.80** S 158,–

Umgangsformen heute Die Empfehlungen des Fachausschusses für Umgangsformen. (4015) 312 S., 167 s/w-Fotos und 44 Abbildungen, gebunden. — **DM/Fr 24,–** S 192,–

Vorbereitung auf die Geburt Schwangerschaftsgymnastik, Atmung, Rückbildungsgymnastik. (0251) Von Sabine Buchholz, 112 S., 98 s/w-Fotos, kartoniert. — **DM/Fr 6.80** S 55,–

Das Babybuch Pflege · Ernährung · Entwicklung. (0531) Von Annelore Burkert, 136 S., 8 Farbtafeln, zahlreiche s/w-Fotos, kartoniert. — **DM/Fr 12.80** S 98,–

Wenn Sie ein Kind bekommen (4003) Von Ursula Klamroth, 240 S., 86 s/w-Fotos, 30 Zeichnungen, gebunden. — **DM/Fr 19.80** S 158,–

Babys lernen schwimmen (0497) Von Jean Fouace, 96 S., 46 Abbildungen, kartoniert. — **DM/Fr 9.80** S 78,–

Scheidung und Unterhalt nach dem neuen Eherecht. (0403) Von Rechtsanwalt H.T. Drewes, 109 S., mit Kosten- und Unterhaltstabellen, kartoniert. — **DM/Fr 7.80** S 65,–

Mietrecht Leitfaden für Mieter und Vermieter. (0479) Von Johannes Beuthner, 196 S., kartoniert. — **DM/Fr 12.80** S 98,–

Arbeitsrecht Praktischer Ratgeber für Arbeitnehmer und Arbeitgeber. (0594) Von Johannes Beuthner, ca. 192 S., kartoniert. — **DM/Fr 16.80** S 134,–